DAS BUCH

*»Was für ein entwaffnendes Nebeneinander von Dominanz und
Demut, Intelligenz und Irrationalität!«* ALICE SCHWARZER

Sie war eine faszinierende Frau, ein deutscher Mythos, ein inter-
nationaler Star: Viele Jahre nach ihrem Tod schlägt Romy Schneider immer noch ein Millionenpublikum in ihren Bann. Und dies
nicht nur durch ihre Filme, sondern auch durch ihr Leben. Be-
kanntgeworden als zuckersüße Kaiserin Sissy – eine Rolle von
der sie sich später heftig distanzieren sollte – avancierte die
Schneider bald zu einem der umjubelten Stars des deutschen
Films – und verließ dann ihre Heimat, um in Frankreich zur Ikone
des anspruchsvollen Kinofilms zu reifen. Doch hinter der Fassade
verbarg sich nur allzu oft auch eine Frau, die nie zur Ruhe kommen sollte, verfolgt von ihrer lebenslangen Liebe zu Alain Delon,
ihrer gescheiterten Ehe, dem Verlust ihres Sohnes.

Pierre J.-B. Benichou und Sylviane Pommier haben diese umfas-
sende und eindringliche Biographie bereits zu Lebzeiten Romy
Schneiders begonnen und nach ihrem Tod fertiggestellt. Im Zusammenspiel mit dem umfangreichen Bildmaterial entsteht so ein
beispielloses Porträt der großen Schauspielerin, ihrer Filme und
ihres Lebens.

Pierre J.-B. Benichou / Sylvianne Pommier

ROMY SCHNEIDER

Ihre Filme – ihr Leben

Aus dem Französischen
von Renate Reimann

WILHELM HEYNE VERLAG
MÜNCHEN

HEYNE ALLGEMEINE REIHE
Nr. 01/20005

Besuchen Sie uns im Internet:
http://www.heyne.de

Umwelthinweis:
Das Buch wurde auf chlor- und säurefreiem Papier gedruckt.

Der Titel erschien bereits in der Reihe »Heyne Filmbibliothek«
mit der Band-Nr. 32/21.

Copyright © 1976 by Editions Pac, Paris
Copyright © 1981 der deutschen Ausgabe
by Wilhelm Heyne Verlag GmbH & Co. KG, München
Printed in Germany 1998
Umschlagvorderseite: Inter topics / Giancarlo Botti / Photographic
Service, Hamburg
Umschlagrückseite: action press, Hamburg
Innenillustrationen: Archiv des Autors, Bernd Eckhardt,
Scotia-Filmverleih
Umschlaggestaltung: Atelier Ingrid Schütz, München
Herstellung: H + G Lidl, München
Druck und Verarbeitung: Ebner Ulm

ISBN 3-453-13677-2

Inhalt

Danksagung

Der besondere Dank der Verfasser gilt:
Jean-Claude Romer, Herrn und Frau Goulmy, Yves Bérard,
Marceau und Gérard Devilliers, Jacques Moreau, Jean-Pierre
Pecqueriaux, René Tabes, Dominique Langlois, Jacques Itah,
Gérard Troussier, Joel Planiol, sowie
Nadine Fragniere, Annabel Karouby, Shula Siegfried, Louisette
Fargette.
Außerdem:
dem ›CINE-BAZAR MINOTAURE‹
dem ›TECHNICIEN DU FILM‹
dem ›DEUTSCHEN INSTITUT FÜR FILMKUNDE‹
den ›ALBINA PRODUCTIONS‹

Eine günstige Gelegenheit ergreift man nicht zaghaft; man packt sie beim Schopf und baut sie aus, mit Fleiß ... Talent ist nichts weiter als Liebe zur Sache.

Romy Schneider

TEIL I

Biographie

Gehört zum Schauspielen ein besonderes Talent? Gibt es einen angeborenen Sinn für dramatische Kunst? Ist Talent erblich? Schwer zu sagen, so unterschiedlich sind die Wege und so bunt die Schicksale bei Theater und Film. Die einen sind durch Begeisterung für die Sache und harte Arbeit nach oben gelangt, die in der Vielfalt der gespielten Rollen kaum Möglichkeit zur Entfaltung einer eigenen Persönlichkeit ließ. Andere haben es ›in sich‹ gehabt, waren von der Persönlichkeit und vom Wesen her für diesen Beruf prädestiniert, der darin besteht, menschliches Schicksal für kurze Zeit sichtbar zu machen.

Romy Schneider gehört zu den Auserwählten, die sowohl Persönlichkeit als auch Talent in sich vereinen. Rosemarie Albach-Retty, wie sie mit bürgerlichem Namen heißt, wurde geprägt von der besonderen Atmosphäre, wie sie Künstlerkinder von klein auf atmen. Man kann deshalb von ihr nicht sprechen, ohne auf ihre Eltern und sogar Großeltern zurückzukommen, und auf eine Epoche, die ein bißchen verrückt und privilegiert war und bei so manchem, der an sie zurückdenkt, nostalgische Gefühle weckt.

KAPITEL 1

Woher Romy kommt

Rosa Retty, oder ein Leben wie im Film

Ende des vorigen Jahrhunderts, als Franz-Josef noch Kaiser von Österreich-Ungarn war, drängte man sich in Wien, damals Hochburg der Kultur, an den Pforten des ›Volkstheaters‹, wo man W. Meyer-Foerstes ›Alt-Heidelberg‹ gab. Die Presse erging sich in Lobeshymnen für eine junge Schauspielerin, die als ›Kathie‹ die Herzen des Publikums erobert hatte. Ihr Name, Rosa Retty, war bald in aller Munde, und Adel mischte sich unters Volk, um ihr zuzujubeln. In ihrer blumenüberhäuften Loge sprachen Verehrer von der ›österreichischen Sarah Bernhardt‹, womit sie ihr Talent meinten. Die Rosen aber galten ihrem Charme.

Die in Berlin als Kind zweier Wanderschauspieler geborene Rosa wollte schon mit zwölf Jahren Schauspielerin werden. Sie schrieb sich am Konservatorium ein und lernte Bach und Beethoven spielen. Mit siebzehn nahm sie Schauspielunterricht – Ludwig Barnay, damals ein wichtiger Mann des deutschen Theaters, hatte ihr eine große Zukunft prophezeit. Schon bald mußte sie für eine Schauspielerin in ›Der blaue Brief‹ am Deutschen Theater, Berlin, einspringen und erhielt einen Dreijahresvertrag. Die ersten Kritiken waren zur Freude der stolzen Eltern bereits sehr gut; sie wurde als ›Wunderkind des deutschen Theaters‹ bezeichnet. Mit neunzehn ging sie ans Thalia-Theater, Hamburg, wo man sie für 500 Mark im Monat engagierte.

Wie später in den ersten Filmen ihrer Enkelin Romy, lernte sie auf einem Ball den schneidigen Offizier der kaiserlichen Armee, und eifrigen Bewunderer, Karl Albach, kennen. – Im Generalstab registrierte man mit Empörung, daß hoffnungsvoller Militärnachwuchs sich mit einer ›einfachen Schauspielerin‹ kompromittierte, und stellte Karl Albach vor die Wahl: entweder Armeekarriere oder Rosa. Ohne zu zögern entschied er sich für Rosa, reichte sein Entlassungsgesuch ein und begann ein Jurastudium, um Rechts-

Mutter Magda Schneider und die junge Romy

anwalt zu werden. Er heiratete Rosa, die das ›Volkstheater‹
verließ und ein festes Engagement beim Wiener Burgtheater
antrat.

1908 wurde das Glück des Paares durch die Geburt eines
Sohnes gekrönt. Es war Wolf Albach-Retty, der später mit nicht
zu leugnendem Erfolg in die Fußstapfen seiner Mutter treten
sollte. Diese gehörte schon nach wenigen Jahren dem Ensemble
des Burgtheaters an, die höchstmögliche Auszeichnung, die eine
österreichische Schauspielerin damals erringen konnte. Rosas
Vitalität war unerhört. – Enkelin Romy wird später stolz sein auf
ihre über hundertjährige Großmutter. Am 26. Dezember 1974
feierte Rosa in Wien in aller Frische ihre 100 Lenze. Die 100
Winter überging sie mit einem feinen Lächeln des Vergessens.
Viele, die 1959 nach Wien reisten, um sie am Burgtheater in
›Besuch der alten Dame‹ zu sehen, werden sich noch gut an sie
erinnern.

Wolf Albach-Retty – der ewig junge Liebhaber

Unter dem Einfluß des farbigen Theaterlebens entschied sich der
Mann, der später Romys Vater werden sollte, schon früh für die
›Bretter, die die Welt bedeuten‹. Er trat als Schüler am Burgthea-
ter ein, erhielt seine Ausbildung zum Schauspieler inmitten der
Größen seiner Zeit und trat auch schon bald an der Seite seiner
Mutter auf.

Eine neue Kunst, die inzwischen salonfähig geworden war,
interessierte ihn ganz besonders, der Film; denn schon leerten
sich die Theater und füllten sich die Kinos, und auf der Leinwand
wollte auch Wolf sein Publikum erobern. Sein Markenzeichen
stand schon bald fest. Mit seiner Rolle in ›Der schwarze Husar‹
(1932) rückte er auf in das Fach des ›Liebhabers‹, dem er auch im
Privatleben gerecht zu werden suchte. Während der Dreharbeiten
zu *Amor an der Leine oder: Kind, ich freu mich auf dein Kommen*
(Regie: Kurt Gerron) lernte er 1933 die junge Schauspielerin

Oben links: Magda Schneider, die Mutter
Oben rechts: Rosa Albach-Retty, die Großmutter
Unten links: Romy 1956
Unten rechts: Der Vater: Wolf Albach-Retty

Magda Schneider kennen. Seine Charmenummer beeindruckte sie hinreichend, um sie zu veranlassen, ihn zu heiraten. Für Wolf, den Husaren, kann es aber bei einer Eroberung nicht bleiben. Sein lebhaftes Interesse für reizvolle Schauspielpartnerinnen führte später zum Bruch mit Magda, bei dem allerdings auch politische Meinungsverschiedenheiten eine Rolle spielten.

Seine Karriere, die sich nach dem Krieg hauptsächlich am Theater in Wien fortsetzte, endete mit seinem Tod im Februar 1967, als er einem Herzversagen erlag.

Von seinen Filmen sind viele in die Annalen des österreichischen Films eingegangen. Man erinnert sich an: *Zwei Herzen und ein Schlag,* 1931, von Wilhelm Thiele; *Der schwarze Husar,* 1932, von Gerhard Lamprecht mit Mady Christians; *Das schöne Abenteuer,* 1932, von Reinhold Schünzel mit Käthe von Nagy; *Winternachtstraum,* 1935, von Geza von Bolvary mit Franziska Gaal; *Hotel Sacher,* 1939, von Erich Engel mit Sybille Schmitz und *Tanz mit dem Kaiser,* 1941, von Georg Jacoby, mit Marika Rökk.

Magda Schneider: die erste ›große‹ Schneider

Magda Schneider ist das Beispiel für eine Karriere aus Passion. Sie kommt 1909 in Augsburg als Kind einfacher Leute zur Welt und äußert schon mit vier Jahren zum erstenmal den Wunsch, Tänzerin zu werden. Auch als Internatsschülerin beharrt die Heranwachsende auf ihrem Wunsch, aber der Vater bleibt hart und weigert sich. Erst als sie schon sechzehn ist, erlaubt er ihr endlich, sich bei einer Ballettschule in Österreich vorzustellen.

Um ihre tänzerische Ausbildung zu bezahlen, arbeitet Magda gleichzeitig bei einer Firma in Augsburg (nicht gerade erfolgreich) als Stenotypistin. Einmal darf sie dem Direktor der Schule vortanzen und hinterläßt dabei einen so starken Eindruck, daß sie schon bald vom Theater Augsburg engagiert und wenig später nach München ›ausgeliehen‹ wird. Hier steigt sie zur ersten Operettensängerin auf und spielt mehrere Theaterrollen. Ein Produzent der UFA – Berlin entdeckt sie und verschafft ihr eine Rolle in ›Fräulein, falsch verbunden‹.

Romy 1953

14

1931 beginnt sie ihre Filmkarriere mit *Zwei in einem Auto* von Joe May, mit Karl-Ludwig Diehl. Ein Jahr darauf ist sie mit Jan Kiepura in *Das Lied einer Nacht* zu sehen, der deutschen Version von Anatole Litvaks ›Tell me tonight‹. 1932 dreht sie mit Fritz Schulz *Sehnsucht 202* von Max Neufeld. Diese an sich unbedeutenden Filme lassen aber Max Ophüls auf sie aufmerksam werden. Er bietet ihr die Hauptrolle in einem Film nach einem berühmten Stück von Arthur Schnitzler an, und sie ahnt noch nicht, daß dies die Chance ihres Lebens wird. 1932 dreht sie also *Liebelei,* eine wilde Komödie und Milieukarikatur.

›Liebelei‹ wird ein solcher Erfolg, daß es in der ganzen Welt gespielt wird und seither als Meisterwerk des Vorkriegsfilms gilt. Allein in Paris läuft die deutsche Version mit französischen Untertiteln achtzehn Monate. Der Film feiert im Berliner Atrium Triumphe, bis die Nazis ihn aus rassischen Gründen verbieten[1].

Der nach Paris geflohene Ophüls dreht 1933 eine französische ›Liebelei‹-Version unter dem Titel *Une Histoire d'Amour,* und was liegt näher, als Magda Schneider und Wolfgang Liebeneiner wieder in die Starrollen zu berufen?

Nach ihrer Rückkehr nach Deutschland wird Magda ›der Star‹ der UFA und lernt den begabten und verführerischen Wolf Albach-Retty kennen, mit dem sie unter anderen *Die Katz im Sack,* 1934, von Richard Eichberg; *G'schichten aus dem Wiener-wald,* 1934, von Georg Jacoby; *Rendezvous in Wien,* 1936 von Viktor Janson; *Geheimnis eines alten Hauses,* 1936, von Rudolf van der Noss und die *Puppenfee,* 1936, von E. W. Emo dreht.

Magda und Wolf verdrängen mühelos Lilian Harvey und Willy Fritsch in der Gunst des deutsch-österreichischen Publikums. Schon bald beschließen sie, für immer beieinander zu bleiben, und heiraten im Winter 1936 in Berlin. Magda dreht 1937 noch mit Pal Javor *Ihr Leibhusar* von Hubert Marischka. Dann bleibt sie wegen der Geburt zweier Kinder – eines Mädchens, 1938, und eines Jungen 1940 – den Filmstudios für Jahre fern.

---

(1) 25 Jahre später spielte Romy Schneider die gleiche Rolle wie ihre Mutter in einem Film mit dem Titel ›Christine‹. Dabei lernte sie Alain Delon kennen. Später einmal sagte sie über diesen Film: »… das war von mir ein großer Fehler, den ich nicht hätte machen dürfen, besonders da ›Christine‹ ein Remake der berühmten ›Liebelei‹ von Ophüls war. Das ist unmöglich, so etwas darf man nicht anrühren.«

Romys erste Schritte

1938. In Europa braut sich das Unheil zusammen. Schon lastet der Gedanke an einen möglichen zweiten Weltkrieg auf den Gemütern. Hitlers Truppen marschieren in Österreich ein, der ›Anschluß‹ wird verkündet und löst im Land den Widerstreit entgegengesetzter politischer Meinungen aus. Die galante Zeit des alten Wien ist in unwirkliche Ferne gerückt.

Wolf (Albach-Retty) und Magda (Schneider) haben sich in Wien niedergelassen. – Man spürt bereits den Herbst in den Straßen der altehrwürdigen Stadt, als Magda am 23. September 1938 um 21.45 Uhr einem Mädchen das Leben schenkt, das auf den Namen Rosemarie getauft wird, zu Ehren der beiden Großmütter Rosa und Maria (Magdas Mutter). Beruflich ist für Magda von großen Projekten und weitreichenden Planungen nicht die Rede. Film und Theater sind vor der Realität in den Hintergrund gerückt. Hinter dem Alptraum der Wirklichkeit muß die Traumwelt der Bühne zurücktreten. Magda verläßt bereits im Oktober das von den Nazis besetzte Wien und zieht sich mit ihrem damals gerade einen Monat alten Töchterchen nach Mariengrund[1] zurück, einem kleinen Paradies nahe Berchtesgaden inmitten der Berge Schönaus. Hierher dringt der Lärm des Krieges nur noch gedämpft herüber. Wolf folgt ihnen bald. Das Paar trennt sich jedoch häufig und über längere Zeiträume. Die Geburt eines Sohnes, Wolfgang, führt es noch einmal zusammen.

Ein Mann namens Hitler

Schon kurz nach der Geburt des Sohnes dreht Magda unter der Regie von Jürgen von Alten mit Heinz Engelmann *Am Abend auf der Heide*. Während ihrer Abwesenheit hütet die Großmutter, Maria Schneider, mit all der Liebe und Sorgfalt, die nur Großmütter aufbringen können, die beiden Enkel.

Wohlbehütet wächst die kleine Rosemarie, die allgemein bald nur noch Romy genannt wird, in dieser friedlichen Umgebung auf. Was kümmert sie Hitlers ›Adlerhorst‹, der nur 20 Kilometer entfernt liegt? Einmal gerät das ganze Dorf Schönau in Aufre-

(1) Später Chirurg in Zürich.

gung, als die damals dreijährige Romy verschwunden ist und auch nach Stunden nicht zurückkehrt. Alles macht sich auf die Suche; auch der einzige Polizist am Ort und selbst der Briefträger. Und wo steckte die kleine Romy? Sie schlief friedlich in einer kleinen Kapelle auf einer Bank mit einem Blumenstrauß in der Hand.

Romys Eltern sehen sich häufig in Mariengrund, aber das ohnehin gespannte Verhältnis geht völlig zu Bruch, als Wolf sich in die Schauspielerin Trude Marlen verliebt und um ihretwillen im Jahre 1943 Magda verläßt. Magda ihrerseits findet Trost bei den Kindern, denen sie sich aufopfernd widmet. Während Wolf für seine Karriere lebt, spielt sie hin und wieder kleine Rollen, vor allem in Armeetheatern. Im September 1944 wird Romy in Berchtesgaden eingeschult. Ein Jahr später lassen sich ihre Eltern scheiden. Das ist der erste große Schock in ihrem Leben, und er bewirkt, daß sie sich um so fester an die geliebte und bewunderte Mutter anschließt. Auch mit ihrem Bruder Wolfi[1] ist sie unzertrennlich.

Inzwischen sind das Ende des Krieges und die Kapitulation der Deutschen nähergerückt. Immer häufiger wird Fliegeralarm gegeben, und die Lebensmittel werden knapp. Magda ist nur für ihre Familie da. Unerkannt geht sie für ihre Kinder hamstern. Aber sie erhält zum Glück auch zusätzlich Pakete mit Eßwaren von Bewunderern.

Als der Krieg, den Romy nur bruchstückhaft wahrgenommen hat, zu Ende ist, kommt sie ins Pensionat Goldenstein in der Nähe von Salzburg. Das Pensionat ist ein düsterer Bau mit Mauern aus dem 13. Jahrhundert und wird von englischen Nonnen geleitet.

Romy lernt hier Englisch und besucht die Schule erfolgreich bis zur mittleren Reife. Das strenge Regiment der Leiterin Schwester Theresa kann die Eulenspiegeleien der Schülerin Romy nicht unterdrücken. Stets ist sie zu lustigen Streichen aufgelegt. Sie tritt in Laken gehüllt nächtlich auf den Korridoren als Gespenst auf und erschreckt die Mitschülerinnen, oder sie hängt ein Würstchen unter dem Fenster der Anstaltsleiterin auf, dessen Duft alsbald eine ganze Schar von Katzen anlockt, die darauf die ganze Nacht hindurch unter besagtem Fenster miauen, weil sie nicht an die Wurst herankommen. Es kommt auch vor, daß sie sich mit ihren

(1) Heute Chirurg in Zürich.

Freundinnen Ilse und Hertha davonschleicht, um heimlich in Salzburg einen Film ihrer Mutter anzuschauen.

In dieser Pensionatszeit regt sich auch zum ersten Male Romys künstlerische Begabung. Es macht ihr Spaß, vor versammeltem Publikum Reime vorzutragen oder bei Schulaufführungen mitzuwirken, die von den Nonnen veranstaltet werden. Sie läßt sich aber vom Zauber dieser beschützten Welt nichts vorgaukeln und macht sich keine Illusionen über den Schauspielerberuf, dem, wie sie weiß, auch die Ehe ihrer Eltern zum Opfer gefallen ist.

1953 findet Magda Schneider ein neues Glück und heiratet den reichen und mächtigen Hotelier Hans Herbert Blatzheim, dem unter anderem die bekannte Restaurantkette in Deutschland und Österreich gehört. Romy ist inzwischen fast fünfzehn – eine begabte und intelligente, wenn auch etwas verträumte Schülerin mit einer lebhaften Fantasie und besonderer Begabung zum Zeichnen und Malen. Besonders beschäftigt sie sich mit Malerei auf Holz und Glas, und sie versäumt keine Gelegenheit, jedem, der sie sehen will, ihre neuesten Werke vorzuführen, die bereits Originalität und sicheren Geschmack verraten. Für Romy steht ihr künftiger Beruf damit schon fest – sie will Dekorateurin oder Modezeichnerin werden. Die Mutter, Magda, respektiert ihren Wunsch und meldet sie bei einer Schule für Modegrafik in Köln an. Romy ist selig.

Aber das Schicksal lächelt nur, denn es hat anderes mit ihr vor ...

KAPITEL 2

Die Entdeckung (1953–1959)

Von der Malerei zur Schauspielkunst

Im Juli bietet Kurt Ulrich, ein alter Freund, Magda die Hauptrolle in *Wenn der weiße Flieder wieder blüht* an. Magda, die mehr als acht Jahre nicht mehr vor der Kamera gestanden hat, ist begeistert und macht sich sogleich auf den Weg nach München. Die Besetzung, mit Willy Fritsch[1] und Paul Klinger in weiteren Hauptrollen, steht praktisch schon fest. Fehlt nur noch eine junge Anfängerin, die die Rolle der Evchen Forster, Tochter der Filmheldin Magda, übernehmen könnte.

Romy, die bei Wolfi in Berchtesgaden geblieben ist, packt unterdessen ihre Koffer für die Reise nach Köln. Da erhält sie einen Anruf ihrer Mutter, die ihr ein wenig verlegen klarzumachen versucht, daß sie mit der Schule doch noch ein paar Tage warten könnte, nur für die Dauer der Dreharbeiten . . . Und dann erzählt sie, daß ihr Freund Ulrich noch ein junges Mädchen für eine kleine Rolle sucht und ob sie nicht Lust hätte, mit ihr zusammen in einem Film zu spielen? Romy nimmt den nächsten Zug nach München. Eine ganze Reihe junger Mädchen bewirbt sich ebenfalls um die Rolle der ›Evchen‹, aber Romy ist mit einem Male von einer seltsamen Gewißheit erfüllt. – Mit ihrer Mutter besucht sie den Regisseur Hans Deppe im Krankenhaus – er hat sich ein Bein gebrochen. Er ist vom Charme der jungen Romy sofort beeindruckt und erklärt ihr das Drehbuch. Mit den Dreharbeiten soll in Kürze in Berlin begonnen werden. Zum ersten Male in ihrem Leben besteigt sie ein Flugzeug (was bei ihr keinen guten Eindruck hinterläßt und ihr nicht geheuer ist). Sie mißtraut übrigens noch heute diesem Verkehrsmittel.

Vor der Kamera hat sie dann nur wenig Gelegenheit, ihr Talent unter Beweis zu stellen. Deppe läßt sie lediglich in ein Zimmer

---

(1) Einer der beliebtesten Darsteller im heiteren Fach. Hauptrolle in ›Der Kongreß tanzt‹ von Erik Charell (1931).

Links: Romy 1953 in ihrem ersten Film. Da heißt sie noch Romy Schneider-Albach und ist das Evchen Forster in Hans Deppes ·Wenn der weiße Flieder wieder blüht·

Rechts: Romy 1954

treten und den Mantel aufhängen. Dann muß sie sich zu ihm wenden und fragen, was er von ihrem Spiel hält. Romy, die gehofft hatte, wenigstens einige Worte mehr sprechen zu können, ist von dieser Art des Ausleseverfahrens enttäuscht. Gespannt wartet sie die nächsten vier Tage, immer in der Nähe des Telefons, auf das Urteil. Schließlich erhält sie die erlösende Nachricht: Man hat sich für sie entschieden. Deppe soll, als er die Probeaufnahmen sah, aufgesprungen sein und gerufen haben: »Das ist sie! Das ist sie!«.

Nicht jedes Gesicht eignet sich für den Film. Selbst die außerordentlichste Schönheit kann, trotz aller Kameratricks, auf der Leinwand blaß und fad wirken. Romys Gesicht scheint jedoch für das Metier der Filmschauspielerin wie geschaffen.

Außerdem bewegt sie sich auch ganz ungezwungen vor der Kamera, vielleicht, weil sie ihre Mutter schon so oft hat spielen sehen. Sie ist ein regelrechtes ›Wunderkind‹ und spielt ganz ›echt‹, ohne jemals Schauspielunterricht genommen zu haben[1]. Die

(1) Zwei Jahre später besucht sie die berühmte von Max Reinhardt gegründete Reinhardt-Schule. Der Unterricht ist ihr jedoch zu akademisch, und sie gibt die Schule wieder auf.

anfängliche Besorgnis der Mutter legt sich schnell, und Romy, deren Begabung allseits Erstaunen erregt, wird zur eigentlichen Attraktion des Films.

Der Anfang ist also gemacht. Romy kommt beim Publikum, das auf die Tochter Magda Schneiders gespannt ist, sehr gut an. Schon häufen sich auf Kurt Ulrichs Schreibtisch die Angebote, darunter eines von Erik Charell, der *Feuerwerk* herausbringen will. Er hat die Komödie selbst geschrieben und Lilli Palmer für die Hauptrolle vorgesehen. Für die zweite weibliche Hauptrolle möchte er Romy. Magda sieht dies alles nicht ohne Besorgnis, denn aus dem anfänglichen Spiel droht Ernst zu werden. Als man Romy selbst fragt, ist sie sofort einverstanden, und so kommt es, daß sie, noch ehe das Jahr 1953 herum ist, bereits ihren zweiten Film dreht. Mit Lilli Palmer[1] und Karl Schönböck ist sie bald herzlich befreundet, und unter der Regie von Kurt Hoffmann[2] entsteht ein angenehmer und leichter Film.

Romy ist mit Begeisterung bei der Sache, und ihre Augen leuchten bei dem Gedanken an die vielen Drehtage, die noch vor ihr liegen. Das Theaterblut in ihren Adern läßt sich eben nicht leugnen. Jedem neuen Drehtag fiebert sie entgegen und kann es kaum erwarten, vor die Kamera treten zu dürfen.

Aber so günstig sich die Berühmtheit der Eltern einerseits für sie auswirkt, so hinderlich ist sie andererseits. Magda warnt die Tochter vor den Tücken und Fallen des Berufs. Wird das junge, noch unfertige Mädchen sich gegen den ständigen Vergleich mit seinen berühmten Eltern behaupten?

Romy jedenfalls ist entschlossen, den einmal begonnenen Weg, den sie als ihre eigentliche Berufung erkennt, fortzusetzen und die Tradition der Familie weiterzuführen, auf die sie so stolz ist.

Eine rosarote Krone

Im Jahr darauf bietet ihr der große Theater- und Filmmann Arthur Maria Rabenalt eine winzige Rolle an der Seite von Georges Guétary in der Musikkomödie *Der Zigeunerbaron* an.

(1) Fünf Jahre später filmen sie zusammen ›Mädchen in Uniform‹.
(2) Kurt Hoffmann war zunächst am Theater Regieassistent von Erik Charell, später beim Film u. a. Assistent von Gustav Ucicky und Wolfgang Liebeneiner.

›Mädchenjahre einer Königin‹ (1954). Bereits unter der Regie von Ernst Marischka, aber immer noch ein Jahr vor ›Sissi‹

Romy Schneider mit Claus Biederstaedt in ›Feuerwerk‹ (1953)

Aus irgendwelchen nicht näher bekannten Gründen wird jedoch die junge Waltraut Haas engagiert. Romys Name hätte ohnehin in der Besetzungsliste an allerletzter Stelle gestanden.

Einige Monate später flattert Mutter und Tochter Schneider eine Einladung zur Aufführung von ›Abschiedswalzer‹ in München‹ ins Haus. Es handelt sich um das neueste Werk Ernst Marischkas, des großen Film- und Operettenmannes. Marischka ist auf diesen Gebieten ein alter Hase mit Gespür für junge Talente. Er weiß, was beim Publikum ankommt, und versteht, daraus Geld zu machen. Mit Magda Schneider erörtert er seine Projekte, darunter einen großen Ausstattungsfilm über die Jugend der Königin Viktoria von England. Für die Rolle der jungen Viktoria ist Sonja Ziemann vorgesehen – aber schon hat Marischka Romy im Schatten ihrer Mutter ausgemacht, und es durchzuckt ihn wie ein Blitz . . . Das ist die Richtige! Beim letzten Zusammentreffen war Romy erst vierzehn gewesen und ihm nicht weiter aufgefallen. Jetzt aber ist er bezaubert von den blitzenden Augen, dem kecken Profil und den weichgeschwungenen Lippen. Er kann sie sich gut mit Diadem und Rüschengewand der Königin Viktoria vorstellen! Der Vertrag mit Sonja Ziemann wird prompt annulliert. »Sonja ist eine gute Schauspielerin – aber nicht für diese Rolle!« Die Rolle der Viktoria wird noch etwas auf Romy umgeschrieben, wie es eben beim Film üblich ist. Auch Magda wird engagiert. ›Mädchenjahre einer Königin‹ ist damit der zweite von acht Filmen, in denen Mutter und Tochter zum Entzücken des Publikums gemeinsam vor der Kamera stehen werden.

Marischka mit seinem unfehlbaren ›Riecher‹ läßt es sich angelegen sein, den Schalk und die Frische der jungen Romy richtig herauszuarbeiten. Sie ist eine Naive, wie man sie besser nicht finden kann, und sie ist die arme Schäferin, die der schöne Prinz auf sein Schloß führt. Während Fritz Lang in der Emigration in den USA (er hat das nationalsozialistische Deutschland 1933 verlassen) Filme wie ›Lebensgier‹ dreht, begeistert man sich in deutschen Landen an Edelschnulzen, die an vergangene Glorie erinnern. Die *Mädchenjahre einer Königin* werden für Romy zum ersten großen Kassenerfolg. Hierdurch ermutigt, legt Marischka bereits den nächsten Film auf, in dem Magda und Romy wiederum die Hauptrollen spielen. Das Duo Schneider allein genügt schon, die Massen in die Kinos zu locken. Während der Viktoria-Film trotz aller schwärmerischen Überspanntheit gewisse Qualitäten aufweist, enttäuschen *Die Deutschmeister,* die darauf folgen, ein wenig durch Naivität des Themas.

Aber – die Außenaufnahmen werden in der herrlichen Landschaft des Salzkammerguts, in der Nähe von Salzburg gedreht, für Romy willkommener Anlaß, zwischen den Dreharbeiten alte Schulfreundinnen zu besuchen und die Erinnerung an glückliche Kindertage wieder aufleben zu lassen. Abgesehen davon, daß sie hier zum ersten Male Gelegenheit erhält, auch gesangliche Talente zu zeigen, ist der Film nicht weiter bemerkenswert. Unter der Leitung des berühmten Dirigenten Robert Stolz singt sie ›Wenn die Vöglein musizieren‹. In Deutschland aber reicht dies Wenige schon zu einem ungeahnten Dauererfolg.

An dieser Stelle sind vielleicht einige Bemerkungen zur Situation des Films im Nachkriegsdeutschland angebracht. In ›West-

Wieder unter der Regie von Ernst Marischka, der sie in die Rolle des ›süßen Mädels‹ preßt, aus der sie so lange Jahre versucht herauszukommen: mit Siegfried Breuer jr. in ›Die Deutschmeister‹ (1955)

deutschland‹ kam eine gemeinsame Filmproduktion nicht zustande: Die Engländer gründeten in Hamburg ihre ›Real-Film‹, die 1947 die Produktion aufnahm. Die Amerikaner ihrerseits drehten in den Studios in Berlin-Tempelhof, und die Franzosen beschränkten sich auf reine Synchronisation. Angelsächsischer Einfluß war somit im deutschen Nachkriegsfilm vorherrschend. Die Deutschen selbst beschränkten sich in ihren Filmen aus dieser Zeit auf Selbstanklage, um der Welt zu erklären, wie sie durch Hitler in die Irre geleitet worden waren. Die Produktion war aber 1955 immerhin schon so bedeutend, daß Westdeutschland über etwas mehr als 500 Kinos verfügte, davon über 200 in Berlin. Die jährliche Zahl der Zuschauer überschritt zu diesem Zeitpunkt bereits die 800-Millionen-Grenze. Bei allem finanziellen Erfolg wies der deutsche und österreichische Film aber keinen eigenen Stil oder künstlerisches Niveau auf. Der österreichische Film erlebte in den fünfziger Jahren seine glänzendste Epoche. 1951 lagen drei Gruppen von Studios, alle zur ›Wien-Film‹ gehörig, an der Spitze der österreichischen Produktion. Drei weitere Gruppen produzierten in Graz, Salzburg und Thiersee. 1955 wurden 28 Filme produziert, die in 1 500 Filmtheatern, davon allein 220 in Wien, gezeigt wurden. In Deutschland wie in Österreich trat neben den sogenannten sentimentalen Filmen ein Thema besonders hervor: die KZ und die Nazis.

Lediglich ein Werk dieser Gattung ist von Bedeutung: *Der Prozeß,* 1948, von G. W. Pabst, eine glühende Anklage gegen den Antisemitismus.

Die aufgeführten Beispiele sollen zeigen, daß die deutsch-österreichische Filmwirtschaft damals durchaus erfolgreich war. Wenn auch der Publikumsgeschmack kein Gradmesser für künstlerische Qualität eines Films ist, war er doch für die Produzenten Anreiz genug, sich in der Hauptsache nach ihm zu richten, und nur wenig für den Export Geeignetes zu erzeugen.

Romy ist inzwischen also auf dem Wege, berühmt zu werden. Nach einigen Sentimentalstücken mit Touristenlandschaft, herzigen Dirndln und schneidigen Offizieren holt Ernst Marischka nun ein altes Erfolgsrezept aus der Schublade, um es dem begierigen Publikum als neuen Leckerbissen zu servieren.

Zunächst aber dreht Romy unter der Regie von Harald von Braun, eines ehemaligen Journalisten, *Der letzte Mann,* an der Seite des erstaunlichen Hans Albers[1].

Oberkellner Karl Knesebeck (Hans Albers) nimmt sich der jungen Niddy Hövelmann (Romy Schneider) an: ›Der letzte Mann‹ (1955)

Der Film ist ein blasses und nichtssagendes Remake von Friedrich W. Murnaus *Der letzte Mann* (1924 mit Emil Jannings) und hinterläßt keinen guten Eindruck. Da erscheint, wie ein Bote des Schicksals, wiederum Ernst Marischka mit einem wundervollen Vertrag, den er mit seinem jungen Schützling abzuschließen gedenkt.

»Du wirst der Traum aller Mädchen in Europa sein«, schwärmt er ihr vor, und die mittlerweile siebzehn Jahre alte Romy ahnt noch nicht, daß sie damit für mehr als ein Jahrzehnt zur Gefangenen eines Mythos werden wird.

(1) Hauptdarsteller in Josef von Bakys: *Die erstaunlichen Abenteuer des Barons von Münchhausen* (1943).

Sissi und ihre Legende

Seit er Romy kennengelernt hat, liebäugelt Marischka mit dem Gedanken, die romantische Geschichte der Elisabeth von Bayern auf die Leinwand zu bringen, der vergötterten, unter dem Kosenamen ›Sissi‹ besser bekannten Kaiserin von Österreich. Marischka gesteht, daß er gegen den verführerischen Charme dieser eigenwilligen Herrscherin nicht unempfänglich ist, die ohne Zweifel zu den faszinierendsten Persönlichkeiten des ausgehenden 19. Jahrhunderts gehört, einer Zeit, an die gerade Österreicher mit besonderer Wehmut zurückdenken.

1932 hatte Marischka das Thema Sissi schon einmal aufgegriffen und in Wien zu einer Operette gemacht, in der die sagenhafte Paula Wessely[1] auftrat. 1936 schrieb er dann zusammen mit seinem älteren Bruder Hubert zum selben Thema ein Drehbuch, das Joseph von Sternberg unter dem Titel ›Sa Majesté est de sortie‹[2] mit der Sängerin Grace Moore und dem Schauspieler Franchot Tone verfilmte.

Das wirkliche Leben der Elisabeth ist für Marischka, der seinem Stil treu bleiben will, zu problembeladen, als daß er es nicht romantisieren müßte. Das Volk der Österreicher sehnt sich nach der großen alten Zeit, in der es noch Gemütlichkeit gab, diesen Zustand des Wohlbefindens, dessen Geheimnis nur Österreicher kennen. Marischka will mit dem Geld nicht knausern. Alle unangenehmen oder problematischen Perioden im Leben der Elisabeth werden fortgelassen. Was übrigbleibt sind große Emotionen und romantische Begebenheiten. Von den Kostümen, über die Außenaufnahmen, bis zur musikalischen Untermalung ist alles bis ins kleinste Detail darauf angelegt, kaiserlichen Prunk wieder erstehen zu lassen und Romys Charme zu unterstreichen, die man zu einer Puppe gemacht hat. Die Szenerie für die Außenaufnahmen wird mit größter Sorgfalt gewählt. Dem Auge des künftigen Betrachters soll eine Reise geboten werden, wie sie das beste Reisebüro nicht schöner liefern könnte. (Schloß Schönbrunn, der Stefansdom, die oberbayerischen Seen, die Donau . . .)

Marischka hat sich ein hohes Ziel gesteckt, und er weiß, daß er

---

(1) Hauptdarstellerin in Willy Forsts *Maskerade* (1934).
(2) Etwa: *Seine Majestät sind ausgegangen* (in Deutschland nicht gelaufen).

*Filmprogrammtitelseite zu ›Sissi‹ (1955): das junge Kaiserpaar Franz-Joseph
(Karlheinz Böhm) und Elisabeth von Bayern, genannt ›Sissi‹ (Romy
Schneider)*

es mit Romy erreichen kann. Ihre Mutter, Magda, steht ihr in bewundernswerter Weise zur Seite, und der unwiderstehliche Karlheinz Böhm[1] ist zu ihrer Lieblichkeit das ideale männliche Gegenstück.

Der Film findet in Österreich begeisterte Aufnahme. Die Mundpropaganda funktioniert besser als die Presse. Nach wenigen Wochen schon gibt es kaum noch jemand in Österreich, der *Sissi* nicht gesehen hat, Marischkas Meisterwerk, wie es allgemein heißt. Bald greift das Fieber auch auf Deutschland über; der Film spielt in der BRD schon bald mehr Geld ein als *Vom Winde verweht*. Als ›Kulturfilm‹ wird er in Holland, Portugal, Finnland, der Schweiz und Frankreich gezeigt, wo eine außergewöhnliche Werbekampagne gestartet wird.

So werden zum Beispiel für die besten Schüler von Schulen Gratisvorführungen organisiert. Romy-Porträts werden in Hausbriefkästen gesteckt und auf Windschutzscheiben geklebt. In den Cafés, Kinos und Kaufhäusern werden Streichholzschachteln mit ihrem Bild verteilt. In Tageszeitungen und Illustrierten erscheinen Werbeslogans wie: ›Morgen sind auch Sie in Romy Schneider verliebt.‹ In Nizza, Lille, Amsterdam, Gent, Madrid und Helsinki werden alle Besucherrekorde gebrochen.

Sobald *Sissi* sicher auf dem Weg ist, beschließt Marischka, das gleiche noch einmal zu versuchen. 1956 entsteht *Sissi, die junge Kaiserin* mit ähnlicher Besetzung, ähnlichem Aufwand und ähnlichen Ambitionen. Romy kann sich eine Fortsetzung von *Sissi* nicht vorstellen und wehrt sich bereits gegen die verlogene Idealisierung der Heldin und auch gegen diverse Unannehmlichkeiten, die die Rolle mit sich bringt. So muß sie zum Beispiel eine sechs Kilo schwere Perücke tragen, was ihr heftige Kopfschmerzen verursacht[2]. Ernst Marischka und UFA-Chef Herbert Tischendorf übergehen die Klagen der jungen Romy und versuchen vielmehr, sie von der Bedeutung des Films zu überzeugen. Er findet auch tatsächlich die gleiche begeisterte Aufnahme wie sein Vorgänger[3]. Für Millionen junger Mädchen wird Sissi zum Idol; sie wollen wie sie aussehen und eifern ihr nach – mit Lockenschopf, Wespentaille und wippendem Rock. Selbst der Fremden-

---

(1) Sohn des berühmten Dirigenten Karl Böhm.
(2) Kaiserin Elisabeth besaß dichtes, außergewöhnlich schönes Haar.
(3) Uraufführung beim Filmfestival in Cannes 1957.

›Sissi‹ (1955)

Sissi in Possenhofen

führer in Schloß Schönbrunn erzählt lieber von Romy als von den geschichtlichen Daten.

In dieser Zeit, in der man sich einerseits für James Dean begeistert, der zum Idol einer rebellierenden Generation geworden ist, und andererseits für Brigitte Bardot, dem Sinnbild einer neuen Erotik, erscheint Romys Popularität wie ein Anachronismus. Sie muß sich von Kritikern, die ihre Wirkung auf das Publikum nicht verstehen können, manches böse Wort gefallen lassen. Aber schon ihr Lächeln auf den Plakaten genügt, um die Kinos zu füllen.

Wie wirkt sich der schnelle Erfolg auf die junge Schauspielerin aus, was denkt sie, nachdem der erste Rausch verflogen ist? Sie hat inzwischen bei der *Bambi*-Verleihung den 2. Preis erhalten, und täglich kommen neue Filmangebote ins Haus – von Filmgesellschaften, die aus Romys Beliebtheit Gewinn schlagen möchten. Betrübt stellt sie fest, daß man ihr ständig Rollen im selben, verstaubten Klischee anbietet. Romy als Person existiert nicht; Sissi hat sie verdrängt. Jahre später sagt sie in einem Interview mit einer Filmzeitschrift ›Le Cinématographe‹ zum Thema Sissi: »Ich erinnere mich, daß ich zu jener Zeit Zuschriften von Menschen aller Altersgruppen und aus aller Welt bekommen habe, was mich sehr verwunderte, da ich glaubte, der Film sei in erster Linie für junge Leute gedacht und würde niemals außerhalb Deutschlands laufen. Ob die Leute sich mit Sissi identifiziert haben, weiß ich nicht. Es waren Menschen, die eben gern an Wiener Gefühlsseligkeit zurückdachten, denn man kann wahrhaftig nicht behaupten, daß es sich hier um einen historischen Film über die österreichische Kaiserin handelt. Den konnte nur ein Luchino Visconti machen, und der hieß dann auch *Ludwig II.* und nicht ›Elisabeth‹. Sissi ließ die Leute träumen, aber ich glaube nicht, daß sie sich mit ihr identifizierten.« An anderer Stelle sagt sie: » . . . wenn man zwei oder dreimal dieselbe Person spielt, wird sie zu einer Art Zwangskorsett . . . Nicht, daß ich die Sissi-Reihe bedauerte, ich verdanke den drei Filmen sehr viel, aber schon beim zweiten hatte ich nicht mehr viel Lust, weiterzumachen. Damals wurde ich aber doch noch sehr von den Menschen um mich herum beeinflußt, unter anderem von meiner Mutter . . .«

Im Jahre 1956 dreht Romy dann noch einen weniger spektaku-

Die Kaiserin: ›Sissi‹ (1955)

›Sissi‹ (1955)

lären Film, der aber ebenso beim Publikum ankommt: *Kitty und die große Welt,* eine Neufassung des Käutner-Films *Kitty und die Weltkonferenz* aus dem Jahre 1939. Um den recht bescheidenen Film aufzumöbeln, engagiert Regisseur Alfred Weidenmann einen Partner, den sie schon gut kennt: Karl-Heinz Böhm und dazu einen Darsteller von sehr reifem Charme – O. E. Hasse.

Fortschritte und Rückschläge

Gegen Ende desselben Jahres dreht Romy noch *Robinson soll nicht sterben* und lernt dabei den vielversprechenden Nachwuchsdarsteller Horst Buchholz[1] kennen, den die Presse schon bald zum deutschen James Dean erklärt. Zwischen den beiden bahnt sich zur Freude der Journalisten, für die so etwas stets willkommenen Stoff bietet, eine Romanze an. Diese erste ›Herzensregung‹ entspringt bei der nun achtzehnjährigen Romy nicht so sehr

(1) Buchholz bestätigt sich später international und tritt hervor in: *Die glorreichen 7, Cervantes – Der Abenteurer des Königs* und *Astragal.*

36

dem Bedürfnis nach einer Liebesbeziehung als vielmehr dem Wunsch nach Unabhängigkeit und Selbständigkeit. Sie beginnt, sich von denen, die sie bisher geleitet haben, zu lösen, insbesondere von der Mutter, der sie trotzdem von ganzem Herzen zugetan bleibt. Diesmal nimmt sie mit Freuden das Angebot für *Monpti* an, nach dem Erfolgsroman von Gabor von Vaszary. Regie führt Helmut Käutner[2], *Monpti* kommt ihr in dreierlei Hinsicht entgegen: er ermöglicht ihr, und das ist von nicht zu unterschätzender Bedeutung, für eine andere Filmgesellschaft zu arbeiten. Sie erhält die Gelegenheit, Paris zu entdecken, wo die Handlung ausschließlich spielt, und vor allem trifft sie Horst Buchholz wieder, der die männliche Hauptrolle spielt.

Sie träumen den Traum von der Freiheit: Romy Schneider und Horst Buchholz in ›Robinson soll nicht sterben‹ (1956)

(2) Regisseur von *Die letzte Brücke* (1954); *Ludwig II* (1955) und *Des Teufels General* (1955).

Helmut Käutner inszeniert 1957 ›Monpti‹. Romy Schneider und Horst Buchholz über den Dächern von Paris

Geschickt gefilmte erotische Szenen, wie sie auch manche Vertreter der französischen ›Nouvelle Vague‹ nicht verachtet hätten, rufen bei den Anhängern der Sissi Ärger und Empörung hervor. Der Film enthält Partien, die von ihnen als zu frei empfunden werden, und sie verzeihen ihr nicht, das Andenken ihres Idols so geschändet zu haben . . . Dabei läßt Käutner um der Moral willen die Heldin sterben, sobald sie kein ›Mädchen‹ mehr ist. Aber die Kritiker kann er nicht täuschen. Mit geübtem Blick haben sie erkannt, daß sich hier eine neue, äußerst interessante Entwicklung anbahnt. Alles in allem wird *Monpti* nicht der Erfolg, der er hätte sein können. Für Romy ist das eine Enttäuschung, aber auch eine Gelegenheit zum Nachdenken, zur Besinnung. – Da gerät sie abermals in Bedrängnis: Marischka taucht wieder auf. Sie hat noch nicht alle Verpflichtungen aus ihrem Vertrag erfüllt.

Für Marischka kann selbstverständlich nicht davon die Rede sein, eine Serie unfortgesetzt zu lassen, deren Erfolg bereits alle Erwartungen übertroffen hat. Diesmal will er es *noch* besser machen. Die neue Fortsetzung erhält den Titel *Schicksalsjahre einer Kaiserin*[1]. Zu den Außenaufnahmen schickt Marischka das Team um den halben Globus, unter anderem nach Bayern, Österreich, Ungarn, dann hinüber nach Griechenland, Korfu, Madeira und schließlich, als Krönung aller Romantik, ins malerische Venedig. Die Ankunft des kaiserlichen Paares in Gondeln soll grandios werden, und Marischka hat keine Bedenken, allein hierfür nach damaligem Wert ca. 30 Millionen DM zu investieren.

Als Höhepunkt läßt er auf der Piazza San Marco riesige Mengen Körner in der Form des Wortes ›Sissi‹ ausstreuen. Die herniederflatternden und die Körner pickenden Tauben sollen das Auge des Publikums entzücken.

Romy ist *der* Kassenschlager Europas geworden, und die Kritiker sind sich darin einig, daß sie ›nach dem Walzer das beste ist, was aus Österreich importiert wurde‹. Schon allein zur Beantwortung ihrer voluminösen Verehrerpost gibt sie jährlich große Summen aus, empfängt andererseits aber auch unzählige Geschenke. Zu den originellsten gehören ein Paar Schuhe aus Spanien, genau nach ihren Maßen gefertigt, und ein Rentier

(1) 1958 in Cannes uraufgeführt.

(Romy ist begeistert, weil sie Tiere sehr liebt), das ihr ein deutscher Verehrer aus Lappland mitgebracht hat.

Was sich hier in Europa abspielt, entgeht natürlich auch nicht der Aufmerksamkeit amerikanischer Produzenten, die in Sissi-Romy ein ›excellent business‹ wittern. Paramount erwirbt die drei Sissi-Folgen, schneidet sie auf 145 Minuten zusammen und bringt sie in den USA unter dem Titel *Forever My Love* heraus.

Ein Jahr vorher hatte Walt Disney Romy schon als ›das hübscheste junge Mädchen der Welt‹ bezeichnet. In Amerika wird sie gespannt erwartet, als sie mit ihrer Mutter eine Vergnügungsreise nach Hollywood unternimmt. Man erinnert sich jenseits des Atlantik wohl an das Wort ›hübsch‹, hat aber das ›junge Mädchen‹ vergessen, und ist daher angesichts der sittsamen und etwas verträumten jungen Wienerin verblüfft und etwas ratlos. Ihr Aufenthalt in Hollywood ist nur kurz, aber er genügt, sie dem

Wieder mit Karlheinz Böhm in der später ungeliebten ›Sissi‹-Rolle: ›Schicksalsjahre einer Kaiserin‹ (1957)

Charme dieses weiten Landes und der Dynamik seiner Bewohner verfallen zu lassen.

Romy wird umworben, besonders von MGM und von der Paramount, die ihr einen Dreijahresvertrag anbietet. Man verspricht ihr eine Rolle an der Seite von Kirk Douglas, der von ihr begeistert ist, seit er sie auf dem Festival in Cannes gesehen hat, und mit ihr filmen will. Romy fühlt sich geschmeichelt, glaubt sich aber noch nicht reif genug, solche Angebote anzunehmen, zumal sich auch Stiefvater Hans Herbert Blatzheim, den sie liebevoll ›Daddy‹ nennt, widersetzt. Einzig und allein Walt Disney, der die *Mädchenjahre einer Königin* erfolgreich ausgeschlachtet und unter dem Titel *The Story of Vicky* vermarktet hat, kann Blatzheim überreden. Er will Romy an der Seite von Michael Rennie zur Heldin seines nächsten Films *Third Man on the Mountain* machen. Sie wird zu Probeaufnahmen bestellt, erhält dann aber die Rolle nicht[1]; es gelingt ihr auch nicht, bis zu Disney vorzudringen.

Angesichts des Spiels der jungen amerikanischen Darsteller, die nach der Stanislawski-Methode arbeiten, die im Actor's Studio gelehrt wird, hat Romy das Gefühl, nur wenig zu können, und verliert langsam jede Hoffnung, vom Sockel der ehrbaren Jungfrau, auf den man sie gehoben hat, je wieder hunterzukommen.

Niedergeschlagen und mutlos willigt sie ein, mit Paul Hubschmid[2] *Scampolo* zu drehen. Regie führt Alfred Weidenmann. Endlich muß sie einmal nicht die Prinzessin spielen, die mit abgezählten Schrittchen durch Kerzensäle trippelt. Endlich darf sie entspannt, natürlich und entkrampft sein. Einige Monate lang findet sie auf der Insel Ischia und am Golf von Neapel das einfache Leben und die unprätentiöse Umgebung, die ihrem Wesen entspricht.

Magda Schneider zieht sich langsam zurück und überläßt den Glanz des Namens Schneider der Tochter, der sie bis hierher mit Rat und Tat zur Seite gestanden hat. Die Presse zerreißt sich das Maul über Romys ersten Akt der Rebellion: Sie hat es fertig gebracht, nein zu sagen, als auch noch eine vierte Sissi-Folge

---

(1) Statt ihrer wählt man Janet Munro.
(2) Hauptrolle in *Das indische Grabmal* und *Der Tiger von Eschnapur* von Fritz Lang (1958).

In der Bucht von Neapel lebt die hübsche ›Scampolo‹ (Romy Schneider), die sich in den Architekten Roberto Costa (Paul Hubschmid) verliebt. Der gleichnamige Film entsteht 1957 unter der Regie von Alfred Weidenmann

gedreht werden soll. Und das bei einer Million DM Gage, die man ihr bietet. Auch für damalige Begriffe eine erkleckliche Summe. In den Augen der entsetzten Umgebung hat sie den Verstand verloren. Romy ist Sissi und umgekehrt! Romy aber ist taub auf diesem Ohr. »Lieber spiele ich gar nicht, als noch mehr Prinzessinnen!« ... Abgesehen von solchen Überlegungen sprechen auch die Besucherzahlen der Sissi-Filme für sich:
– 6 583 000 für *Sissi*
– 6 385 000 für *Sissi, die junge Kaiserin*
– 5 777 000 für *Schicksalsjahre einer Kaiserin*[1]

Mit einer gewissen Bitterkeit sehen die Hauptnutznießer der Filme um gekrönte Häupter, wie das Huhn, das die goldenen Eier legt, sich selbst umbringt ... wie sie zumindest glauben.

(1) Nach einer Statistik in ›Quid‹ 1976.

Mädchen in Uniform

1958 entschließt sich der Ungar Geza Radvanyi zu einer Neuver-filmung von *Mädchen in Uniform*. 26 Jahre mußten vergehen, bis sich jemand wieder an diesen Stoff wagte, der wegen seiner Kühnheit in die Annalen der Vorkriegs-Filmgeschichte eingegangen war. Es ist immer gefährlich, den Erfolg eines berühmten Stückes wiederholen zu wollen. Nicht weniger als zwanzig andere Regisseure hatten vor ihm schon mit dem Gedanken gespielt, sich an das ›klassische‹ Werk heranzuwagen, hatten aber dann doch lieber davon Abstand genommen.

Die Handlung spielt ausschließlich in einem Mädchenpensio-nat. Sie dreht sich um den Einfluß einer Lehrerin auf die Schülerinnen und um die schwärmerische Verehrung der Mäd-chen für die Lehrerin, die bei einem bis an den Rand des Selbstmords führt. Ein schwieriges Thema, das bei den prüden Moralvorstellungen seiner Zeit bereits einen Skandal verursachte. Trotz aller Zartheit und Delikatesse war schon die Urversion (1931) mit Dorothea Wieck (Lehrerin) und Hertha Thiele (als Schülerin) heftig umstritten. Die liberaleren Vorstellungen der Nachkriegswelt verlangten nach einer Neufassung dieses Werkes von Christa Winsloe. Die schwierige Aufgabe reizt Romy, die hier eine Möglichkeit sieht, von dem ihr anhaftenden Rollenklischee loszukommen. Lilly Palmer soll die Lehrerin spielen, und Romy ist glücklich, wieder mit ihr vor der Kamera zu stehen. Das Duo Lilly – Romy ist ein Leckerbissen für die Kinofans: auf der einen Seite jugendlicher Eifer – auf der anderen reife Selbstsicherheit; hier ehrgeiziges Nachdrängen – dort die gelassene Noblesse der erfahrenen Schauspielerin. Beide ergänzen sich in jeder Hinsicht großartig. Für die erfolggewohnte Romy ist die schwierige und tragische Rolle der Manuela von Meinhardis ein Prüfstein ihres Könnens. Die Tücken der Rolle fördern bei ihr künstlerische Qualitäten zutage, die die Sissi-Darstellungen nicht einmal ahnen ließen. Mehr noch als *Monpti* sind die *Mädchen in Uniform* ein Meilenstein in Romys Entwicklung.

Sie arbeitet während der Dreharbeiten in Berlin und Hamburg bis zur Erschöpfung und wird schließlich in einer Woche zweimal ohnmächtig. Magda macht sich Sorgen und Vorwürfe, daß sie ihre Tochter nicht vom harten, gnadenlosen Metier des Schauspielers ferngehalten hat . . .

›Mädchen in Uniform‹ (1958): die Geschichte eines sensiblen Mädchens (Romy Schneider als Manuela von Meinhardis) in einem preußischen Stift – verbotene Schwärmerei für die Lehrerin Fräulein von Bernburg (Lilli Palmer)

Eine Leidenschaft namens Delon

Wer aus einer Künstlerfamilie stammt, muß sich notwendigerweise an allerlei Hindernissen stoßen, sobald er mit seinen Eltern konkurriert. Erst viel später wird Romy klar, daß sie sich in Wirklichkeit einen schlechten Dienst erwiesen hat, als sie die von der Mutter gutgeheißenen Rollen spielte.

Sie sagt gerne zu, als Pierre Gaspard-Huit[1] und Michel Safra sie für die Neuverfilmung von *Liebelei* engagieren wollen – trotz der Proteste Magdas, die in diesem Projekt eine Beleidigung des Andenkens an Max Ophüls sieht, der ein Jahr zuvor gestorben ist.

(1) Regisseur von ›La mariée est trop belle‹ (Die Braut war viel zu schön, 1956) mit Brigitte Bardot.

Im Interesse der Koproduktion wird der Titel in *Christine* abgeändert. Pierre Gaspard-Huit umgibt Romy mit einer guten Mannschaft: Fernand Ledoux, Micheline Presle, Jean Gallard und zwei Neulingen, denen man eine glänzende Zukunft voraussagt: Jean-Claude Brialy, und . . . Alain Delon[2]! Gedreht wird in Boulogne und Wien. Trotz solider Regiearbeit und guter Besetzung kann von Erfolg nicht die Rede sein. Die Presse nimmt übel, ungerechterweise. Die Sensationspresse aber kommt auf ihre Kosten. Bald wird es für die nach Romanzen dürstenden Leser mehr zu berichten geben . . .

Romy und Alain

(2) 1932 hatten in diesem Film neben Magda Schneider Wolfgang Liebeneiner (Franz), Willy Eichberger (Theo), Luise Ullrich (Mizzie) und Olga Tschechowa (die Baronin) mitgewirkt.

46

In ›Christine‹ (1958) trifft Romy Schneider zum ersten Mal auf Alain Delon: Beginn einer großen Liebe. Rechts: Jean-Claude Brialy

Alain Delon und Romy Schneider in ›Christine‹ (1958)

›Christine‹ (1958)

Love Story

Einige Monate zuvor waren sich Romy und Alain Delon auf dem Pariser Flughafen zum ersten Male begegnet, wo der Produzent zu Ehren der jungen Schauspielerin einen kleinen Empfang arrangiert hatte. Delon war mit einem Arm voll Rosen auf sie zugeschritten, wie es das Zeremoniell erforderte, um seine künftige Filmpartnerin zu begrüßen, während sie eifrig für die Fotografen lächelte. Unter dem Blitzen und Klicken der Kameras und dem wachsamen Auge des Produzenten, dem so leicht nichts entging, lächelten sich die beiden zum ersten Male zu. Am nächsten Tag ruft Alain Romy an. Die sensationslüsternen Reporter munkeln bereits von einem Flirt. Davon kann aber zunächst überhaupt nicht die Rede sein. Im Gegenteil: beide finden sich anfangs reizlos und völlig unattraktiv. Romy ist sogar entsetzt über das arrogante und undisziplinierte Benehmen ihres Partners. Er wiederum findet, sie sei ›ein kleines, weißes Gänschen‹. Der friedliebende Jean-Claude Brialy ahnt den nahenden Sturm und versucht mehrmals, zwischen den beiden zu vermitteln. Der Legende zufolge soll der erste Funke von Zärtlichkeit bei den Aufnahmen zu einem Filmkuß übergesprungen sein, den sie mindestens ein Dutzend mal wiederholen mußten, bis er ›saß‹. Von da ab verlaufen die Dreharbeiten anders. Die heftigen Wortwechsel, die zuerst an der Tagesordnung waren, weichen einer tiefen Zuneigung zwischen den Partnern, so daß die Liebesszenen nun viel wirklichkeitsgetreuer ausfallen. Jean-Claude Brialy erinnert sich noch, wie Romy mit ihrem charmanten Akzent anfangs oft fragte: »Où est Alain?« . . . Dabei war sie ihm noch eine Woche davor aus dem Wege gegangen, wo immer sie konnte!

Ein Teil der Aufnahmen wird in Wien gefilmt. Romy kann Alain ihre Stadt zeigen, die romantische Tradition bleibt gewahrt. Bald aber schlägt die Stunde des Abschieds. Am Ende der Dreharbeiten kommen alle im Hotel Sacher noch einmal zu einem kleinen Cocktail-Empfang zusammen, dann fliegt Alain zurück nach Paris. Romy begleitet ihn bis zum Flughafen Schwechat. Alain läßt sich beim Abschied von seinen Gefühlen nichts anmerken, er gesteht sie nur seinem Freund und Impresario Georges Beaume. Romy ist völlig aus der Fassung und flüchtet sich zu ihrer Mutter.

Verliebt: Romy und Alain 1958

Oben links: Romy und Horst Buchholz
Oben rechts: Horst und Romy Schneider
Unten links: Alain und Romy
Unten rechts: Romy und Alain

Romy Schneider
Horst Buchholz

Einer Reporterin von ›Elle‹ gesteht sie: »Diesmal war es wirkliche Leidenschaft, und ich bereue nichts.«

Der Film, der auf *Christine* folgt, ist blaß. Es handelt sich um eine sentimentale Komödie, eine Art Sittenbild mit dem Titel *Die Halbzarte*. Eine Filmzeitschrift (La Cinématographie française) bemerkt jedoch die veränderte Romy: ›Auf sanfte Art macht sich der Film über das moderne junge Mädchen lustig, das nicht weiß, was es mit dem Erfolg einer Françoise Sagan und einer Brigitte Bardot anfangen soll. Der anspruchslose Film will nur unterhalten und zum Lachen bringen. Er entwickelt eine zarte, jungmädchenhafte Erotik und ist in seiner Naivität amüsant. Romy Schneider, die sich hier von einer ganz neuen Seite zeigt, kann durch ihn beim Publikum nur gewinnen.‹ Das sehr mittelmäßige Werk, für das Rolf Thiele[1] verantwortlich zeichnet, läßt Romy völlig unbefriedigt. Auch die Trennung von Alain wird ihr unerträglich; also fährt sie, einer plötzlichen Eingebung folgend, nach Paris statt nach Köln und zieht zu ihm. Zu Nicholas de Rabaudy von ›Paris Match‹ sagt sie: »Ich war damals zwanzig. Ich hatte vorher noch nicht in Paris gelebt, und ich tat es, um bei dem Mann zu sein, den ich liebte und vergötterte. Paris ist für mich in erster Linie Alain.«

In Österreich und Deutschland ist man empört. Die Presse reitet heftige Attacken gegen Romy, in denen die Mißbilligung ihres Tuns zum Ausdruck kommt. Auch Delon, dieser ›buntgefiederte gallische Gockel‹, der die Kühnheit besaß, sich das ›Prinzeßchen‹ zu nehmen, wird gehörig aufs Korn genommen.

Schon zur Zeit ihrer Romanze mit Horst Buchholz hatte es zwischen Romy und ihren Eltern einen ernsten Streit gegeben. Es hieß, sie sei noch zu jung für so etwas. Auf Drängen der Familie brach sie damals die Beziehung zu Horst ab. Mit Alain aber ist es anders. So sehr Magda Schneider Romy ins Gewissen redet, es fruchtet nichts, sondern bewirkt vielmehr, daß Romy für mehrere Monate den Kontakt zur Familie ganz abbricht. Gegen den jungen, leidenschaftlichen Franzosen sind Magda und ihr Gatte machtlos und müssen sich eingestehen, daß Romy ihnen entgleitet. Romy hat aber keineswegs die Absicht, den Bruch zu verewigen. Durch Legalisierung des Verhältnisses gedenkt sie, den Frieden wiederherzustellen. Am 22. März 1959 wird daher in

(1) Regie: *Das Mädchen Rosemarie* (1958).

Weg vom ›Sissi‹-Image: Romy ist ›Die Halbzarte‹ im gleichnamigen Film von 1958 (Regie: Rolf Thiele)

Vico-Morcote, dem herrlichen Besitz Magda Schneiders am Luganer See, im Beisein der Presse die offizielle Verlobung gefeiert. Romy und Alain sind glücklich. Am kleinen Finger tragen sie einen gewundenen Goldring, der ihre Zusammengehörigkeit bezeugt. Ihre Liebe, zärtlich und heftig zugleich, wird fünf Jahre dauern und der Klatschpresse immer neue Nahrung liefern. Das junge Paar läßt sich am Quai Malaquai in Paris nieder. Romy macht sich Schritt für Schritt mit Pariser Lebensart vertraut. Sie lernt Französisch und wächst hinein in einen neuen Bekanntenkreis. Von den Verträgen, die ihr vor diesem neuen Leben geboten wurden, interessiert sie nur noch einer . . .

Im April reist sie zu den Außenaufnahmen für *Ein Engel auf Erden* an die Côte d'Azur. Dies ist der wohl unbedeutendste Film ihrer Laufbahn, aber er bietet ihr Gelegenheit, noch einmal mit Geza Radvanyi zusammenzuarbeiten, und sie trifft Henri Vidal und einen noch völlig unbekannten Anfänger – Jean-Paul Belmondo.

Auf dem Festival in Cannes präsentiert sie, begleitet von ihrer Mutter, die ›Halbzarte‹ und reist dann Anfang Juni nach Hamburg und weiter in ihre Heimatstadt Wien zu den Außenaufnahmen für *Die schöne Lügnerin.* Es handelt sich um eine französisch-deutsche Koproduktion, in der Jean-Claude Pascal die männliche Hauptrolle spielt. Obwohl Axel von Ambesser[1] das Wien des Jahres 1815 auf charmante Art noch einmal erstehen läßt, gelingt es doch nicht, auch nur entfernt an den Erfolg von Erik Charells *Der Kongreß tanzt* aus dem Jahre 1931 heranzukommen.

Anfang August beginnen unter Robert Siodmak[2] die Aufnahmen zu *Katja, die ungekrönte Kaiserin* (nach der Erzählung der Prinzssin Bibesco) in den Studios in Boulogne.

Romy spielt die Prinzessin Katja Dolgoruki. Curd Jürgens, damals auf der Höhe seines Ruhms, ist Zar Alexander II. 1938 hatten Danielle Darrieux und John Loder in diesen Rollen geglänzt. ›Katja‹ findet beim Publikum freundliche Aufnahme. Die Ähnlichkeit mit den Sissi-Filmen erfüllt die Anhänger der Nostalgie mit neuer Hoffnung, und Romy erhält viele Sympathie-

---

(1) Bekannter deutscher Filmschauspieler und Regisseur.
(2) Regisseur von ›The Spiral Staircase‹ (›Die Wendeltreppe‹, 1945) und von ›The Killers‹ (›Rächer der Unterwelt‹, 1947).

Henri Vidal, Romy und Gérard Darrieu in ›Mademoiselle Ange‹ (Ein Engel auf Erden, 1959): erste Bekanntschaft mit Frankreich

Wieder eine Koproduktion zwischen Deutschland und Frankreich: Fanny Emmetsrieder (Romy Schneider) trifft auf Alexander I., den Zaren von Rußland (Jean-Claude Pascal): ›La Belle et L'Empereur‹ (Die schöne Lügnerin, 1959)

Dann ist sie Katja und trifft auf Zar Alexander II. in ›Katia‹ (Katja – die ungekrönte Kaiserin, 1959)

bekundungen. Sogar Romy-Clubs entstehen in Paris und Lyon[1]. Vielleicht hat Romy das Gefühl, endlich ihr Schicksal selbst in die Hand nehmen zu können. Katja bedeutet, ihr vielleicht noch unbewußt, einen Wendepunkt in ihrem Leben. Unter dem Einfluß der Menschen um Alain verfeinert und kultiviert sie ihren Geschmack, und der Rat der neuen Freunde hilft ihr, sich über ihre Ziele klarzuwerden.

Vous l'attendiez...
Il existe enfin...

Le club
ROMY SCHNEIDER

Toutes et tous, vous aimez cette jeune vedette aux yeux clairs, si fraîche et si charmante. Toutes et tous vous avez gardé un souvenir ineffaçable de l'adorable Sissi.

Pour satisfaire ses nombreux amis Français, Romy Schneider a accepté que soit créé « son » club. Et « Jeunesse-Cinéma » a la joie de vous annoncer que les nouvelles du club paraîtront chaque mois dans ses pages.

Pour tous renseignements concernant l'inscription et les activités du club, adressez-vous à

CLUB ROMY SCHNEIDER-Sissi,
3, rue Lincoln, PARIS-8ᵉ.

N'oubliez pas de joindre à votre lettre une enveloppe timbrée pour la réponse. Et mentionnez très lisiblement vos nom et adresse.

---

(1) 1963 wieder aufgelöst. Siehe auch Zeitungsausschnitt.

Mit zwanzig Jahren erscheint ihr der Ruhm wie eine Falle, vor der man sich in acht nehmen muß, wenn man sich selbst treu bleiben will. Die Trennung von Heimat und Familie, die Ablehnung verlockender Angebote, hat sich als schmerzhaft, aber notwendig erwiesen. Als sie den schwereren Weg wählte, um sich nicht in alten Gleisen festzufahren, tat sie dies nicht ohne schwere innere Zweifel. Jahre später gesteht sie, wie ihr damals zumute war: »Ich hatte alle Brücken hinter mir abgebrochen; ich hatte mich vom Einfluß meiner Mutter und meines Stiefvaters befreit; und trotzdem fand ich innerlich keine Ruhe. Ich hing sozusagen zwischen zwei Welten: der, aus der ich kam, einer Welt geordneten Bürgertums, gehegt, umsorgt und stets von guten Ratschlägen begleitet; und der Welt, in die ich strebte. Das war Paris, die Theater, der intellektuelle Film, die abenteuerlichen Projekte großer Regisseure und die so viel freiere Jugend, die das Geld verachtete . . . diese schillernde Welt zog mich an, während ich mich gleichzeitig vor ihr fürchtete.«

Gegen Ende des Sommers sind Romy und Alain zusammen in Ischia. Er dreht dort unter der Regie von René Clément *Nur die Sonne war Zeuge*. Auf Wunsch von Clément hat auch Romy am Anfang des Films einen kurzen Auftritt neben Maurice Ronet und Billy Kearns.

Mit *Nur die Sonne war Zeuge* wird Delon zum Star mit immer verlockenderen Angeboten. Antonioni interessiert sich für ihn.

Romy nimmt an seiner Karriere intensiv Anteil und empfindet den Aufstieg des geliebten Mannes als Belebung und Ansporn. Sie selbst ist immer noch nicht aus dem Tief heraus. Was sie sich vorgenommen hat, läßt sich schwer an. In Deutschland und Österreich hat sie die Sympathien verspielt; man kennt sie nicht mehr, und in Frankreich kennt man sie noch nicht. Sie fühlt sich kraftlos und entmutigt und weist eine Reihe von Filmangeboten zurück, die alle auf das gleiche Schema, das ›ideale junge Mädchen‹, hinauslaufen.

Die Produzenten zögern, trauen sich nicht so recht, ihr so verantwortliche Rollen anzuvertrauen, wie sie sie erstrebt. Immer wieder bietet man ihr einen Abklatsch dieser Sissi, an der sie zu ersticken meint. Vielleicht hat sie ihre Kraft und möglicherweise auch ihre Liebe zu Alain überschätzt? Sie fühlt, wie ihr Optimismus dahinschmilzt wie Schnee an der Sonne, während Alains Karriere dem Höhepunkt zustrebt.

Mutter und Tochter

Immer wieder spricht er voll Bewunderung vom unvergleichlichen Genie eines – heftig umstrittenen – Mannes ... Luchino Visconti! ... Visconti ist der Überzeugung, daß Alain die ideale Besetzung für den Helden in *Rocco und seine Brüder* ist. Vorher hatte er jahrelang die Produzenten auf Alain aufmerksam gemacht, ohne Erfolg. Jetzt, da er nicht mehr anonym ist, wird das Unternehmen möglich ...

Romy, die den Müßiggang nicht länger ertragen kann, nimmt untere dessen ein Angebot Fritz Kortners an, die Hauptrolle in *Die Sendung der Lysistrata* nach der Komödie des Aristophanes zu spielen. Konservative Literaturkritiker bezeichneten das Stück als ›eine einzige Obszönität‹, andere dagegen lobten seine beispielhafte Klarheit und gewisse Großzügigkeit. Um seinem Publikum den lebendigen und rauhen Ton dieser beißenden, symbolträchtigen Satire nahezubringen, wählt Kortner absichtlich eine der zahlreichen neueren Bearbeitungen, die später im deutschen Fernsehen gezeigt wird. Romy erhält Gelegenheit, sich dem deutschsprachigen Publikum wieder zu nähern.

Nach Abschluß der Dreharbeiten reist sie nach Mailand, wo sie mit fünftausend anderen Zuschauern einem regelrechten Boxkampf beiwohnt, den Delon für *Rocco* liefert (in Italien genießt der Film ja eine Popularität, die es unmöglich macht, Dreharbeiten ohne die rege Anteilnahme der gesamten Bevölkerung durchzuführen).

Durch Alain lernt sie schließlich in Rom, in seiner noblen Villa in der Via Salaria, Visconti kennen, der plant, in Paris ein Theaterstück mit Alain in der Hauptrolle herauszubringen. Er begutachtet Romy zunächst kritisch. Aus der anfänglichen Zurückhaltung entwickelt sich eine wirkliche Sympathie, die Visconti, Romy und Alain für lange Zeit zum unzertrennlichen Trio macht.

Visconti ist für sein Theatervorhaben auf der Suche nach einem Stück, ›das die Leute vom Sitz reißt und dem Theater die Langeweile austreibt, in der es zu ersticken droht‹, nach etwas Grobem, Wildem und Großartigem. Gemeinsam mit Alain prüft er verschiedene Projekte.

Schließlich fällt seine Wahl auf ein elisabethanisches Drama von John Ford: *Schade, daß sie eine Dirne ist* in der französischen Fassung von Georges Beaume, der seit kurzem Romys ›Impresario‹ ist. Es handelt sich um eine Tragödie von Blut und Reichtum,

die das leidenschaftliche und grausame Italien der Renaissance
heraufbeschwört, und die blutschänderische Liebe eines jungen
Adligen (Giovanni) zu seiner Schwester (Annabella).

Visconti ist sich über die Besetzung noch nicht ganz im klaren.
Elvire Popesco vom ›Théâtre de Paris‹ schlägt vor, das Stück auf
der Bühne ihres berühmten Theaters in der Rue Blanche herauszubringen. Sie hat Alain während der Aufnahmen zu *Nur die
Sonne war Zeuge* beobachtet und ist von seinem Können sehr
beeindruckt. Georges Beaume erzählt: »Was uns fehlte, war eine
Besetzung für die Rolle der Annabella, eine Darstellerin, die
leidenschaftlich und rein zugleich wirkte. Mme. Popesco, Visconti, Alain und ich, wir alle dachten, jeder für sich, an Romy,
aber keiner wagte es auszusprechen, aus Furcht man könnte
meinen, er sei voreingenommen. Als erster durchbrach Visconti
das Schweigen: »Genaugenommen wüßte ich niemand außer
Romy.« Eines Abends gibt er in seinem Haus einen großen
Empfang im besten römischen Adelsstil und spricht zum erstenmal vor anderen von seinen Plänen. Auch Romy ist anwesend. Sie
trägt eine großartige Frisur im antiken Stil. Das Haar ist in der
Mitte gescheitelt und mit Bändern durchflochten. Visconti betrachtet sie lange, ehe er schließlich fragt: »Würdest du neben
Alain auf die Bühne wollen, Romina?« Romy wagt schüchterne
Einwände, daß sie Österreicherin sei, keine Theatererfahrung
habe, nicht richtig Französisch könne, daß dies eine der gewaltig-
sten Theaterrollen überhaupt sei, und daß eine solche Kühnheit
für die Ex-Sissi dem Selbstmord gleichkäme.

KAPITEL 3

Die Verwandlung (1961–1963)

Signor Visconti

Nichts entgeht dem Adlerauge des vornehmen Mailänders. Er beobachtet Romy und entdeckt hinter der Naiven das ernste Gesicht und die Leidenschaft der echten Tragödin. »Das Theater liegt ihr im Blut«, sagt er zu Beaume, »und außerdem sieht sie Delon ähnlich. Man könnte meinen, sie seien Geschwister. Die beiden sind die richtige Besetzung.«

Von da an hilft kein Einwand mehr. Gegen den Willen des Meisters ist Romy machtlos. Außerdem fühlt sie sich auch von den künftigen Theaterkollegen und vor allem durch die Liebe zu Alain ermutigt. Sie nimmt also Unterricht in Phonetik und Vortragstechnik, um ihr Französisch zu verbessern. Unermüdlich und immer wieder spricht sie verschiedene literarische Texte auf Band.

Als sie dann schließlich soweit ist, daß sie überhaupt anfangen kann, studiert sie gemeinsam mit dem Schauspieler Raymond Jérôme die Dialoge des Stücks, das George Beaume aus dem Englischen übertragen hat.

Nach und nach verstrickt sie sich völlig in das Abenteuer, auf das sie sich da eingelassen hat, und ist von einer eigentümlichen Mischung aus Aufregung und Furcht erfüllt.

– Oh, Annabella, ich weiß wohl, daß ich verloren bin. Meine Liebe zu dir, meine Schwester, und der Anblick deiner untadeligen Schönheit haben mein Leben verwandelt.
– Giovanni, du bist mein Bruder!
– So wie du meine Schwester bist, Annabella, ich weiß es nur zu gut, und ich liebe dich! O ja, ich liebe dich! Entscheide, nachdem du dies weißt, über mein Leben oder meinen Tod!
– Lebe! Kampflos ergebe ich mich. Zu dem, was du verlangst, war mein zitterndes Herz schon lang bereit. Jetzt darf ich es

Die Metamorphose: Romy Schneider auf dem Wege zur ernsthaften Schauspielerin

63

gestehen. Auf jeden deiner Seufzer kamen von mir zehn, auf jede deiner Tränen von mir zwanzig.
– Komm, nach soviel vergoss'nen Tränen wollen wir lernen zu lächeln, uns zu lieben[1].

Hell klingen die letzten Worte in die Stille des Saales. – Auf den Orchesterplätzen hält ein gutes Dutzend geladene Zuschauer, noch ganz gefangen vom eben Erlebten, den Atem an. Sie spüren, daß sie soeben etwas Außerordentlichem beigewohnt haben: der Theatertaufe von Romy Schneider und Alain Delon! Romy weiß, daß sie damit eine neue Seite im Buch ihres Lebens aufschlägt. – Nicht ein Fotograf darf die dämmerige Bühne betreten, auf der seit fast sechs Wochen Visconti als Genie und Despot herrscht. Ganz Herr und Meister, beweist er immer aufs neue seinen Esprit, seinen Stolz und seine Autorität. Nicht umsonst ist er schließlich Nachfahre einer illustren Familie[2]!

Mit größter Sorgfalt läßt er die Brunnen und Paläste der Stadt Parma des Jahres 1540 wiedererstehen, die Feste und Gelage, die Leidenschaften und Verbrechen. Er läßt Dekorationen abreißen, wieder aufbauen und verändern. Der Kostenaufwand ist beträchtlich, aber den auf historische Genauigkeit versessenen Visconti kümmert es nicht. »Ich will, daß man den Wein schmeckt, das gewürzte Fleisch riecht! Das Stück soll sein wie seine Zeit – großartig und schrecklich!« Aus kostbarem Material werden Tapeten und Vorhänge geschnitten. Schon die Kostüme allein kosten ein Vermögen. Romy trägt prunkvolle Roben aus dickem, schwerem Samt, in denen sie fast erstickt. Um das Debüt zu einem Erfolg zu machen, hat Visconti auch an den Nebenrollen nicht gespart. Auf der Darstellerliste stehen wohlbekannte französische Bühnennamen. Um die Hauptpersonen schart er ein Gefolge von Dienern, Soldaten, Tänzern und Musikanten. Insgesamt umfaßt die Darstellerliste achtzig Namen. Die Kosten belaufen sich auf fast 50 Millionen alte Francs.

Gnadenlos, unnachgiebig und peinlich genau holt er aus den Akteuren das Letzte heraus. Romy und Alain gehorchen ihm blind. Manchmal ist er sehr herrisch, besonders Romy gegenüber, deren kleinste Schritte er überwacht. Als sie einmal italienisch

---

(1) *Schade, daß sie eine Dirne ist;* Szene IV, 1. Akt.
(2) Die Visconti von Modrone.

64

singen soll, bittet sie, von Panik ergriffen, den Spielleiter, die Probe auf den nächsten Tag zu verschieben. Da brüllt Visconti sie an: »Ja, morgen, wenn du willst! Morgen kannst du zu deiner Mutter gehen!« – Romy fügt sich. Ein andermal muß eine Streitszene mit ihrem Bühnen-Ehemann in Handgreiflichkeiten ausarten. Die Szene will und will nicht klappen. Romy stürzt mehrmals unglücklich. Überhaupt geschieht im Laufe der Proben alles mögliche Unglück. Romys Nerven drohen zu versagen. Nachts wälzt sie sich schlaflos; tagsüber ist sie nicht mehr Herr ihrer Reaktionen und schwebt ständig zwischen Lachen und Weinen. Sie ist fast am Ende ihrer Kräfte. Visconti tut so, als merke er nichts. Unerbittlich treibt er Romy aus den letzten

Visconti und die Proben zu ›Schade, daß sie eine Dirne ist‹ – Romy, Luchino Visconti und Alain

Winkeln der Zurückhaltung, um sie zu zwingen, bis zum Äußersten aus sich herauszugehen. Sie besitzt Fähigkeiten, von denen sie selbst nichts weiß, Visconti aber sehr wohl. Stets haben ihn außergewöhnliche Naturen, die er noch formen konnte, angezogen. Für ihn ist Romy wie ein junges Fohlen, dessen Willen man brechen muß, wenn es zum siegreichen Pferd werden soll. Unter der Fuchtel des gestrengen Meisters vergißt sie ihre Launen und lernt Disziplin, entwickelt Willenskraft und Ausdauer, Gaben, die ihr später einmal gut zustatten kommen sollen. Abends flüchten sich Romy und Alain total erschöpft in die friedliche Stille ihres Hauses ›Prieuré‹ in Tancron, Seine et Marne.

Die Proben nähern sich bereits dem Ende, da bringt ein Ereignis das Team an den Rand der Verzweiflung. Einige Tage vor der Generalprobe, die für den 9. März angesetzt ist, spürt Romy plötzlich heftige Schmerzen im Unterleib. Tags darauf bricht sie zusammen und wird im Notarztwagen in die Klinik Ambroise Paré in Neuilly transportiert, wo man ihr den Blinddarm herausoperiert. Appendicitis. Sie ist dem Tod nur um Haaresbreite entronnen. Die Premiere wird verschoben; bereits bestellte Karten werden zurückgegeben. Alles in allem kostet der Zwischenfall das Theater 10 Millionen Francs[1].

In der Stille ihres Krankenzimmers tröstet sich Romy mit den vielen Zuschriften und Genesungswünschen, die hereinströmen, darunter auch eine Zeichnung von Jean Cocteau. Sie zeigt den Kopf eines französischen Soldaten mit der Unterschrift: ›Frankreich befiehlt dir, gesund zu werden!‹

Nach fünf Tagen Krankenhaus und zehn Tagen Erholung zu Hause steht Romy wieder auf der Bühne, den Leib fest bandagiert, um die frische Narbe vor den heftigen Bewegungen zu schützen, die die Rolle vorschreibt. Die Premiere ist für den 29. März 1961 angesetzt. Ganz Paris gibt sich ein Stelldichein: Ingrid Bergman, Anna Magnani, Jean Marais, Curd Jürgens, Jean Cocteau, Edith Piaf . . . Magda Schneider und Wolfi sind ebenfalls erschienen, um die Versöhnung nach vorangegangenem Streit zu besiegeln.

Neben Magda sitzt der gefürchtete Kritiker Jean-Jacques Gautier. Sie betet heimlich um den Erfolg ihrer Tochter, die, fern

---

(1) Elvire Popesco glaubt an einen Fluch. Fünf Jahre zuvor hatte die Generalprobe für ›Tee und Sympathie‹ ebenfalls wegen eines Blinddarms, dem von Ingrid Bergman, verschoben werden müssen.

Annabella und Giovanni (Romy Schneider, Alain Delon)

von ihr, zu einer Frau und Schauspielerin von Format geworden ist.

Unter Beifallsstürmen senkt sich der Vorhang. Romy holt Visconti aus den Kulissen auf die Bühne, um ihn dem begeisterten Publikum vorzustellen, und eilt dann in ihre Loge, wo sie der Mutter und Alain um den Hals fällt. Alain stolz: »Heute ist sie die Königin von Paris!« Romy erzählt später: »An jenem Abend war ich glücklich, wahrhaft glücklich. Es war einer der großen Augenblicke in meinem Leben. Ich hatte das Gefühl, daß Gott mir alles gegeben, daß er alle meine Wünsche erhört, alle meine Hoffnungen erfüllt hatte.« Früh am nächsten Morgen treffen bereits die Glückwunschtelegramme ein, aus Rom, New York, London, Berlin . . .

Trotz des Triumphes bleibt die Pariser Kritik zurückhaltend. Jean-Jacques Gautier stellt fest, daß er sich vom ersten Akt an tödlich gelangweilt hat, greift das Werk und seine Schöpfer an; Romy gesteht er zumindest ein gewisses Talent zu. Visconti, Beaume und Delon werden nicht geschont. Romy scheint als einzige Gnade in den Augen der Presse zu finden.

›Nur Romy Schneider, mit leichtem Akzent, nicht ohne Charme, läßt vergessen, bis zu welchem Grad die Dialoge ungehobelt und grotesk sind. Sie ist fabelhaft – ein wenig blaß, aber keineswegs blutleer. Ihre helle Stimme rührt uns mehr als die Worte, die man sie sprechen läßt. Eine ausgezeichnete Schauspielerin.‹ (Paris Presse, l'Intransigeant). Auch viele Tageszeitungen beschreiben und loben ihre Leistung. ›Erfolg auf der ganzen Linie für Romy Schneider. In einer Person verkörpert sie Laster und rührende Reinheit. Sie ist jung, schön und zärtlich . . .‹

Das Gift, das die Journalisten verspritzen, hindert die Leute nicht daran, sich jeden Tag zahlreicher an der Kasse des ›Théâtre de Paris‹ zu drängen, das seit seinem Bestehen einen solchen Andrang noch nicht erlebt hat. Alle Kassenrekorde werden geschlagen, und Viscontis Inszenierung wird zum Ereignis der Saison. Nach der sommerlichen Theaterpause läuft das Stück im September weiter und erreicht noch 45 Aufführungen. Für den Broadway, Berlin und Moskau sind Gastspiele angesetzt, aus denen aber nichts wird.

Viel Arbeit

Romy erhält neue Angebote, darunter auch mehrere aus Deutschland, die sie aber zurückweist, da sie ihr nicht zusagen. Die deutsche Presse bezichtigt sie des Größenwahns und wirft ihr vor, das Land zu verachten, dem sie ihren Ruhm verdankt. In Wirklichkeit sind die deutschen Produzenten nicht bereit, auf die neue Romy einzugehen, die aber fest entschlossen ist, den begonnenen Weg fortzustetzen und das auch ohne Umschweife tut.

Kaum laufen die ersten Aufführungen im ›Théâtre de Paris‹, trägt sich Visconti schon mit neuen Plänen. Während eines ihm zu Ehren veranstalteten Diners spricht er von einem Projekt, das ihm sehr am Herzen liegt. Er möchte eine der vier Episoden von *Boccaccio 70* filmen, der von Carlo Ponti und Antonio Cervi[1] herausgebracht wird und bereits jetzt als teuerster Film des Jahres gilt (1 Milliarde 200 Millionen Lire).

Mit Hilfe von Suso Cecchi d'Amico hat er frei nach einer Novelle von Maupassant (›Auf dem Bettrand‹) ein satirisches Bild der Oberen Zehntausend aus der Sicht einer Frau gezeichnet. Frivol und zum Teil auch mit einer gewissen Perversität wird die Geschichte der Pupé erzählt, einer reichen Frau, die entdeckt, daß ihr Mann sie betrügt, und in einem Anfall von Verachtung oder vielleicht auch Sado-Masochismus beschließt, dem flatterhaften Gatten ihre Reize fortan nur noch für Geld darzubieten. Für die Rolle der Comtesse Pupé, die er sich als reife, selbstsichere und aparte Frau vorstellt, scheint Visconti das ehemalige Mannequin Bettina, damals Freundin Ali Khans, ins Auge gefaßt zu haben. Den Comte soll Thomas Milan, ein Nachwuchsdarsteller kubanischer Abkunft, spielen . . .

Eigenartigerweise erhält jedoch Romy einige Tage darauf ein Telegramm, in dem Visconti ihr die Rolle der Comtesse vorschlägt. Sie hält das für einen Witz und geht gar nicht darauf ein. Da bestätigt ein Telefonanruf das unerwartete Angebot. Visconti hat es sich anders überlegt und ist nun der Meinung, daß die Gestalt der Pupé faszinierender sein müßte, wenn sie von einer sehr jungen Darstellerin verkörpert wird. Also steigt Romy aus den steifen Gewändern der Annabella und schlüpft in weiche und legere Kostüme aus dem Hause Coco Chanel. Auch Coiffeur Alexandre wird bemüht und kommt eigens aus Paris, um sich ihrer Haartracht anzunehmen. Gedreht wird während der Pariser Theaterferien von Anfang August bis Anfang September in den Ateliers ›de Paolis‹ in Rom. Wie für *Schade, daß* . . . treibt Visconti auch hier wieder großen Aufwand und läßt in der Via Tiburtina das luxuriöseste Appartement einrichten, das je auf der Leinwand zu sehen war.

(1) Sohn des italienischen Schauspielers Gino Cervi (›Don Camillo und Peppone‹).

Die Wände schmückt er mit Gemälden aus seiner eigenen Sammlung, die Böden mit kostbaren Teppichen. In Mailand, Lucca und Neapel leiht er antikes Mobiliar. Dazu kommen kunstvoll verzierte, weiß-goldene Türen aus einem Florentiner Palazzo. Als Höhepunkt der Raffinesse werden 300 Rosen direkt aus Holland eingeflogen, und das täglich während der fünfwöchigen Drehzeit! In dieser Atmosphäre des extremen Luxus schafft Pygmalion-Visconti eines seiner schönsten Werke. Manchmal kommt es zwischen ihm und Romy, deren Charakter sich gegen die extreme Verfremdung auflehnt, zu Differenzen, und es gibt Augenblicke, in denen ihre Umgebung um ihr Gleichgewicht fürchtet – wie zur Zeit der Proben für *Schade, daß sie eine Dirne ist.*

Der oft ungeduldige Visconti schont ihre Kraft nicht und nicht ihren Stolz. Er treibt aber nicht sinnlos Raubbau, sondern hilft ihr, die noch verbliebenen Hemmungen und Unsicherheiten abzulegen und zur Kraft und Gelassenheit einer Elite-Darstellerin zu gelangen.

Er lehrt sie, sich zu konzentrieren, mit jeder Faser ihres Körpers dabei zu sein, sich ihrer Weiblichkeit und deren Möglichkeiten bewußt zu werden. Physisch und moralisch gut gerüstet, ist Romy schließlich soweit, es mit allen Aspekten der Rolle, die sie verkörpert, aufzunehmen. Mit einigen Gläsern Champagner trinkt sie sich Mut an, um sich, zum erstenmal in ihrem Leben, vor der Kamera völlig zu entkleiden. Visconti hat sie psychologisch bis zu diesem Punkt geführt, um sie noch besser nach seinem Willen formen zu können. Die wachsame und bewegliche Kamera verfolgt jede Bewegung des neuen von Chanel und Visconti geformten Erotiksymbols. Romy vibriert vor Leben, ist lebendiger und intensiver denn je. Die wenigen, die der ersten Privatvorführung dieser Szene beiwohnen, sind von Romys Kühnheit verblüfft. Gewiß, sie hat noch immer etwas von der Frische einer Schülerin, aber diese ist überlagert vom Flair der raffinierten und erfahrenen Frau. Im Jahr darauf ist Italien auf dem Festival in Cannes mit *Boccaccio 70* vertreten. Die amerikanischen Verleiher sind völlig aus dem Häuschen über die neue Romy und wollen, daß sie, und nicht etwa Anita Ekberg oder Sophia Loren, die beiden Superstars, den Film in den USA vorstellt. Produzent

Visconti 1961: ›Boccace 70‹ (Boccaccio 70)

Walter Wanger telegrafiert: ›Nie war eine Rolle so auf eine Schauspielerin zugeschnitten, nie wurde eine Schauspielerin so gut geführt wie hier.‹

Unter den Episoden des *Boccaccio*-Films wird nur Viscontis von den Kritikern ernst genommen. Carlo Ponti hatte es kommen sehen. Vom Publikum zum Teil verkannt und unterbewertet, ist Viscontis Werk in Fachkreisen heftig umstritten. Auch seine Biographen sind in ihrer Meinung uneins. Einer[1] nennt den Film ›banal und anmaßend‹. Im Werk des Regisseurs sei er nur ein unbedeutendes Kapitel. Die Sexspiele der Comtesse und ihres Gatten seien angenehm anzuschauen, hätten aber mit den tatsächlichen Sitten in Italien nicht das geringste zu tun. Visconti wird der Bequemlichkeit und der Ausschweifung bezichtigt. Ein anderer Biograph[2] dagegen schreibt: ›Noch nie hat Visconti eine so reife Leistung erbracht. Es genügt, diese Episode in *Boccaccio* zwischen den übrigen zu sehen, um seine extreme Meisterschaft zu erkennen.‹

Was Romy anbetrifft, so wird sie als ›erstaunlich‹ und ›raffiniert‹ bezeichnet. Nur sehr Übelgesinnte konnten ihre Wandlung nicht lobend bemerken. Aus Deutschland kommt ein Angebot für die Hauptrolle im ersten Film der ›Neuen Welle‹. Hollywood macht ihr ein fürstliches Angebot, *Mademoiselle* von Jean Genet[3], aber aus diesen Plänen wird nichts.

Die letzte Aufführung von *Schade, daß sie eine Dirne ist* findet im Théâtre de Paris am 22. Oktober um Mitternacht statt. Schon Anfang November reist Alain zu den Aufnahmen für *Liebe 1962*[4] unter Antonioni nach Italien. Romy fährt in die Normandie, wo in der Mühle von Andé an den Ufern der Seine die Außenaufnahmen zu *Der Kampf auf der Insel*[5] beginnen, dem ersten Spielfilm des jungen Regisseurs Alain Cavalier.

Die Heldin dieses Films, Anne, ist eine Schauspielerin am Scheideweg, die sich von ihrer Vergangenheit löst und bemüht ist, mit dem Mann, den sie liebt, eine Zukunft aufzubauen. Romy

---

(1) Giuseppe Ferrara.
(2) Yves Guillaume.
(3) Jeanne Moreau spielt schließlich 1966 die Rolle unter der Regie von Tony Richardson.
(4) ›L'eclisse‹ (1961, Regie Michelangelo Antonioni).
(5) ›Le combat dans L'ile‹ (1961).

Wandlung: Das süße Mädel . . .   . . . hat sich verändert

fühlt in der Gestalt der Anne ihr eigenes Schicksal und gibt sich in manchen Szenen der Rolle mit einer Aufrichtigkeit hin, die nur Eingeweihte erkennen können.

Der Kampf auf der Insel ist einer der interessantesten Filme ihrer Karriere – und auch einer der verkanntesten . . . Auf dem Festival in Cannes läuft er außer Konkurrenz und muß auch erst einige Schwierigkeiten überwinden, bis er in den Pariser Filmtheatern anläuft.

Ein Kritiker schreibt: ›Ich weiß zur Zeit keinen Film, der das aktuelle politische Klima so wahrhaft widerspiegelt wie *Der Kampf auf der Insel.*‹ Es geht um ein Attentat, das zum Ausgangspunkt der Darlegung verschiedener politischer Standpunkte wird. Die politische Auseinandersetzung steht hier im Mittelpunkt, in ihr kristallisieren sich die persönlichen Konflikte und die Abgründe, die sich zwischen Menschen derselben Generation auftun, manchmal zwischen engen Freunden. Die Zensur, die noch nicht so mit dem Herausschneiden von Sexszenen beschäftigt ist, wie sie später sein wird, kürzt unbarmherzig. Unter anderem fällt ihr eine entscheidende Szene zum Opfer, die Diskussion zwischen Jean-Louis Trintignant (im Film Clément) und seinem Vater, in der ausgesprochen rechtsextreme Meinungen zum Ausdruck kommen. Ein Wortwechsel zwischen Clément und einem Schwarzen wird während der Filmmontage absichtlich mit Lärm überdeckt, um ihn unverständlich zu machen. Die Reaktion des Publikums zeigt, daß es für Filme dieser Art noch nicht reif ist. Die Kritik schreibt: ›. . . ein aufrichtiger und in seiner Bescheidenheit rigoroser Film. Er will nichts, als mit größtmöglicher Klarheit eine Geschichte erzählen. Diese Neutralität und Objektivität wirkte lehrhaft, wenn nicht die Schauspieler mit äußerster Sensibilität geführt würden, unter ihnen besonders Romy Schneider, die schon unter Visconti hervorgetreten ist, und Trintignant[1].‹

Obwohl der Film nicht sehr erfolgreich ist, leitet er doch zur nächsten Phase in Romys Karriere über. Kritiker und anspruchsvolle Filmliebhaber sind bereits aufmerksam geworden. Hinter der Heldin Anne ahnt man bereits die Schatten der nächsten beiden Frauen, denen Romy nun ihre Gestalt leihen wird, der Nina in Tschechows *Die Möwe* und der Nadine Chevalier in *Nachtblende.*

Von der ›Möwe‹ zum ›Prozeß‹

Schade, daß sie eine Dirne ist läuft noch, als eines Abends in Romys und Alains Loge im Théâtre de Paris ein Tourneeleiter (George Herbert) von Nina, der Hauptfigur in Tschechows *Die Möwe* spricht. Der Name läßt Romy aufhorchen, denn Nina ist die Rolle, von der alle jungen Schauspielerinnen träumen. Und Alain wäre ein rührender Kostia . . . Georges Beaume, der auch zugegen ist, kann sich nicht enthalten, Romy zu warnen. Im ›Théâtre de l'Atelier‹ hat es schon einmal eine großartige

(1) ›Les Cahiers du Cinéma‹, Nr. 137, Nov. 1962.

Aufführung der *Möwe* gegeben, die vielen noch gut im Gedächtnis ist, und Sacha Pitoëff hat das Stück im ›Théâtre Moderne‹ soeben mit Delphine Seyrig als Nina wiederaufgeführt.

Nun soll es fünf Monate lang auf Tournee durch die französische Provinz, die Schweiz, Belgien, Luxemburg, Portugal, Marokko und den Libanon gehen. Die Veranstalter sind auf der Suche nach einer Darstellerin mit großem Namen, die als besondere Attraktion wirken soll. Warum nicht eine Filmschauspielerin? Pitoëff hat Romy bei den Proben zu *Schade, daß sie eine Dirne ist* gesehen und glaubt, daß sie die für die Rolle der Nina notwendige mädchenhafte Anmut und Inbrunst in idealer Weise verkörpert. Außerdem erfreut sie sich in Europa großer Beliebtheit.

Nach dem Ende der Dreharbeiten zu *Kampf auf der Insel* findet Romy bei ihrer Rückkehr nach Paris, daß Alain die Hauptrolle in *Marco Polo* angenommen hat[1], einer Superproduktion mit riesigem Kostenaufwand, die ihn vielleicht auf die Höhe des Ruhms tragen wird. So beschließt sie mutig, sich allein der neuen Theateraufgabe zu stellen. Die Figur der Nina ist zwar bezaubernd, hat aber auch ihre Tücken. Eine Ungeschicklichkeit, und es wäre vielleicht das Ende einer Entwicklung, die so vielversprechend begonnen hat. Der Monat Dezember wird hart.

Sie probt mit Pitoëff, hat Kostümproben und synchronisiert gleichzeitig den *Kampf auf der Insel*. Mitte Januar soll die Tournee, von der Gegend um Lyon ausgehend, bereits beginnen. Schon kündigen große rote Plakate mit einer weißen Möwe, deren Flügel Romys Namen in schwarzen Großbuchstaben tragen, das Ereignis an.

Die Truppe reist per Eisenbahn und Autobus durch die Lande. An manchen Orten werden Kinos oder öffentliche Säle als Theater hergerichtet, und überall ist der Andrang riesengroß. In Belfort müssen zweihundert Personen während der Aufführung stehen, sechshundert weitere können wegen Platzmangels überhaupt nicht eingelassen werden.

Vor der Oper in Lille stehen vierhundert Personen in schneidender Kälte vergeblich nach Karten an. In den größeren Städten

---

(1) Der Film wurde nicht zu Ende gedreht, sondern 1964 von Denys de la Patelière mit Horst Buchholz in der Hauptrolle fertiggestellt. Titel: ›Die fabelhaften Abenteuer des Marco Polo‹.

können sich die Theater des Ansturms der Menschen kaum erwehren, die die berühmte ›Sissi‹ in Fleisch und Blut sehen wollen. In ihrer von Bewunderern belagerten Loge sagt Romy einmal zu ihrer Garderobiere: »Ich wünschte, sie kämen wegen Nina und nicht wegen Sissi. Dann hätte ich etwas erreicht!« Jeden Abend spielt sie vor ausverkauftem Haus, blaß, zart, fast durchsichtig. Die Blässe der Haut und die Feinheit des Gesichts werden durch das zarte weiße Gewand, das sie trägt, noch unterstrichen. »Wie ein Gefangener, in einen leeren, tiefen Brunnen geworfen, weiß ich nicht, wo ich bin und was meiner harrt. Verborgen ist mir einzig nicht, daß mir im harten wilden Kampfe mit dem Teufel, dem Ursprung aller Kräfte der Materie, der Sieg beschieden ist . . .«[1]

Wenn sie nach der Vorstellung vor die Zuschauer tritt, wirft man ihr Rosen auf die Bühne, die sie sogleich unter die Kollegen verteilt. Trotz Lampenfieber und Überanstrengung gibt Romy ihr Bestes und fürchtet dabei ständig, den in sie gesetzten Erwartungen nicht zu entsprechen. In Avignon wird sie im April in eine Klinik eingeliefert; die Vorstellungen werden abgesagt. Ihre empfindlichen Nerven haben der Belastung nicht standgehalten. Aber schon bald ist sie wieder auf den Beinen, und die Tournee kann fortgesetzt werden. Am Wochenende werden dem Produzenten der Aufführung jeweils die Einnahmen mitgeteilt. Der Erfolg übersteigt alle Erwartungen. Die Wochenzeitschrift ›Jours de France‹ stellt fest, daß ›erst eine kleine Österreicherin vom Film kommen mußte, um auf den bescheidenen Bühnen der Provinz diesem Meisterwerk des russischen Dramatikers zum Triumph zu verhelfen‹. Romys Natürlichkeit hat wieder einmal gesiegt. ›Dem verfeinerten und erfahrenen Spiel einer Delphine Seyrig setzt Romy Spontaneität entgegen, ihr Trumpf ist ihr aufrichtiges Spiel.‹

Instinktiv hat die junge Romy erfaßt, was Tschechow 1896 während der Proben seinen Schauspielern immer wieder einschärfte: »Alles Theatralische muß vermieden werden, alles muß ganz einfach sein; das sind einfache, gewöhnliche Leute . . .«

Raymond Froment (Produzent von *Hiroshima mon Amour* und *Letztes Jahr in Marienbad*) schlägt Visconti vor, die *Möwe* mit Romy und Alain Delon in den Hauptrollen zu verfilmen. Die

(1) *Die Möwe,* 1. Akt.

Brüder Hakim ihrerseits hoffen auf Romy für die von ihnen geplante Version der *Kameliendame*. Aber ein unerwartetes Ereignis wirft all die verschiedenen Pläne der jungen Schauspielerin über den Haufen . . .

Orson Welles tritt auf, von dem sie heute noch schwärmt: »Wenn Orson Welles mich heute bitten würde, eine winzig kleine und völlig unbedeutende Rolle zu spielen oder vielleicht sein Star zu sein, ganz ohne Gage, würde ich alles stehen und liegen lassen und ›Ja‹ sagen! Wann er will, wo er will . . . Die zehn Tage mit ihm während dem *Prozeß* gehören zu meinen großartigsten Erinne-

›Le Procès‹ (Der Prozeß, 1962)

rungen. Ich hätte am liebsten ständig mitstenografiert und alles aufnotiert, was er sagte . . .«

Folgendes hat sich ereignet: Bei der Rückkehr von der Tournee mit Sacha Pitoëff findet sie ein Angebot von Orson Welles in Telegrammform. Eine relativ wichtige Rolle in *Der Prozeß* nach dem berühmten Roman von Franz Kafka. Nach *Im Zeichen des Bösen* (›Touch of Evil‹, 1958) hat Welles fünf Jahre warten müssen, bis er ein Werk völlig frei und ganz nach eigenen Ideen gestalten konnte. Nach *Macbeth* (1948) und *Othello* (1951) ist dies das dritte Meisterwerk der Weltliteratur, das er nach seinen genialen Vorstellungen filmen möchte. Romy ist dem berühmten Schauspieler und Regisseur noch nie begegnet. Erst einige Tage später sieht sie ihn im ›Club Elysée-Matignon‹, wagt aber nicht, ihn anzusprechen. Sie überlegt, welche Rolle er ihr wohl zugedacht hat. Vielleicht die Leni? Aber es geht das Gerücht, daß Elsa Martinelli diese eigentümliche und schwierige Person spielen soll.

Schließlich bekommt Romy doch die Rolle. Die Innenaufnahmen beginnen am 26. März 1962 in den Ateliers in Boulogne. Die Außenaufnahmen werden in Globus, Dubrava und Zagreb in Jugoslawien gedreht. Abschließend wird an düsteren und schäbigen Ecken des Bahnhofs d'Orsay in Paris gefilmt; am 5. Juni ist bereits alles vorbei. Von Anfang an nennt Welles Romy nur ›Leni‹, und immer wieder schärft er ihr ein: »Vergiß nicht, du bist Leni!« Die Rolle des Advokaten ist noch unbesetzt. Kühn geworden, wagt Romy vorzuschlagen, daß Orson Welles selbst sie spielen soll. Welles findet die Idee zunächst unmöglich, tut es dann aber doch.

Romy ist selig – sie hat es also geschafft, den gefürchteten Orson zu beeinflussen, der sich von niemandem etwas sagen läßt! Welles gibt ihr für ihre Idee einen Dollar. Noch nie ist sie auf verdientes Geld so stolz gewesen . . .

Unter dem Gewaltigen spielt sie nun eine der markanten Rollen ihrer Karriere. Mit von der Partie sind: Anthony Perkins, Jeanne Moreau, Suzanne Flon, Madeleine Robinson und Akim Tamiroff. Bei Kerzenlicht, in der Stille einer Kathedrale, in alptraumhaft unendlichen Korridoren und auf Bergen staubiger Akten filmt Welles die leidenschaftlichen Umarmungen des Paares Romy/Perkins. Von Romy verlangt er Schamlosigkeit; er weiß, daß sie dazu fähig ist. – Nach zehn Tagen hat sie bereits ihre Aufgabe erfüllt.

›Le Procès‹ *(Der Prozeß, 1962)*

Der Film wird im August auf dem Festival in Venedig angekündigt und im Dezember 1962 in Paris aufgeführt. Manche halten ihn, nach *Citizen Kane*[1] (1941) für Orson Welles' größtes Werk. Die Presse und die Cineasten begrüßen ihn als Meisterwerk. So schreibt der ›Figaro‹ (24. 12. 62): ›Die Art und Weise, in der hier ein Kapitel aus dem Werk Kafkas zu Bildern werden, zeugt von traumwandlerischer Sicherheit und Inspiration.‹

In ›L'Humanité‹ heißt es: ›Wer hätte gedacht, daß das verbale Delirium des Dichters zu Bildern werden könnte? Um dies zu vollbringen, bedurfte es eines Genies.‹ Man liest aber auch: ›Kafka hat durch diese Umwandlung nichts gewonnen, und seine Leser sind zu Recht enttäuscht. Das Kino ist jedoch um einen großen Film reicher geworden. Wer will sich also beklagen?‹ (›Cinema 63‹, Februar-Ausgabe).

Françoise Giroud behauptet in ›L'Express‹: ›Es handelt sich hier um den ›Prozeß‹ von Welles, nicht den von Kafka.‹

Der Film liefert den Intellektuellen Stoff zu Diskussionen. Das breite Publikum aber, das einen weniger bedrückenden und beengenden Handlungsablauf erwartet, weiß nichts mit ihm anzufangen. ›Darauf nimmt ein Egozentriker wie Welles keine Rücksicht und denkt nicht daran, wenigstens ein Minimum an Verständlichkeit anzubieten‹, schreibt ein anderes Blatt (›Candide‹, 27. 12. 62).

Am 13. Juni 1963, ein Jahr nach Fertigstellung des Films, erhält Romy in Frankreich den Preis als ›beste ausländische Darstellerin‹ für ihre Leistung in *Der Prozeß*. Bei der gleichen Gelegenheit wird sie mit dem Kristallstern der ›Académie du Cinéma‹ ausgezeichnet. Für Romy sind diese Preise der Anfang einer langen Reihe von Auszeichnungen. Die kleine Wienerin, die niemand so recht ernst nehmen wollte, ist zu einer Darstellerin von internationalem Format geworden, auf die man in den USA bereits ungeduldig wartet.

USA

Schon im Februar 1963 reist sie auf Einladung amerikanischer Produzenten, denen das Besondere an *Boccaccio 70* nicht entgangen ist, in die USA. Sie haben den Film für den amerikanischen Markt erworben. Das Publikum in den USA hat Romy noch

(1) dt. Verleihtitel: ›Citizen Kane‹.

immer als das ›nette junge Mädchen‹ in Erinnerung. Nun bekommt es einen Vamp zu sehen! Die neue Romy schlägt ein wie eine Bombe! Man findet die Wienerin sogar noch mehr sexy als Sophia Loren oder Anita Ekberg. Wie amerikanische Journalisten es ausdrücken, erschöpft sich Romys Sinnlichkeit nicht darin, daß sie nackt auf der Leinwand erscheint, sondern die von Visconti entdeckte und entwickelte Weiblichkeit voll einsetzt.

Boccaccio 70 ist in den USA sehr erfolgreich. Romy erscheint als Ehrengast in zwei der beliebtesten TV-Shows, der ›Today Show‹ von Johnny Carson und einer Show mit Merv Griffin.

Robert Rossen bietet ihr eine Rolle in *Lilith* (1964) an, die später jedoch von Jean Seberg übernommen wird.

Columbia aber macht ihr gleich zu Anfang ›goldene Angebote‹ für zwei Hollywood-Superproduktionen. In der ersten soll Carl Foreman (*Die Kanonen von Navarone*[1]) Regie führen, in der zweiten ein Exil-Wiener, dessen Stern im Aufgehen ist: Otto Preminger.

Foreman hat ein zum Teil autobiographisches Buch von Alexander Baron gefunden, *The Human Kind,* das einen ausgezeichneten Filmstoff abgibt. Er erwirbt die Rechte und zieht sich drei Monate in die Schweiz zurück, wo er es zu einem Drehbuch umarbeitet. Titel: *Die Sieger.*

Der Film erzählt Episoden aus dem Roman, denen Foreman Selbsterlebtes hinzufügt. Zu den Dreharbeiten reist das Team ins winterliche Schweden, nach London in die Shepperton-Studios, an die Mittelmeerküste, nach Paris und Ostende.

Für die männlichen Hauptrollen werden George Hamilton, Vincent Edwards, George Peppard, Eli Wallach, Michael Callan, Jim Mitchum (Sohn von Robert) und Peter Fonda engagiert, um die tapferen oder feigen, zärtlichen oder brutalen Helden zu spielen.

Für die weiblichen Episodenrollen werden außer Romy fünf weitere europäische Filmstars engagiert, die die aufrichtigen oder hinterhältigen, hilfsbereiten oder raffgierigen Frauen darstellen, die den Soldaten, wie es der Zufall gerade will, zum Erlebnis werden.

Melina Mercouri ist Magda, die Polin; Jeanne Moreau die Französin; Rossana Schiaffino ist Maria, die Italienerin. Elke

(1) Originaltitel: ›The Guns of Navarone‹ (1960).

Hollywood 1961–1963: ›The Victors‹ (Die Sieger, 1962) mit George Hamilton.

Sommer und Senta Berger spielen zwei Berlinerinnen, Helga und Trudi. Romy ist Regine, die kleine Belgierin, und muß für ihre Rolle lernen, auf der Violine die ›Humoreske‹ von Dvorak zu spielen, eine Aufgabe, der sie sich mit Anmut entledigt, wie später auf der Leinwand zu sehen ist.

Foreman ist von der Hingabe überrascht, mit der Romy ihre etwas undankbare und schwierige Rolle spielt, und bedauert nachträglich, ihr nicht mehr Aufmerksamkeit gewidmet zu haben.

Trotzdem gelingt ihr eine Darstellung, die sich von der mehr professionellen Darbietung der übrigen weiblichen Stars vorteilhaft abhebt.

Otto Preminger hatte schon 1950 den *Kardinal,* einen Bestseller von Henry Morton Robinson, gelesen. Er hinterließ bei ihm einen so nachhaltigen Eindruck, daß er elf Jahre später ein Drehbuch zum Thema schrieb, an dem er achtzehn Monate feilte, bis es seinen Vorstellungen entsprach.

Die Aufnahmen zu *Der Kardinal*[1] finden in Boston, Stanford (Neuengland), Hollywood, im Vatikan in Rom, und schließlich in Wien statt, wo die Arbeiten Ende April abgeschlossen werden.

Romy nutzt den Aufenthalt in ihrer Heimatstadt, um ihre Eltern zu besuchen, mit denen sie sich wieder versöhnt hat.

Preminger ist, wie Visconti, berühmt und berüchtigt für die hohen Ansprüche, die er an seine Schauspieler stellt. »Wenn das Drehbuch steht«, sagt er, »ändere ich praktisch nichts mehr daran. Ich schreibe eine Rolle nicht um, für diesen oder jenen Schauspieler. Ich wähle meine Darsteller, wenn die Arbeit am Drehbuch endgültig abgeschlossen ist. Der Schauspieler muß sich der Rolle anpassen, nicht umgekehrt!«[2] Romy zeigt, daß sie sich anpassen kann . . .

Sie schlüpft in die Haut der Anne-Marie Ledebur und zeigt in subtilem und nuancenreichem Spiel ihr Talent, das erst durch Visconti und Welles voll zur Entfaltung gekommen ist. Sie ist ein schelmisches junges Mädchen, frei und unbekümmert; sie hat den betörenden Blick der leidenschaftlich verliebten Frau; den verwirrten und verletzten Ausdruck der Verlassenen, und den mißtrauischen und ängstlichen der Gequälten.

Der ›fürchterliche Otto‹ ist mit Romy sehr zufrieden. Für sie ist die komplexe Rolle der Anne-Marie die logische Fortsetzung der Pupé aus *Boccaccio,* der Leni in *Der Prozeß* und der Regine in *Die Sieger,* und sie zeigt hier bereits die verwirrende Doppeldeutigkeit, die der germanischen Rasse eigen ist und aus der sie ihre darstellerische Kraft schöpft.

Mit einem Gala-Abend am 19. Dezember 1963 in der Pariser Oper läuft der *Kardinal* in Frankreich an. Die Kritiken sind größtenteils günstig.

Dennoch erreicht der Film bei aller Qualität der Darstellung und Großartigkeit der Regie nicht den Erfolg, den man sich erhofft hatte. Preminger ist mit diesem Film, der sich bemüht,

(1) Originaltitel: ›The Cardinal‹ (1963).
(2) Jacques Lourcelles: ›Otto Preminger‹, Ed. Seghers.

religiöse, rassische und politische Probleme mit möglichst großer Genauigkeit zu zeigen, dennoch ein hohes Maß an Neutralität gelungen.

Für Romy ist der Weltruhm zum Greifen nahe. Im Sommer 1963 unternimmt sie in Begleitung so illustrer Persönlichkeiten des Films, wie Sam Spiegel, William Wyler und Henri-Georges Clouzot eine Mittelmeerkreuzfahrt.

Die Columbia offeriert ihr einen Siebenjahresvertrag für sieben Filme, der auf Wunsch verlängert werden kann.

Davon bedeutet jeder Film eine Millionengage. Man kann sich Romys Stolz vorstellen, wenn man bedenkt, wie enttäuschend ihr erster Versuch in den USA verlaufen war, als Disney ihr die Rolle in *Third Man on the Mountain* vorenthielt.

Im Herbst 1963 bezieht sie mit acht Angestellten, die sie inzwischen benötigt, eine Luxusvilla in Beverly Hills, dem Wohnviertel Hollywoods.

›Und, oh Wunder, die gefürchteten Klatschtanten Louella Parsons und Hedda Hopper, die in Hollywood über Gut- und Schlechtwetter bestimmen, tauchen ihre Federn in Honig statt des gewohnten Essigs, was in hundert Jahren nur einmal vorkommt‹, so beschreibt ›Jours de France‹ Romys Umzug.

Man feiert sie als ›die neue Dietrich‹, und die Publicity ist derart, daß sie – nach Ava Gardner und der viel zu früh gestorbenen Marilyn Monroe – zum neuen Weiblichkeitsidol werden könnte . . . In Hollywood, wo man gern wettet, setzt man auf die fünfundzwanzigjährige Wienerin, ›die modernen Sex-Appeal mit klassischer Ausdruckskunst verbindet‹. (Yves Salges in ›Jours de France‹.)

Für ihren nächsten Film mit der Columbia – eine verrückte, mit Gags gepfefferte Komödie mit dem Titel *Leih mir deinen Mann* – wird Romy ganz nach Hollywood-Manier hergerichtet.

Sie erscheint stark geschminkt, mit raffinierten Frisuren und ausgefallenen Kleidern. Der ›Star made in USA‹ ist perfekt. Trotz solcher Verwandlung, die ihr übrigens nicht unbedingt zum Vorteil gereicht, erstaunt Romy das technische Personal und ihre Filmpartner durch Bescheidenheit und stetes Bemühen um Perfektion. Die Sprache der Angelsachsen birgt für sie bald keine Geheimnisse mehr. In den Studios gibt man ihr den Spitznamen ›Miß Worry‹ (Miß Niezufrieden), weil sie eben nie zufrieden mit sich ist und immer noch besser sein will.

›The Cardinal‹ (Der Kardinal, 1963)

Zu einem Cocktailempfang, den ihr liebenswürdiger Partner Jack Lemmon ihr zu Ehren veranstaltet, kommen William Wyler, Otto Preminger, Charlton Heston und Edward G. Robinson.

Damit scheint wieder eine Stufe in ihrer Karriere erklommen. Jede der letzten Rollen hat Romy eine Erweiterung ihres darstellerischen Könnens gebracht. Dennoch ist sie weit davon entfernt, sich an ihrem Erfolg zu berauschen. Sie ist vielmehr von der Unruhe erfüllt, ohne die ein wahrhafter Künstler nicht existieren kann, und ohne die er in Banalität und Monotonie absinken würde. Sie weiß, daß sie nun alles spielen kann und erwartet die nächsten Proben ihres Könnens mit Gelassenheit . . . Das Schicksal aber hält für sie eine Enttäuschung bereit, die sie für lange Zeit in Bitterkeit und Hoffnungslosigkeit stürzen wird.

Mit Jack Lemmon und Dorothy Provine in ›Good Neighbour Sam‹ (Leih mir deinen Mann, 1963)

KAPITEL 4

Stagnation (1964–1967)

Nach Abschluß der Dreharbeiten zu »*Leih' mir deinen Mann*« kehrt Romy nach Paris zurück. *Der Kardinal* hat sie inzwischen bei den Franzosen noch beliebter gemacht. In einer vom ›Figaro‹ und ›Cinémonde‹ organisierten Meinungsumfrage rückt sie auf zur ›besten ausländischen Darstellerin des Jahres‹ und empfängt aus der Hand Michèle Morgans den Publikumspreis: ›La Victoire du Cinéma Française‹.

Doch insgeheim ist sie unglücklich und hat mehr denn je das Bedürfnis, sich mit der Beliebtheit bei den Massen zu betäuben. Die Leidenschaft, die sie mit Alain Delon verband, ist nach und nach erloschen. Von Unruhe gequält muß sie zusehen, wie sich der einst geliebte Mann Tag für Tag mehr von ihr entfernt. Eines Tages findet sie in der Halle des Hotels in der Avenue de Messine, das sie gemeinsam mit Alain bewohnt, drei Dutzend Rosen und einen Abschiedsbrief . . .

Der unersättliche Ehrgeiz, der sie beide trieb, hat sie in verschiedene Richtungen und schließlich in die Trennung geführt. Im Frühling 1963 hatte Delon, während Romy sich in Rom aufhielt, in einem Nachtclub eine gewisse Nathalie Barthélémy kennengelernt.

Sie war ihm nach Trujillo, Spanien, zu den Aufnahmen für *Die schwarze Tulpe* gefolgt.

Der Bruch

Für Romy ist die Trennung, der sich die Sensationspresse unbarmherzig bemächtigt, ein schwerer Schock. Aber sie weist alle Mitleidsbekundungen zurück und erträgt die Schmähungen und Verleumdungen mit Würde. Im August 1964 heiratet Delon heimlich die schwangere Nathalie. Die Briefflut, die sich über ihn ergießt und ihn beschuldigt, Romy im Stich gelassen zu haben, läßt er unbeantwortet. Später einmal sagt er[1]: »Es war besser für uns, den gordischen Knoten auf diese Art zu lösen. Durch die Trennung wurden wir frei, jeder für seinen eigenen Weg ... Heute verfolge ich Romys Aufstieg mit Freude.« Und er fügt hinzu, daß Romy vielleicht nie den Weg zum Gipfel eingeschlagen hätte ohne diesen Entschluß zur Trennung. – Tatsächlich stürzt sie sich nun wie besessen in die Arbeit, um den Kummer zu betäuben. Bald schon nimmt ihr Beruf sie wieder so gefangen, daß er nach und nach den Schmerz überdeckt.

Im Laufe des Sommers 1963 lernt sie bei einer Kunstveranstaltung eine Persönlichkeit kennen, die sie schon immer aufrichtig bewundert hat: Henri-Georges Clouzot. Er wirkt ähnlich auf sie wie Visconti. Er spricht von einem Drehbuch, an dem er gerade arbeitet. Der Film soll den Titel L'Enfer, die Hölle, tragen, und Clouzot möchte, daß sie darin eine Rolle übernimmt. Nur zu gern willigt sie ein, denn nichts ist ihr jetzt lieber, als in einer Rolle aufzugehen, sich in einer anderen Person zu verlieren. Serge Reggiani und Dany Carel werden benachrichtigt, und die Außenaufnahmen beginnen im Frühling 1964 in der Auvergne, im Tal de la Truyère. Der Film wird aber nie fertig, denn Clouzot muß wegen eines Herzleidens die Arbeit unterbrechen; so bald als möglich soll es weitergehen ...

Derweil hat Luchino Visconti eine weitschweifige Biographie von Hans Habe, die die abenteuerlichen Amouren der Gräfin Tarnowska, sowie deren Prozeß, ausführlich beschreibt, zu einem Drehbuch verarbeitet. Der tödliche Charme dieser merkwürdigen russischen Adligen führte zu Anfang unseres Jahrhunderts zu so vielen Morden, Skandalen und Selbstmorden, wie sie wohl selten eine Frau verursacht hat. Sie lieben hieß, zum Tode verdammt sein.

Visconti denkt an Romy, denn die Heldin muß Perversität und engelgleiches Äußeres in sich vereinen. Romy ist vom Thema und von der Rolle der Tarnowska fasziniert und gibt ihre Zustimmung. Es ist die Rede davon, daß auch der Tänzer Rudolf Nurejew mitwirken soll. Einige Szenen werden auch tatsächlich gedreht, vorwiegend in Venedig. Dann bleibt auch dieser Film, L'Enfer, unvollendet. Zutiefst enttäuscht erwirbt Romy die

(1) ›Alain Delon‹ von Henri Rode (E. Pac.).

Rechte an dem Roman, in der Hoffnung, ihn später einmal einem Regisseur ihrer Wahl vorschlagen zu können.[1]

Das Jahr neigt sich dem Ende zu, und Romy mag nicht mehr an ihren guten Stern glauben. Auch den Schmerz über die Trennung von Alain hat sie noch nicht überwunden. Da trifft sie einen jungen englischen Regisseur, Clive Donner, der ihr eine Hauptrolle in *Was gibt's Neues, Pussy?*[2] anbietet, dieser verrückten Satire von halsbrecherischem Tempo und voll haarsträubender Gags. Der Vorschlag kommt für Romy, die sich nach Entspannung sehnt, und die ernsten Seiten des Berufs ein wenig vergessen möchte, gerade recht. Ihre Mitakteure, Peter O'Toole, Peter Sellers, Capucine, Ursula Andress und der damals noch unbekannte Woody Allen, sind so heiter, gelassen und unverkrampft, wie man nur wünschen kann.

Im Laufe der Dreharbeiten in Paris geschieht noch etwas, das sie vollends zu der Überzeugung gelangen läßt, daß sich alles gegen sie verschworen hat: In einer Verfolgungsszene durch die langen Gänge von Billancourt stolpert sie über ein Elektrokabel und reißt einen Projektor herunter, der ihr auf den Kopf fällt. Geistesgegenwärtig reißt Peter O'Toole den Apparat beiseite und verhindert so wenigstens, daß Romy eine schwere Verbrennung erleidet. Trotzdem trägt sie eine tiefe Wunde davon.

Danach gehen die Arbeiten ohne weitere Zwischenfälle zu Ende. Der Film wird ein großer Erfolg und die Titelmelodie sogar ein Hit. Auch die Kritik äußert sich wohlwollend.

Doch so, wie sich privat das Glück von ihr gewendet hat, scheint es auch beruflich nicht weitergehen zu wollen. Wie es vor ihr schon Gina Lollobrigida, Virna Lisi, Melina Mercouri oder Cathérine Deneuve ergangen ist, hat auch ihr der Aufenthalt in USA keinen Popularitätsgewinn gebracht, sondern lediglich ihr schauspielerisches Können vervollkommnet (mit der Professionalität und Meisterschaft amerikanischer Schauspieler können es Europäer ohnehin schwer aufnehmen). *Die Sieger* und *Der Kardinal* bringen nicht die Besucherzahlen, die man sich erhofft hatte, und *Leih mir deinen Mann* ist ein totaler Flop. Aus *L'Enfer* und *La Tarnowska*, von genialen Regisseuren begonnen, ist nichts

---

(1) Die Rechte an dem Roman von Hans Habe blieben bis zu ihrem Tod in ihrem Besitz.
(2) Originaltitel: ›What's New, Pussycat?‹

Romy Schneider und ein noch unbekannter Woody Allen in ›What's New, Pussycat?‹ (Was gibt's Neues, Pussy?, 1964)

geworden. *Was gibt's Neues Pussy?* schließlich ist nicht viel mehr als ein Zeitvertreib ohne Bedeutung für ihre schauspielerische Entwicklung ...

Eine Begegnung

Möglicherweise ist dieser Lauf der Dinge der Grund für ihr plötzliches Heimweh nach dem Land, das sie in den vergangenen Jahren ein wenig aus den Augen verloren hat? Jedenfalls begibt sie sich, einer plötzlichen Eingebung folgend, nach Berlin. Im Frühjahr 1965 wohnt sie dort der Eröffnung des Europacenters bei und lernt bei dieser Gelegenheit Harry Meyen [1] kennen. Er ist Theaterregisseur und Intendant der ›Komödie‹ in Berlin und hat mit Erfolg eine Reihe amerikanischer, französischer und englischer Theaterstücke in Deutschland herausgebracht. Zu Weihnachten soll Strindbergs ›Fräulein Julie‹ in seinem Theater Premiere haben, und er trägt Romy die Hauptrolle an. Wie seinerzeit, als Visconti sie auf die Bühne holte, packt sie das Theaterfieber. Das Stück wird dann aber nie aufgeführt. Dafür lernen sich Romy und Harry kennen und schätzen. Sie beschließen, zusammenzubleiben – zum Mißvergnügen der deutschen Presse, die Romy vorwirft, in Meyens Ehe eingebrochen zu sein. Er ist mit der Schauspielerin Annelise Römer verheiratet. Drei Monate später wird Meyen von René Clément engagiert. In *Brennt Paris?*[2] spielt er inmitten einer großartigen Besetzung[3] den Leutnant von Arnim, Adjutant des Generals von Choldicz (Gert Fröbe). Die Dreharbeiten beginnen Mitte Juli 1965 und dauern sechzehn Wochen.

Das Verhältnis zwischen Romy und Harry vertieft sich, und sie beschließen, nach beendeter Dreharbeit gemeinsam einen Erholungsaufenthalt in St. Tropez einzulegen. Aber Romy kann nicht untätig sein und nimmt daher schon bald ein Angebot Jules Dassins an, der ihr eine Rolle in *Halb elf in einer Sommernacht* nach dem Roman von Marguerite Duras, anbietet. Die auf den ersten Blick einfache Handlung berichtet von einem Ehepaar, das

(1) Im Privatleben: Harry Haubenstock.
(2) Nach dem Bestseller von Dominique Lapierre und Larry Collins.
(3) Yves Montand, Trintignant, Delon, Belmondo, Piccoli, Simone Signoret, Kirk Douglas, Glenn Ford, Tony Perkins.

seinen Urlaub in Begleitung einer Freundin der Frau in Spanien verbringt. Der Ehemann und die Freundin begehren einander und finden sich. Hieraus entsteht die für Marguerite Duras und ihre Romane typische drückende Atmosphäre. Dassin gelingt es, diese Stimmung auch auf die Leinwand zu übertragen.

Gefilmt wird in Madrid und in der Nähe von Segovia, im alten Kastilien. Melina Mercouri, die die Ehefrau spielt, hat darauf bestanden, daß Romy die Rolle der Claire erhält, und Dassin muß die Rolle eigens für Romy etwas ausarbeiten, damit sie annimmt.

Romy verkörpert also die junge und verführerische Gegenspielerin der alternden und sich vernachlässigenden Frau, die von Melina Mercouri gespielt wird. Jeden Morgen lauern schon die Journalisten in der Hoffnung, daß die beiden Frauen, die sich vor der Kamera wie zwei Tigerinnen gegenüberstehen, aneinandergeraten. Aber sie werden enttäuscht, denn die beiden verstehen sich ausgezeichnet. Die Griechin schärft Romy sogar ein: »Geniere dich nicht, vor Dassin jung und schön zu sein, während ich alt und häßlich bin. Ich bitte dich, sei schön!« Und Romy entwickelt eine atemberaubend heiße, fast aggressive Sinnlichkeit. Trotzdem bleibt der Film nach seiner Aufführung völlig unbeachtet. Bei allen körperlichen Vorzügen ist es Romy nicht gelungen, dem Publikum das ›feeling‹ zu übermitteln.

In diese Zeit fällt auch ein Angebot Claude Lelouchs an Romy, in *Ein Mann und eine Frau*[1] Partnerin von Jean-Louis Trintignant zu sein. Sie lehnt ab, da Lelouch, wie es seiner Vorliebe für Unvorhergesehenes, Improvisiertes entspricht, ihr kein Drehbuch, keinerlei Text zu lesen gibt. Es wäre interessant gewesen zu sehen, welchen Einfluß diese Rolle, die dann von Anouk Aimée übernommen wurde, auf Romys weitere Karriere gehabt hätte . . . Sie wird die Entscheidung noch bitter bereuen.

Andererseits ist sie frei für die Hauptrolle in dem ersten Spielfilm eines anderen jungen Regisseurs, Jean Chapot. Es ist ein einfacher und bescheidener Film, dessen Handlung ihr aber nahegeht. Der Film erzählt von einer jungen Frau, die ihr Kind zur Adoption freigegeben hat, und versucht, es seinen Adoptiveltern zu entwenden, was ihr auch gelingt. Als der Adoptivvater jedoch mit Selbstmord droht, gibt sie das Kind zurück. Der Film trägt den Titel *Schornstein Nr. 4* . Wieder stammen die Dialoge

(1) Originaltitel: ›Un homme et une femme‹ (1966).

Paul begehrt Claire. Sie liebt ihn: Romy Schneider und Peter Finch in ›10:30 P. M. Summer‹ (Halb elf in einer Sommernacht, 1965)

von Marguerite Duras. Gefilmt wird neun Wochen lang in Oberhausen und Essen im Ruhrgebiet, denn das Drehbuch schreibt ein graues Industriegebiet als Hintergrund vor. Die Produzenten suchen 5000 Statisten, wollen aber nichts zahlen, und finden daher niemand. Da verfallen sie auf die Idee, jedem Statisten eine Nummer zu geben, die ihn zur Teilnahme an einer Tombola berechtigt, und nach den Dreharbeiten interessante Gewinne, zum Beispiel Fernseher, Kühlschränke, zu verlosen. Sogleich hat Chapot eine Riesenmenge beisammen, die er nach Herzenslust filmen kann.

Michel Piccoli spielt den Film-Ehemann der Romy-Julia ... Es ist das erste Mal, daß die beiden zusammen vor der Kamera stehen, aber der Funke ist schon übergesprungen. Undeutlich fühlen sich die beiden wie Verschworene. Als ideales Paar werden sie später, noch in *Die Dinge des Lebens, Das Mädchen und der Kommissar, Trio Infernal* und *Mado* zu sehen sein ...

Trotz des intelligenten Spiels ist *Schornstein Nr. 4* (La Voleuse) ein totaler Mißerfolg. Romy ist auf dem besten Wege, sich umsonst zu verausgaben. Sie hat die Dinge nicht mehr unter Kontrolle.

Fast am Ende

Weil es fast ihr letzter Film geworden wäre, ist *Spion zwischen zwei Fronten* als Ende eines Abschnitts in ihrem Leben und in ihrer Karriere von Bedeutung.

Terence Young war an sie mit der Bitte herangetreten, anstelle von Ursula Andress die Episodenrolle einer verführerischen Gräfin und Spionin zu spielen. Romy sagt zu, unter der Voraussetzung, daß auch Harry Meyen engagiert wird. Außerdem spielen Christopher Plummer, Yul Brynner, Gert Fröbe und Trevor Howard. Die Arbeiten beginnen Mitte Juni in Paris und Umgebung und enden im Sommer in Nizza in den Studios de la Victorine. Während dieses Aufenthaltes an der Côte d'Azur heiratet sie am 15. Juli 1966 auf dem Bürgermeisteramt von Saint-Jean Cap Ferrat in aller Stille Harry Meyen. Nach der aufsehenerregenden Hochzeit von Brigitte Bardot und Gunther Sachs, die dort gerade zuvor stattgefunden hat, wird von diesem Ereignis sowenig Aufhebens wie möglich gemacht. Nach beendeter Dreh-

Eddie Chapman (Christopher Plummer) und die Comtesse (Romy Schneider) in ›Triple Cross‹ (Spion zwischen zwei Fronten, 1966)

Oben:
Die Sehnsucht
nach dem Kind

Rechte Seite:
Mama und David

*Das Kind: Romy Schneider, Sohn David, Ehemann
Harry Meyen in St-Tropez*

arbeit verläßt sie sozusagen auf Zehenspitzen dieses Frankreich,
das sie immer noch liebt, in dem sie aber nichts mehr hält, und
zieht nach Berlin-Grunewald, wo sie voll Stolz und Ungeduld die
Geburt ihres ersten Kindes erwartet. Am 3. Dezember 1966 ist es
soweit: Im Rudolf-Virchow Krankenhaus bringt sie einen Sohn,

David Christopher, zur Welt. Er hat sich rechtzeitig eingestellt, um ihr Seelengleichgewicht zu retten und sie vor Pessimismus und Verzweiflung zu bewahren.

Sechs Tage nach der Geburt des Sohnes läuft *Spion zwischen zwei Fronten* mit großem Publicity-Aufwand in den Pariser Kinos an – mit mittelmäßigem Erfolg. Was kümmert es Romy? Sie ist von ihrer neuen Aufgabe erfüllt, über der sie allen vorangegangenen Streit und Mißerfolg vergißt. Über ein Jahr lang ist sie nur noch glückliche Ehefrau und Mutter und verkündet jedem, der es hören will, daß sie das Filmen ganz aufgeben und sich nur noch dem Kind widmen will.

»Ich wollte es gesund auf die Welt bringen und mich dann auch selbst darum kümmern. Die ersten Monate im Leben eines Babys sind so großartig . . .«

Aber – folge deinem Schatten, und er wird dich fliehen. Fliehe deinen Schatten, und er wird dir folgen . . .

Die Entfaltung (1968–1970)

Das Erwachen

Schon bald wird ihr das stille und zurückgezogene Leben, in das sie durch David geraten ist, unerträglich. Immer wieder ertappt sie sich bei Gedanken an den Beruf. Das Schauspielererbe läßt sich eben nicht so einfach leugnen. Wie ein Hund, der eine Fährte wittert und nur darauf wartet, losgelassen zu werden, so brennt sie darauf, in die Filmstudios zurückzukehren. Anfang 1968 bieten ihr Carl Foreman, der wieder unter die Produzenten gegangen ist, und der junge Bruce John Curtis eine Rolle in *Otley*[1] an. Partner ist Tom Courtenay. *Otley* ist eine Farce, die ausschließlich in London spielt. Dick Clément, der britische Nachwuchsregisseur, versucht hier auf humorvolle Art den Nimbus des Geheimagenten zu zerstören, indem er den Helden, Gerald Otley, als armes und ein wenig naives Opfer darstellt, das in die unmöglichsten Situationen gerät. Romy geht auf den Irrpfaden dieser Parodie fast verloren und langweilt sich sichtlich. Komödien liegen ihr offensichtlich nicht.

Sie selbst sagt dazu: »Es war ein sehr schlechter Film, aber ich hatte seit Davids Geburt nicht mehr gedreht, und irgendwann mußte ich ja einmal wieder anfangen . . .[2].

Der erste Anlauf war also mißlungen. Enttäuscht vergräbt sie sich wieder in Berlin.

Wer hätte geahnt, daß sie im Jahr darauf (Januar 1969) auf der französischen Leinwand ein unerhörtes Comeback feiern würde? Ehe sie ganz in Langeweile, Trübsinn und am Ende gar Vergessen untergeht, holt sie noch einmal tief Luft und stürzt sich kopfüber in die türkisfarbenen Wasser eines gewissen *Swimmingpool*!

Dem verblüfften Publikum präsentiert sich eine vollkommen veränderte Romy. Nackt und gebräunt, mit festen Formen unter samtener Haut, liegt sie im Selbstbewußtsein der Schönheit ihrer

(1) In Deutschland nicht gelaufen.
(2) Unveröffentlichtes Interview vom 18. April 1974.

*Oben: ›Otley‹ (1968): Romy Schneider und Tom Courtenay
Rechts: Die neue Romy*

dreißig Jahre in der Sonne und läßt gelassen den Blick über Delon
und Ronet schweifen, die beide sie lieben und von denen einer um
ihretwillen sterben muß.

Ohne sie an die Wand zu spielen, dominiert Romy dank ihrer
Ausstrahlung und brilliert durch nuanciertes Spiel und rätselhafte
Überlegenheit.

Die Rolle ist ihr wie auf den Leib geschrieben. Sie ist zwar nicht
außergewöhnlich, gestattet ihr aber, sich bei den Kinoliebhabern
in alter Größe wiedereinzuführen.

Trotz *Boccaccio* und *Der Prozeß* hat sie das Gefühl, ihre Sissi-
Vergangenheit immer noch nicht abgeschüttelt zu haben. Die
Rolle der Marianne, die sie auf Verlangen Delons erhalten hat,
bietet zusätzliche Gelegenheit, das alte Sissi-Image auszulöschen.
Regisseur Jacques Deray arbeitet nach einem Original-Drehbuch
von Jean-Emmanuel Conil, das Alain Delon gewidmet war. »Ich

Oben: Romy Schneider, Alain ...

Links: Aggressive Rivalitäten in ›La Piscine‹ (Der Swimmingpool, 1968)

Unten: Alain (das ist Jean-Paul) und Romy (das ist Marianne) in ›La Piscine‹ (Der Swimmingpool, 1968)

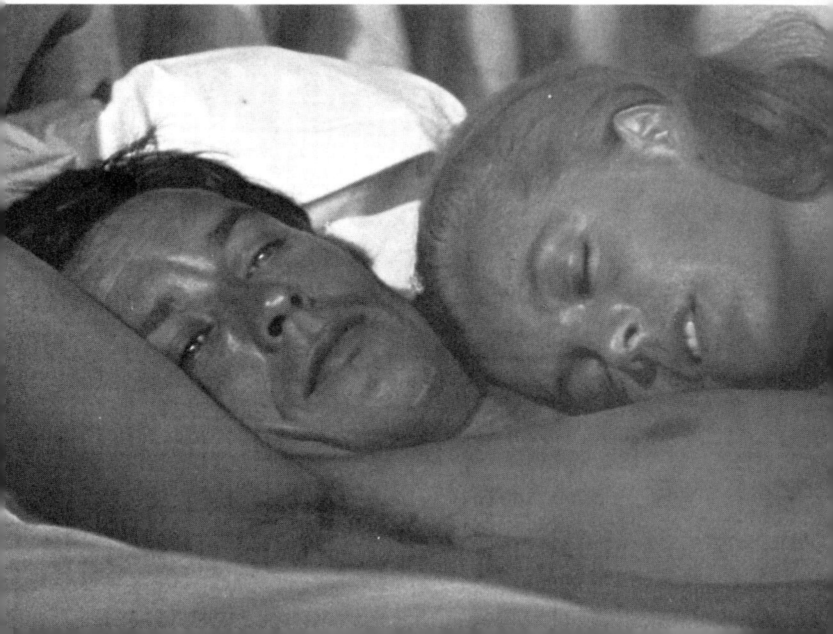

bin von Alain ausgegangen«, erklärt Deray später einmal, »dann habe ich eine Frau für ihn gesucht. Es mußte jemand sein, der ihm ein wenig überlegen und moralisch reifer war. Er bezaubert sie – sie analysiert ihn. Ich habe an Monica Vitti gedacht, an Nathalie Wood und Angie Dickinson. Ich habe mit Alain darüber gesprochen, und dann ist uns beiden klar geworden, daß die einzige, mit der Alain ohne weiteres zusammen spielen konnte, Romy war. Ihre gemeinsame Vergangenheit war ein großer Vorteil, und ihre Vertrautheit miteinander würde offensichtlich sein.« Deray fürchtet, daß Romy ablehnen könnte, aber Delon ermutigt ihn. »Gehen wir sie besuchen. Ich bin bestimmt kein Hindernis; sie wird ›Ja‹ sagen. Sie ist weder nachtragend noch rachsüchtig.«

Deray reist, mit Delon als Unterstützung, nach München, wo er Romy erklärt: »Ich brauche ein Paar, ein wirkliches Liebespaar, einen Mann und eine Frau, die voreinander kein Geheimnis mehr haben, die alles voneinander wissen.« »Sie brauchen nicht weiterzusprechen«, antwortet Romy, »ich habe verstanden.« Und sie sagt zu, obwohl sie nicht mehr als ein paar Zeilen der Inhaltsangabe überflogen hat – was bei ihr selten vorkommt. Harry Meyen, der auch befragt wird, rät ebenfalls zu.

Die Dreharbeiten beginnen am 19. August 1968 und laufen bis Mitte Oktober in einer phantastischen Villa in der Nähe von St. Tropez. Daß Alain und Romy wieder zusammen filmen, ist eine Sensation, und die Kommentare einer gewissen Presse über die möglichen Konsequenzen dieses Wiedersehens wollen nicht enden. Die Betroffenen selbst betrachten amüsiert, was sie da angerichtet haben. Heiter und gelassen ist Romy bereit für den amourösen Schlagabtausch, den sie sich mit Alain vor der Kamera liefern wird. Mit amüsiertem Unterton sagt sie zu Journalisten: »Für diese Art Szenen ist es besser, die Haut eines Freundes statt der eines Fremden zu berühren . . .« Der Film wird in Frankreich aufgeführt, als die ersten Ausläufer der Affäre Markovic bereits verschiedene Personen in Alains Umkreis kompromittieren.

Das häßliche Gerücht geht um, daß *Swimmingpool*, in dem ein Mord geschieht und Alain von der Polizei verhört wird, nicht ganz zufällig ist . . . Der Skandal, der sich um Delon zusammenbraut, scheint jedoch den Erfolg des Filmes nicht im mindesten zu beeinträchtigen. Er läuft 13 Wochen in einem Uraufführungstheater und erzielt in dieser Zeit 357 758 Besucher. Vielleicht hatten sich die Produzenten noch mehr erhofft? Die Kritiken sind günstig: ›Noch nie gab es auf der Leinwand einen Film von so unmittelbarer Sinnlichkeit. Noch nie hat man so direkt den Duft der Pinien, die Feuchtigkeit der Haut, die Sinnlichkeit einer Umarmung, das mühsame Wachwerden am Morgen, den Duft und den Geschmack des Morgenkaffees gespürt‹, schreibt ›L'Express‹ im Februar 1969. In ›Cinémonde‹ heißt es unter anderem: »Unter all den Schauspielern, die wie Schachspielfiguren agieren, erscheint hier eine freie, unabhängige, bezaubernde Frau, die Herrin ihrer selbst ist . . .‹

Um ihre Rückkehr nach Frankreich wahrhaft würdig zu gestalten, nimmt Romy nun ein Angebot für die Hauptrolle in *Das Massaker* von François Reichenbach an. Die Außenaufnahmen sollen in der Carmargue gedreht werden. Das Projekt zerschlägt sich jedoch, und Romy begibt sich wieder einmal nach London, wo ihr ein Fernsehregisseur eine schwierige, aber faszinierende Rolle zugedacht hat, die einer blutschänderischen Mutter . . . Romy sieht in der neuen Aufgabe eine pikante Herausforderung, der es zu begegnen gilt, und akzeptiert die Hauptrolle in *Inzest*, nach dem Roman von Edward Grierson *Reputation for a Song*, dem der Produzent Wilbur Stark Themen aus seinen Novellen (*Second Level*) hinzufügt. Handlungsort ist London und Umgebung. Die männlichen Hauptrollen sind mit dem jungen Dennis Waterman und mit Donald Houston besetzt.

Der Film ist – zumindest in Frankreich – ein Reinfall. In der Sommersaison 1970 gelangt er in die Pariser Kinos und verschwindet wieder fast unbemerkt, nachdem er nur zwei Wochen in Uraufführung gelaufen war.

Trotz des unerhörten Erfolges von *Die Dinge des Lebens*[1], in dem Romy ganz groß herauskommt und dessen Ankündigungsplakate überall unübersehbar locken, kann das Kinopublikum dem Film Newlands keinen Geschmack abgewinnen, obwohl zur selben Zeit ein ähnliches Thema, Louis Malles *Herzflimmern*[2], mit großem Erfolg gezeigt wird. Es scheint, daß die Person der Francesca Anderson, einer modernen Phädra, die von ihrer Besessenheit in die Verzweiflung getrieben wird, ein wenig zu schwer auf Romys Schultern lastet. Gegenüber ihrem Partner Dennis Waterman, der einen Siebzehnjährigen darstellen soll,

---

(1) *Die Dinge des Lebens* wurden zwar nach *Inzest* gedreht, aber vier Monate vor *Inzest* bereits aufgeführt.
(2) Originaltitel: Le souffle au cœur

Oben: ›My Lover, my Son‹ (Inzest, 1969)
Rechts oben: Dennis Waterman und Romy Schneider in ›My Lover, my Son‹
(Inzest, 1969)
Unten links: Eines der vielen Gesichter der Romy Schneider
Unten rechts: Eine völlig neue Romy: ›La Choses de la Vie‹ (Die Dinge des
Lebens, 1969, von Claude Sautet) mit Michel Piccoli

aber viel älter wirkt, will die jugendliche, frische Romy mit ihren
noch nicht 31 Jahren nicht recht glaubhaft erscheinen. Trotzdem
zeigt sie hier eine neue schauspielerische Dimension und beweist
aufs neue ihr beachtliches Talent zur Tragödin. Sie spielt mit
großer Aufrichtigkeit und beweist auch hier wieder, daß sie eine
so riskante Rolle, die man ihr auch nach Viscontis und Welles'
Einfluß kaum zugetraut hätte, meistern kann. ›Ciné-Revue‹
schreibt: ›Sie hat ein für allemal ihr süßliches Sissi-Image abgelegt
und ist dadurch absolut faszinierend geworden.‹

106

Ein gewisser Claude Sautet

Als er Romy die weibliche Hauptrolle in *Die Dinge des Lebens* anbietet, ist Claude Sautet noch völlig unbekannt. Er war Assistent bei Georges Franju und Yves Robert und hat erst in drei Spielfilmen Regie geführt: *Bonjour sourire* (1955)[1] – bereits vergessen; *Classe tous risqes* (1960)[2] mit Lino Ventura und Jean Paul Belmondo – ein Achtungserfolg; und *L'arme à gauche* (1965)[3] wieder mit Ventura, ein Mißerfolg. Die Filmfans grollen, aber als Fachmann erfreut sich Sautet hinter den Kulissen eines soliden Rufs und fungiert sozusagen als filmischer Schönheitschirurg bei allen möglichen Gelegenheiten: Er möbelt hier und da ein dürftiges Drehbuch auf, eine schlechte Synchronisation oder einen unvollendeten Dialog . . . Er arbeitet für Jean-Paul Rappeneau (*La vie de château*, 1965), Jacques Deray (*7 Tote hat die Woche*, 1963 und *Borsalino*, 1970), Philippe de Broca (*Pack den Tiger schnell am Schwanz*, 1969) und Alain Cavalier (*La Chamade – Herzklopfen*, 1968).

Eines Tages fällt ihm ein Roman von Paul Guimard und das danach verfaßte Drehbuch von Jean-Loup Dabadie in die Hände. Das feinfühlige Werk macht auf ihn einen so tiefen Eindruck, daß er sich ein viertes Mal an eine Regie heranwagt.

»Es entsprach genau dem, was ich schon lange im Sinn hatte, diese Winzigkeit, die zwischen zwei Lebenswegen entscheidet, dieses Zögern zwischen zwei Möglichkeiten, zwischen zwei Frauen, diese Elemente, die ich selbst allein nicht auf einen Nenner bringen konnte.«[4]

In den Ateliers von Billancourt hat Romy die Arbeit an der deutschen und englischen Synchronisation zu *Swimmingpool* fast beendet. Sautet, der sie noch nie gesehen hat, beobachtet sie unauffällig aus dem Hintergrund. Einige Tage darauf ruft er sie im Hotel an, bittet um eine Verabredung und erzählt ihr den Roman von Guimard. Romy ist sehr ergriffen und sagt sogleich ihre Mitwirkung zu. Instinktiv fühlt sie, daß sie Sautet absolut vertrauen kann. Später einmal erzählt sie von dieser ersten

(1) In Deutschland gelaufen unter dem Titel: ›Die tolle Residenz‹.
(2) ›Der Panther wird gehetzt‹.
(3) ›Schieß, solang du kannst‹.
(4) Gespräch mit Guy Braucourt – Cinéma 70.

Begegnung: »Wir haben uns auf Anhieb verstanden. Ich habe ihn sogleich als das erkannt, was er ist: ein Choleriker, aber ehrlich und geradezu«; und Sautet seinerseits erkennt gleich zu Beginn in ihr nicht nur die Schauspielerin, sondern eine Art Muse. »Sie inspiriert mich«, sagt er einmal. Es ist, als ob zwischen Schöpfer und Werk ein Funke übergesprungen wäre. Sautet zeichnet alle Seiten dieser Natur, die ihn so fasziniert, nach. Unter der väterlichen und freundschaftlichen Leitung dieses ›Führers‹ kann Romy sich ganz in die Rolle, die sie verkörpern wird, hineinleben. In diesem Zusammenwirken entstehen Helene, Lily und Rosalie, alle drei Symbol für die moderne Frau, die sanft und aggressiv, stark und verletzlich, unabhängig und abhängig zugleich ist. Dieser Frau entspricht Romys Persönlichkeit, und Sautet weiß sie voll einzusetzen.

Als Gegenstück fehlt nur noch ein männlicher, verführerischer Vierziger. Sautet wählt Piccoli, und das außergewöhnliche Trio ist vollkommen.

Gefilmt wird im Sommer 1969 in Paris und Umgebung und in La Rochelle.

Mit diesem Film, in dem die Sequenz des Autounfalls schon in sich ein Stück Filmgeschichte ist, verbringt Sautet elf Monate seines Lebens – sechs für die Vorbereitung, zwei für die Dreharbeiten und drei für die Montage. Nach den ersten vier Wochen im Uraufführungstheater haben ihn bereits 350 000 Zuschauer gesehen[1].

Im Mai 1970 wird er für das Festival in Cannes gewählt; zur allgemeinen Verblüffung erhält er jedoch keinerlei Auszeichnung, ja, er wird von der Jury nicht einmal erwähnt – aber die Wege in Cannes sind wunderlich, und die Öffentlichkeit hat schon längst aufgehört, sich darüber zu wundern. Dessen ungeachtet setzen *Die Dinge des Lebens* das ganze Jahr 1970 hindurch ihren Erfolg fort. Nach diesem unerwarteten Triumph kann Sautet sein Talent voll entfalten und das Paar Piccoli-Schneider auf die Höhe der Beliebtheit führen. Die Arbeit des Trios Schneider, Piccoli, Sautet findet die einhellige Zustimmung von Publikum und Presse. So schreibt Le Monde: *Die Dinge des Lebens* hätten weiter nichts sein können als ein eleganter und brillanter Film. Weil es Sautet aber gelungen ist, die Schönheit, Zerbrechlichkeit

(1) Im ganzen bringt er es während der Uraufführung auf 574 014 Besucher.

In ›Qui?‹ (Die Geliebte des anderen, 1970)

und Lächerlichkeit des Lebens auszudrücken, ist ein ernstes Werk gelungen, das uns im tiefsten Inneren anrührt.«

›Télérama‹[1] kommentiert: ›Um diesen Film hat es keinen Skandal gegeben. Er ist weder aggressiv noch provozierend, auch nicht avantgardistisch. Er ist ohne große Publicity angelaufen. Er unterwirft sich keiner Mode. Keine Helden, keine Heldinnen, keine großen Abenteuer, finsteren Dramen und erbitterten Gefühle. Nichts als das alltägliche Leben. Ohne Zweifel ist es diese Alltäglichkeit, die das Publikum an diesem Film von Sautet liebt.‹

Romy selbst vergißt nie, darauf hinzuweisen, daß es sich um einen ihrer liebsten Filme handelt, der sie immer wieder berührt, ohne in seiner Wirkung nachzulassen . . . weil er nicht veralten kann. Und noch etwas ist an diesem Film bemerkenswert: Romy

(1) Nr. 1357 vom 14. 1. 76.

singt hier, zum drittenmal in ihrer Laufbahn[1]. Mit Piccoli singt sie ein Chanson von Jean-Loup Dabadie, nach der Leitmelodie des Films von Philippe Sarde.

Bevor sie die so befriedigende Zusammenarbeit mit Sautet fortsetzt, gestattet sie sich den Luxus dreier Intermezzi, von denen heute nur noch eines von Interesse ist.

Das erste ist die Titelrolle in *Qui*[2] einer Art Kriminalgeschichte von Leonard Keigel[3] und Paul Gégauff[4]. Romy kommt erneut mit Maurice Ronet zusammen und macht dort die Bekanntschaft eines ›schönen Bösewichts‹ italienischer Abstammung: es ist Gabrielle Tinti . . .

Die Dreharbeiten finden in Paris und in der Bretagne statt. In Ermangelung irgendwelcher anderer Attribute, deren diese Geschichte voller endloser Verhöre und Ungereimtheiten wert wäre, bezeichnet sie der Regisseur als Thriller nach Hitchcock-Manier. Aber auch hiermit kann er das Kinopublikum nicht locken. Auf die angeblich spannenden Fragen des Films reagiert es mit totaler Gleichgültigkeit. Die Kritik (›France Soir‹ vom 24. 9. 70) schreibt: ›Bleibt für den Film nur zu hoffen, daß die Zuschauer ihren Sinn für Logik zu Hause lassen.‹ Die Tageszeitung ›L'Aurore‹ beschreibt den mißglückten Versuch Keigels: ›Der große Trumpf dieser Produktion ist Romy Schneider.‹

Nächster Abstecher ist *Bloomfield*, kurz darauf in Israel gedreht. Regie und Hauptrolle: Richard Harris. In dem Film, der die Schwierigkeiten eines alternden Fußballspielers und dessen innere Krise beschreibt, spielt Romy nur eine wenig bedeutende Rolle – die der Geliebten des Helden. Wie schon zuvor *Otley* und *Inzest*, ist auch dieser dritte Auftritt in einer britischen Produktion ein Mißerfolg.

»Es interessierte mich, jemanden zu spielen, der ganz anders ist als ich«, sagt Romy von ihrem nächsten Unternehmen: *La Califfa – Das Mädchen und der Millionär.* »Bevilacqua, der Script-Autor, hatte vom Filmen nicht die blasseste Ahnung. Wir alle schwammen, sogar Ugo Tognazzi.« Wenn auch der Film nach dem Roman und Drehbuch von Alberto Bevilacqua, mit Ausnahme einiger Nacktszenen, keinerlei Eindruck hinterläßt (Ro-

---

(1) Siehe Teil VI: Schallplatten
(2) Deutscher Titel: *Die Geliebte des Anderen.*
(3) Regisseur des *Leviathan* – 1961 – mit Lilli Palmer und Louis Jourdan.
(4) Drehbuchverfasser für Claude Chabrol und gelegentlich Schauspieler.

mys Körper interessiert – zu Recht – so manchen Regisseur, seit sie sich vor der Kamera auszieht), ist Romys Rolle darin doch für ihre Karriere von Bedeutung. In der Gestalt der attraktiven und urwüchsigen Fabrikarbeiterin, die gierig ist nach Freiheit und Leben, voll verhaltener Wut und aggressivem Charme, erhält Romy Gelegenheit, die Palette ihres Könnens mit einem Schlag noch zu erweitern und eine tiefe, angeborene Sinnlichkeit zu entfalten, die sich in der Pupé (*Boccaccio 70)*, Claire (*Halb elf in einer Sommernacht*) und Marianne (*Der Swimmingpool*) bereits unleugbar ankündigte.

Romy erzählt: »Es war der allererste Drehtag – da stand ich schon nackt da, für eine Liebesszene. Ich fragte mich, ob das vielleicht ein Trick der italienischen Regisseure sei, um ihren

Wieder mit Michel Piccoli. ›Max et les Ferrailleurs‹ (Das Mädchen und der Kommissar, 1970)

weiblichen Stars die Hemmungen zu nehmen?« »Wie *Der Swim-mingpool* ist *Das Mädchen und der Millionär* eine Art Hymne auf die Weiblichkeit, ihre Gesetze und Geheimnisse. Vor einem politischen Hintergrund, in dem der Drehbuchautor seine eigenen Ansichten zum Ausdruck bringt – die eines Mannes der Linken – wird das Porträt einer Frau im Wandel gezeichnet, die der Vorherrschaft des Mannes die Stirn bietet.« (Bevilacqua).

Klassenkampf? Ja, aber auch ›Kampf der Geschlechter‹, und dies ist zweifellos der Grund für Romys Interesse an der Rolle. Sie sprach mit Bevilacqua eine ganze Nacht hindurch darüber. Im Morgengrauen war sie überzeugt. – Die Dreharbeiten finden im Sommer 1970 vor dem Hintergrund der Hochöfen von Terni, im norditalienischen Industriegebiet, statt. Romy schwitzt, schreit und tobt. Ihr Partner Ugo Tognazzi ist verblüfft. »Du hast Kräfte wie ein Roboter«, sagt er, »und den ›furor teutonicus‹ deiner Rasse.« »Irrtum«, kontert Romy, »ich habe die ewigen Bedenken und Skrupel der echten Komödiantin.«

Califfa wird zum italienischen Filmbeitrag für die Festspiele in Cannes erkoren, obwohl der Film ziemlich umstritten ist und man Bevilacqua vorwirft, zu grob aufgetragen zu haben. Auch die Öffentlichkeit, die den Film erst ein Jahr später zu sehen bekommt, reagiert zurückhaltend. In Frankreich bleibt er unbeachtet; in Italien hinterläßt er Unbehagen.

Sautet, Romy, Max und die Schrotthändler

Ermutigt durch den Erfolg der *Dinge des Lebens* beschließt Sautet, *Das Mädchen und der Kommissar* nach dem Roman von Claude Néron[1] auf die Leinwand zu bringen, der neben Jean-Loup Dabadie zu seinem treuen Mitarbeiter wird. Sautet will, daß dieses Polizei-Psychodrama in Form einer modernen Tragödie ›gewalttätig, lächerlich und romantisch‹ werden soll, denn Max ist ein ›Schuft mit Prinzipien‹. Um diesen Flic, diesen außergewöhnlichen Polizeibeamten, und Lily, das unwissende Opfer seiner häßlichen Machenschaften mit Leben zu erfüllen, kommt Sautet auf sein Erfolgspaar Piccoli-Schneider zurück. Romy meistert die Rolle fabelhaft. Bürgerliches Wesen und bürgerliche Gewohnhei-

---

(1) Mit-Autor von *César und Rosalie*.

›La Califfa‹ (1970)

Mit Richard Harris in ›Bloomfield‹ (1970)

Oben: Eine Frau lehnt sich auf: ›La Califfa‹ (1970)
Rechte Seite oben links: ›Max et les Ferrailleurs‹ (Das Mädchen und der Kommissar, 1970)
Rechte Seite unten links und rechts außen: Romy Schneider 1970

ten gibt sie sozusagen in der Garderobe ab und schlüpft in die Haut eines lebenshungrigen, nicht unsympathischen Freudenmädchens, mit allen Attributen, die dazugehören: sinnliche Lippen, sündiger Blick, schwarzes Lackleder, aufreizende Kleider und eine Art Spott, die sie mit eigenem Humor vermengt, und so eine der gelungensten Darstellungen in diesem Genre zustande bringt. Auch in *Der Prozeß* und *Die Sieger* hat Romy schon Dirnen gespielt. Leni und Regine sind aber nur blasse Vorlagen zu dem, was Romy nun liefert. Sie will beweisen, daß sie eine richtige Professionelle sein kann, eine, die auf der Straße ihre Kunden anspricht.

Sautet hatte zunächst nicht gewagt, ihr diese Rolle anzutragen. Im Vertrauen auf Romys Intuition ruft er sie aber dennoch an, schon kurz nachdem ihm der Gedanke gekommen ist, die Geschichte von ›Max‹ zu verfilmen: »Darin ist eine Rolle, über die ich mit dir sprechen möchte. Ich glaube aber nicht, daß das etwas für dich ist.« Romy erhält eine kurze Inhaltsangabe und eine Kurzbeschreibung der Gestalt der Lily, drei Seiten, nicht mehr. Romy liest aufmerksam, legt die Blätter zurück auf den

116

Tisch und weint. Sie ist ihrem Spiegelbild begegnet. Wie aber kann Romy sich in einer kleinen Prostituierten aus Hamburg, die es nach Nanterre unter die Schrotthändler verschlagen hat, wiedererkennen? Doch es sind ja nicht so sehr die Handlungen, die eine Person ausmachen, als vielmehr die Art, wie sie auf Situationen reagiert.

Romy ist durch und durch Frau, bis in die Fingerspitzen, bis zum Irrationalen. Der Glanz einer Kaiserin hat sie kalt gelassen, aber angesichts der Spontaneität einer Lily bricht sie in Tränen aus. Hier bietet sich vielleicht eine letzte Gelegenheit, das verhaßte Bild der Sissi ein für alle Mal zu zerschlagen.

Schon am Tag darauf fleht sie Sautet an, ihr die Rolle zu überlassen. Er kann sich ihrem Bitten und Drängen nicht verschließen. Das hat es noch nie gegeben: Romy fleht, bittet, bettelt wahrhaftig um eine Rolle! Auch die kleinste Kleinigkeit scheint ihr wichtig. Sie lernt Poker spielen, vulgäre Redeweise und eine Art von animalischem Charme. Sautet ist verblüfft, geradeso wie es später die Presse und das Publikum sind. Man denke nur an die eine Szene: Nach dem Geständnis von Max zerfließt Lily in Tränen an einem Kneipentisch. Die schöne Puppe ist zu einem Hampelmann ohne Schminke zusammengesunken. Als ob sie einen Faustschlag erhalten hätte, drückt Romy diese Verzweiflung und Hoffnungslosigkeit ohne Worte mit solcher Intensität aus, daß der Zuschauer, mitgerissen, selbst einen unerträglichen Druck empfindet. Alexandre Astruc beschreibt in ›Paris Match‹ (16. 2. 71) die besondere Wirkung des Paares Piccoli-Schneider: »Auf der Leinwand verbreitet sich eine eigentümliche Romantik, sobald Piccoli und Romy einander gegenüberstehen, und die Schatten so berühmter Paare wie William Powell und Myrna Loy in *Reise ohne Wiederkehr*[1] werden lebendig.«

---

(1) Originaltitel ›One Way Passage‹ (1932) von Tay Garrett

*Wieder unter Visconti, wieder Elisabeth von Österreich: Romy Schneider in
›Ludwig‹ (Ludwig II., 1972)*

KAPITEL 6

Starruhm in Frankreich (1971–1973)

›Vierzig Jahre nach Greta und Marlene, fünfzehn Jahre nach Marilyn hat die Leinwand wieder einen großen Star‹[1]

Romys Tief ist vorüber; Sissi ist begraben. Das Familienleben erfüllt sie mit noch größerer Freude als ihr beruflicher Erfolg. Man liegt ihr zu Füßen, und die Regisseure träumen nur davon, mit ihr zu arbeiten. – Söhnchen David ist stets bereit, ihr ein strahlendes Lächeln zu schenken.

Zu dieser Zeit unterzeichnet sie ein im ›Stern‹ veröffentlichtes Manifest, in dem sie bekennt, abgetrieben zu haben.

Als sie von einem Aufenthalt an der Côte d'Azur nach Deutschland zurückkehrt, warten auf sie Kanzler Willy Brandt und ein Anwalt. Ein Gericht in Hamburg hat ein Verfahren gegen sie eingeleitet. Das Geständnis kann ihr einen Prozeß, eine hohe Geldstrafe und bis zu fünf Jahre Gefängnis einbringen. »Das ist lächerlich«, sagt Romy. Ihre Aktion hat ihr u. a. die Sympathie von Jeanne Moreau eingebracht, die in Frankreich ein ähnliches Manifest unterzeichnet hat, und in einem offenen Brief ihre Solidarität mit Romy Schneider bekundet. Romy ihrerseits wartet die Entwicklung der Dinge mit Ruhe ab, denn inzwischen hat eine Haussuchung in der Zentrale der Bewegung für die Liberalisierung der Abtreibung unzählige Briefe mit Abtreibungsgeständnissen anderer Frauen zutage gefördert. Wie ein Richter es ausdrückt: ». . . kann das Verfahren wegen Geringfügigkeit oder nach fünf Jahren wegen Verjährung der Tat eingestellt werden.« Damit hat sich für Romy die Angelegenheit erledigt.

Sie hält aber noch eine Überraschung für ihre Verehrer bereit. Im ›Stern‹ läßt sie Nacktfotos von sich veröffentlichen. Damit folgt sie nicht etwa einer Mode, sondern will nur konsequent beweisen, wie fest entschlossen sie ist, ein neues Image aufzubauen.

(1) ›Paris Match‹ Nr. 1156.

Regisseur Bevilacqua hatte, nachdem er mit ihr *Das Mädchen und der Millionär* gedreht hatte, erklärt: »Sie hat eine Kraft, eine Leidenschaft und Vehemenz, die der Film bei weitem noch nicht ausgeschöpft hat.« Daß sie diese Kraft in aggressiven Filmen einzusetzen gedenkt, zeigen *Die Ermordung Trotzkis, Ludwig II., Trio Infernal* und *Nachtblende*, die nun folgen.

Noch ein Genie: Joseph Losey

1969 plante Produzent Joseph Shaftel einen Film über Leo Trotzki, in dem Alain Delon den Attentäter spielen sollte. Ein erstes Drehbuch gefiel weder dem Produzenten noch Delon. Delon durfte nun einen Drehbuchautor und einen Regisseur selbst suchen.

Seine Wahl fällt auf Losey, den er sehr bewundert. Sobald dessen Zusage feststeht, wird Nicolas Mosley mit dem Drehbuch beauftragt.

Ein Jahr nach dem ersten Versuch wird der Film also ein zweites Mal begonnen, diesmal mit der peniblen Genauigkeit eines Losey, der historisch Korrektes, nicht Fiktion, zeigen will. Texte[1] und Fotografien werden zusammengetragen, um die Verschwörung historisch genau zu rekonstruieren, während Delon an der Gestalt Franck Jacksons, des Mörders, arbeitet, dessen Mimik er ganz genau nachahmen will. Über die Besetzung der weiteren Rollen ist man sich noch nicht einig. Für die Rolle des Trotzki sind mehrere Namen im Gespräch. Losey schwankt zwischen seinen Favoriten Richard Burton und Dirk Bogarde. Schließlich fällt die Wahl auf Burton. Für Natalie, die Frau Trotzkis, hätten Losey und Delon gern Simone Signoret, aber nach den Regeln der Koproduktion müssen sie eine Italienerin wählen. So erhält Valentina Cortese[2] die Rolle. Nur was die verruchte Mätresse Jacksons anbelangt, sind sich alle einig: Die kann nur Romy Schneider spielen.

Unter Loseys Regie fühlen sich Romy und Alain um zehn Jahre zurück in die Zeiten des ›Théâtre de Paris‹ versetzt, als Visconti

(1) Die Triologie von Isaac Deutscher, ein Buch über Natalia Trotzky und Texte von Trotzky selbst.
(2) Auch: Valentina Cortesa.

›L'Assassinat de Trotsky‹ (Das Mädchen und der Mörder – Die Ermordung Trotzkis, 1971): Richard Burton, Romy Schneider, Valentina Cortese . . .

. . . und Alain Delon und Romy Schneider

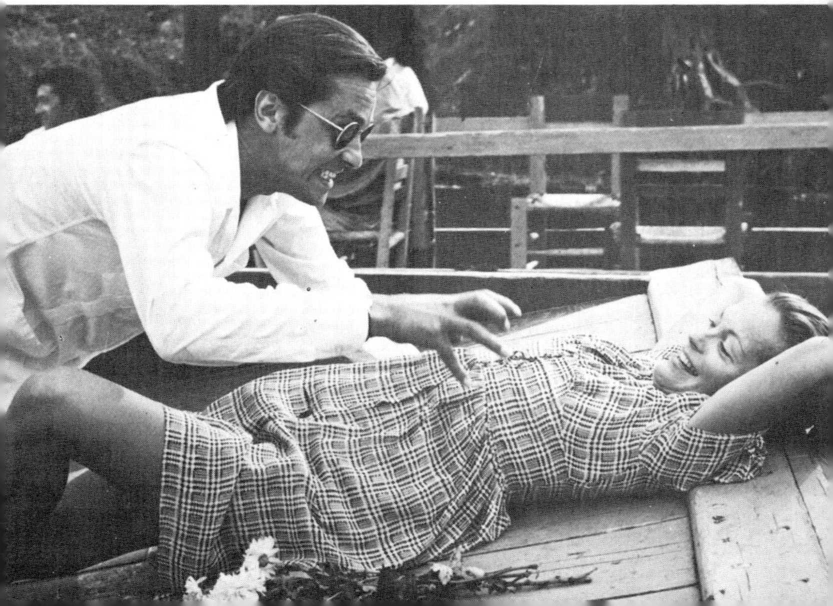

›regierte‹. Die Dreharbeiten beginnen im Herbst in Mexiko und enden in Italien. Der Film bleibt umstritten, wobei die Kritik sich vor allem auf politische Aspekte konzentriert. Bei den Anti-Trotzkisten erhebt sich über den Film großes Geschrei. Nur im Lob der schauspielerischen Leistung sind sich alle einig.

Ludwig und Elisabeth

Auf die Idee, einen Film über *Ludwig II.*[3] zu machen, kommt Visconti während der Vorbereitungsarbeiten zu *Die Verdammten*[4]. Er sucht als Kulisse ein Schloß in Bayern und kommt so zum erstenmal mit der eigentümlichen Atmosphäre der Schlösser Ludwigs II. in Berührung. Von da an ist er von der Geschichte dieses Einzelgängers und Ästheten fasziniert. Mit der Rolle des Ludwig betraut er Helmut Berger, der dem Monarchen erstaunlich ähnlich sieht. Die weitere Besetzung mit Trevor Howard, Silvana Mangano und Gert Fröbe steht auch bald fest.

Fehlt nur noch eine Besetzung für die Elisabeth von Österreich . . . Im Mai 1971 reist Visconti zum Festival nach Cannes, wo ihm ein Preis für sein Gesamtwerk verliehen wird. Romy Schneider als Ehrengast soll ihn überreichen. Während des feierlichen Akts flüstert er ihr zu: »Ich hätte dir eine Rolle vorzuschlagen, die du bereits gut kennst. Rate einmal, welche?« Romy überlegt. Eine Dirne wie in Max? »Nein, nein, die Elisabeth!«

Die beiden sind sich bald handelseinig, und die Sache schlägt ein wie eine Bombe, als sie bekannt wird. Was aber veranlaßt Romy, noch einmal diese Elisabeth zu spielen, die ihr so verhaßt ist? Bewunderung für Visconti, daran besteht kein Zweifel, aber auch der Wunsch, das falsche Bild, das sich die Öffentlichkeit von dieser Kaiserin macht, zurechtzurücken, und das kann nur Visconti. Vielleicht will sie auch den Schatten endgültig verscheuchen, der sie manchmal noch verfolgt?

Visconti erhält von den bayerischen Behörden die Genehmigung, an den Orten zu filmen, an denen Ludwig II. lebte und starb. Auch die Familie Wittelsbach ist behilflich und steuert aus Privatbesitz Juwelen, Gemälde und Porträts für die Aufnahmen

---

(3) Originaltitel: ›Ludwig – Le crespescule des dieux‹ (1972)
(4) Italienischer Originaltitel: ›La caduta degli dei‹ (1968)

bei. Ende Januar 1972 beginnen diese in Österreich und gehen Ende April in den Studios von Cinecittà zu Ende. Die Außenaufnahmen werden fast ausschließlich in Bayern gedreht: in der Münchner Residenz, in Schloß Berg, Neuschwanstein, Linderhof, Hohenschwangau, Herrenchiemsee, am Starnberger See und auf der Roseninsel. Anfang Februar müssen Romy und Helmut in Bad Ischl, Österreich, bei klirrender Kälte arbeiten – das Thermometer sinkt auf minus 10°. Romy ist mir ihren Kräften wieder einmal am Ende. Ein herbeigerufener Arzt konstatiert zu niedrigen Blutdruck und akute Erschöpfung. Auf Anordnung Viscontis werden die Dreharbeiten unterbrochen und einige Ruhetage eingelegt. Danach ist Romy wieder hergestellt. Für ihre Episodenrolle muß sie nur etwa die Hälfte der insgesamt dreimonatigen Drehzeit anwesend sein. Als der Film schließlich fertiggestellt ist, wird er mehrmals mit großem Werbeaufwand angekündigt, aber die Uraufführung verzögert sich wegen einer Krankheit Viscontis, der *Ludwig II.* wenigstens in Venedig präsentieren wollte. Schließlich läuft *Ludwig* im März 1973 in Paris an, leider nicht mit dem gewünschten Erfolg. Die Meinungen sind geteilt: ›Meisterwerk der Filmkunst oder akademisches Machwerk?‹ heißt es in einer Kritik. In einer anderen: ›Augenblicke intensiver Schönheit wechseln ab mit Längen und Schwächen‹ (›Paris Match‹). ›Vielleicht der schönste Film des größten Regisseurs der Welt‹, schreibt ein anderer Kritiker. ›Die Längen, die man Visconti sicherlich vorwerfen wird, machen den eigentümlichen Reiz dieses Films aus und verleihen ihm den gemessenen Rhythmus einer Trauerprozession.‹ ›. . . hat dieses Werk den Vorteil, daß es Elisabeth in ihren wahren geschichtlichen Zusammenhang rückt.‹

Elisabeth löscht Sissi. Marischkas Sissi ist eine lächerliche Figur, verglichen mit der superben ›Schwarzen Lilie‹ (auch so wurde Elisabeth genannt) Viscontis. Einmal mehr zeigt sich Romys schauspielerische Reife.

Cesar und Rosalie

Sautet trug sich seit acht Jahren mit dem Gedanken an *Cesar und Rosalie*[1]. Schon 1964 hatte er ein Exposé geschrieben; damals

---

(1) Deutsch-italienisch-französische Koproduktion. Originaltitel: ›Cesar et Rosalie‹ (1972).

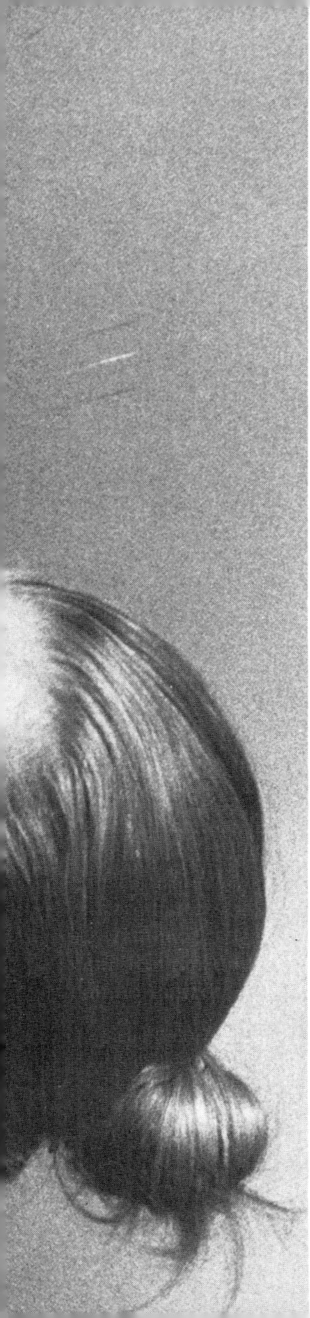

Links: Cesar und Rosalie: Yves Montand und Romy Schneider

Oben: Rosalie . . .

fehlten jedoch sowohl Produzenten, die ihm vertraut hätten, als auch die richtigen Darsteller. Yves Montand war noch zu jung, und Romy hatte trotz *Kampf auf der Insel* und *Prozeß* das Sissi-Klischee noch nicht loswerden können. Nun, da sie mit *Die Dinge des Lebens* und *Das Mädchen und der Kommissar* ins Schwarze getroffen hat, ist die Zeit reif für *Cesar und Rosalie* ...

Die häufige Zusammenarbeit Sautets mit seiner bevorzugten Darstellerin fällt bereits auf. Ist sie etwa für ihn unentbehrlich? Sie ist sein Star und sein Fetisch; die beiden sind wie zwei Verschworene. ›Paris Match‹ bemerkt: ›Sautet und Romy Schneider, das ist ein bißchen wie Marlene Dietrich und Joseph von Sternberg.‹ Trotz alledem hat Sautet für die Rolle der Rosalie zuerst an Cathérine Deneuve gedacht. Nach genauerer Überlegung kommt er dann doch auf Romy zurück, die einzige, die diese Gestalt glaubhaft machen kann. »Was mich an Romy fasziniert, ist ihr verborgenes Innenleben. Sie ist voll Liebe und Leben, und keineswegs friedlich ...«

Eben diese Eigenschaften Romys passen auf Rosalie. Romy selbst akzeptiert die Rolle auf Anhieb, ohne auch nur das Drehbuch zu lesen. Ihr Vertrauen in Sautet ist grenzenlos. »Er ist der Größte«, sagt sie, »jedes Zusammensein mit ihm ist etwas Besonderes.« Yves Montand und Samy Frey spielen Cesar und David. Sautet und sein Team filmen in Paris und Umgebung, in Sète und in der Bretagne.

Cesar und Rosalie wird auf Anhieb zum Riesenerfolg. Allein während er in Uraufführung läuft, sehen ihn 756 574 Besucher. Ende Februar 1973 erntet Sautet für *Cesar und Rosalie* den Grand Prix 1972 du Cinéma Français. Die Kritik lobt einhellig: ›Der Film ist in jeder Hinsicht perfekt – eine moderne Liebesgeschichte ohne Kitsch oder Vulgarität.‹ Ein anderer Kritiker schreibt: ›Beim Film ist Erfolg zweimal hintereinander eigentlich strikt verboten ... *Cesar und Rosalie* hat, was Erfolg anbelangt, alle Rekorde geschlagen. Man freut sich für Claude Sautet, für Jean-Loup Dabadie, Romy Schneider und Yves Montand.‹

Bald schlagen Millionen Herzen für Rosalie. Die Frauen bewundern sie; die Männer betrachten sie mit den Augen Cesars und Davids. Im Glanze ihrer Schönheit und ihres Talents ist Romy zum Symbol moderner Weiblichkeit geworden – stark und zärtlich, emanzipiert und gescheit, bestimmt sie selbst über sich und ihre Karriere in einer toleranter gewordenen Welt.

Rosalie bezaubert die einen und entsetzt die anderen, aber sie läßt niemanden gleichgültig. Tief beeindruckt von soviel Erfolg sagt Romy: »Ich beneide Rosalie . . .« Vielleicht wagt sie sich nicht einzugestehen, daß sie selbst ihr in Wirklichkeit gleicht? Die Rolle der Rosalie ist zweifelsohne die beste Leistung in Romys bisheriger Laufbahn. Sie ist das Musterbild der modernen Frau, aber auch eine perfekte Synthese der Hauptelemente in Romys eigenem Wesen.

Mit Rosalie ist ein neuer Stern an Frankreichs Filmhimmel aufgegangen. Paris ruft. – Die Ehe mit Harry Meyen aber geht in die Brüche. Zu häufig war das Paar durch berufliche Verpflichtungen getrennt. Im Juni 1975 wird die Scheidung ausgesprochen, die für Romy noch mit einem unerwarteten Ärgernis verbunden ist. Harry Meyen verlangt Entschädigung und Zinsen. Um das Sorgerecht für den geliebten Sohn zu erhalten, willigt sie ein, dem Ex-Ehemann die Hälfte ihres Vermögens auszuzahlen.

Freigeworden, zieht sie nun endgültig nach Frankreich, dem Land, das sie liebt, das ihr die ersten Erfolge und Enttäuschungen bereitet hat, und in dem sie bald ihre wahre Erfüllung finden wird. Nach einem dreimonatigen Erholungsaufenthalt in der Schweiz, sieht man sie wieder in Paris, wie sie beschwingten Schrittes den Filmstudios zueilt. In einem einzigen Jahr dreht sie vier Filme, die weiter zu ihrem Ruhm beitragen.

Wiedersehen mit guten alten Bekannten

Pierre Granier-Deferre schlägt Romy die Rolle der Heldin in *Le Train – nur ein Hauch von Glück*[1] vor, einem Film nach einem Roman von Simenon. Zuvor hatte Granier-Deferre sich schon von zwei anderen Werken des Romanschriftstellers zu Filmen inspirieren lassen: zu *Le Chat* (1970)[2] mit Simone Signoret und *La Veuve Couderc* (1971)[3], wieder mit Simone Signoret und Alain Delon. Er findet, daß Simenon einen zu starken Hang zum Düsteren hat, darum will er das Ende von *Train* etwas aufhellen. Im Roman wird Anna, eine Jüdin, die dem französischen Wider-

(1) Originaltitel: ›Le Train‹/›Noi due senza domani‹ (1973).
(2) ›Die Katze‹ (dt. Verleihtitel).
(3) ›Der Sträfling und die Witwe‹ (dt. Verleihtitel).

›Le Train‹ (Le Train – Nur ein Hauch von Glück, 1973): Jean-Louis
Trintignant, Romy Schneider

stand angehört, erschossen, weil Julien feig ist und nicht zu ihr
steht. »Ich bin sentimentaler«, sagt Granier-Deferre, »ich will,
daß die Liebe sie rettet. Natürlich werden Julien und Anna dann
gemeinsam verurteilt.« Die französische Staatseisenbahn
S.N.C.F. stellt für die Filmzwecke eine alte Lok und einige
Waggons zur Verfügung. Granier-Deferre rekonstruiert, Etappe
um Etappe, den Weg der Flucht aus dem besetzten Frankreich
des Jahres 1940. Er filmt von Anfang Juni bis Ende August 1973
in Nordfrankreich, den Ardennen, entlang der Loire bis La
Rochele. Der ›Verrat‹ an Simenon erweist sich als geglückt. Es
entsteht ein einfacher, ehrlicher, ergreifender Film. Ohne ins
Melodram abzugleiten, gelingt es, Schritt für Schritt, die angster-
füllte Atmosphäre jener Zeit nachzuvollziehen und den Charakter der beiden Hauptpersonen mit Feingefühl nachzuzeichnen.
Romy trifft Trintignant wieder, der ihr Partner in *Kampf auf der
Insel* war.

Der Film kommt bei Publikum und Presse gut an: ›Eine perfekte Rekonstruktion des Exodus – aufgeregte Mengen, deutsche Flugzeuge, die die Konvois bombardieren, Zivilisten in Panik. Durch eingeblendete Dokumentarszenen erhält der Film historisches Format‹, schreibt ›Télérama‹ (5. 6. 1976).

Bereits Mitte August reist Romy nach Vittel, wo Jean-Claude Brialy seinen vierten Spielfilm dreht. Seit *Christine* (1958) haben sie nicht mehr miteinander gefilmt. Sie sind getrennte Wege gegangen, haben aber einer des anderen Erfolg mit Freude beobachtet und sich eine warme Freundschaft füreinander bewahrt. Brialy hat es zu einem großen Namen gebracht und betätigt sich auf verschiedenen Gebieten: im Fernsehen, im Theater und seit 1971 auch als Filmregisseur. Sein erster Film, *Eglantine*[1], rührt Romy zu Tränen, als er ihr vorgeführt wird, und sie erklärt sich sofort bereit, die Hauptrolle in *Sommerliebelei (Un Amour de Pluie)* zu übernehmen. Mit ›Les Volets Clos‹[1] (1972) und ›L'Oiseau rare‹[1] (1973) war Brialy nur mäßig erfolgreich gewesen und hofft nun mit seinem neuen Versuch, die Gunst des Publikums zurückzugewinnen. Aber auch diesmal geht es daneben. Das Publikum bleibt ungerührt. Trotz allen guten Willens und viel Charme können Romy und ihr Partner Nino Castelnuovo das Unternehmen nicht retten. In einem Fernsehinterview sagt Romy von diesem Film: »Jean-Claude ist ein alter Freund von mir, und wir wußten beide, daß wir nicht gerade ›Lady Macbeth‹ machten, aber es ist trotzdem ein hübscher Film, und ich mag ihn wegen seiner Poesie und Zartheit.« (Sendung ›Le dernier des Cinq‹ vom 18. 4. 74).

Mitte September ist Romy bereits wieder in Paris zu den Aufnahmen für *Das wilde Schaf*[2] inmitten einer großen Besetzung. Regie: Michel Deville. Nach einem Roman von Roger Blondel hat Christopher Frank das Drehbuch geschrieben (im Jahr darauf arbeitet er für Romy in *Nachtblende*). *Das wilde Schaf* ist eine Satire auf unsere Zeit – fröhlich und traurig zugleich. Romy und Jean-Louis Trintignant stehen in dieser Fabel, die eines La Fontaine würdig wäre, zum drittenmal gemeinsam vor der Kamera. Wieder handelt es sich um eine Frau zwischen zwei Männern, und vereinzelt erheben sich bereits Stimmen, die Romy

(1) In Deutschland nicht gelaufen.
(2) ›Le Mouton enrage‹/›Il montone infuriato‹ (Frankreich/Italien 1973).

›Le Mouton Enragé‹ (Das wilde Schaf, 1973): Schneider – Trintignant

›Un Amour de Pluie‹ (Sommerliebelei, 1973): Romy Schneider und Nino Castelnuovo

›Un Amour de Pluie‹ (Sommerliebelei, 1973)

Romy Schneider und Sami Frey in ›César et Rosalie‹ (Cesar und Rosalie, 1972)

›Un Amour de Pluie‹ (Sommerliebelei, 1973)

eine Vorliebe für solche Frauentypen und ihre Probleme vorwerfen. Trotzdem entfaltet sie hier, in der Rolle der Roberte, eine solche Weiblichkeit, wie man sie bisher bei ihr nicht – auch nicht bei der Califfa oder der Rosalie – gesehen hat. Der Erfolg ist entsprechend: 413 860 Besucher in den elf Wochen der Uraufführung – und die Kritik ist erobert. ›Unverschämt, frech, lebendig, drollig und bemerkenswert gut gespielt‹, schreibt ›Elle‹. Ein Kritiker, der nur Augen für Romy hat, bemerkt nach einigen abwertenden Bemerkungen: ›Man muß Regisseur Deville vorwerfen, den Film nach dem Tod Romys bzw. Robertes noch eine halbe Stunde weitergeführt zu haben.‹

134

KAPITEL 7

Die Bestätigung (1974–1976)

Mit jedem Film steigt Romys Beliebtheit bei Presse und Öffentlichkeit, und zahlreich sind die Lobeshymnen auf ihre Leistung. Paul Vernon, ein Journalist der ›Ciné-Revue‹, verliert gleich gänzlich die Kontrolle über seine Feder, als er schreibt: ›Sie ist ein Spiegel, eine kristallene Woge, eine Stradivari, unmöglich, noch besser zu spielen . . .‹

Romy ist 35, an der Schwelle der Reife als Darstellerin und Frau. Einundzwanzig Jahre ihres Lebens hat sie der Schauspielkunst gewidmet.

Aus Anlaß dieser beruflichen ›Volljährigkeit‹ hat sie beschlossen, zu verwirren, zu provozieren und – warum nicht? – zu schockieren. »Die Pflicht des Schauspielers ist, etwas zu wagen . . .« wie Michel Piccoli zu sagen pflegt. Romy hat einen Grad der Perfektion erreicht, der ihr gestattet, sich Rollen und Regisseure selbst auszusuchen. Sie fühlt in sich noch geheimnisvolle, nicht erschlossene Reserven. Unter der Schale der bürgerlichen Wohlanständigkeit rührt sich eine andere, dunkle, beunruhigende Person, die ihre doppelte Abstammung nicht leugnen kann. Ihre Heimat ist das frohe, lebenslustige Österreich, aber auch das grüblerische, etwas kühle Deutschland, das einem Fritz Lang teuer war.

Den Einfluß ihres Namens und ihre Risikofreudigkeit setzt sie nun ein, um jungen Regietalenten zum Durchbruch zu verhelfen; und die ersten, die davon profitieren, sind Francis Girod und Andrzey Zulawski, für die sie sich der Zensur und den manchmal heftigen Reaktionen des verwirrten, aus der Fassung gebrachten Publikums zum Trotz zur Verfügung stellt. Beide wollen die etablierte Ordnung des konventionellen Film stürzen.

Das Abenteuer erweist sich als gefährlich und doch lehrreich, und Romy hofft, dabei letzte Unebenheiten ihres Könnens abzuschleifen.

Romy 1973

Romy, Piccoli, Girod – ein Höllentrio

Im Winter 1973 beginnen in Paris die Dreharbeiten zu *Trio Infernal*[1], Francis Girods erstem, abendfüllenden Spielfilm. Michel Piccoli ist diesmal nicht nur Romys Partner, sondern auch Koproduzent. Schon lange hat Girod sich gewünscht, Piccoli einmal unter seiner Regie zu haben, »wegen seines Sinns für Humor und für das Lächerliche«.

Die Handlung des Films beruht auf einer wahren Begebenheit, die sich in den dreißiger Jahren in der Gegend um Marseille zugetragen hat und die Klatschspalten füllte. Mit unvergleichlichem Geschick hat Girod sie zu einer makabren Farce verarbeitet, die beißend ironisch und zeitweise unerträglich grausam ist.

»Stellen Sie sich einmal vor«, sagt er, »ich setze drei Monster in ein Glas und beobachte sie. Ab und zu werfe ich ihnen ein Opfer zum Fraß hinein und beobachte, wie sie es verschlingen. Mit dem letzten werden sie aber nicht fertig. Es ist unverdaulich.« Romy ist zunächst von der Trivialität der Handlung verschreckt und zögert, läßt sich dann aber doch von Piccoli und Girod überzeugen. Als widerwärtige Philomena Schmidt muß sie einen Pakt mit dem Teufel schließen ... Ihr Gesicht ist durch kühne Schminktechnik fast bis zur Unkenntlichkeit verfremdet. Romy ist frivol, hinterhältig, heimtückisch, pervers, ein böses Weib, durch und durch. Wie zu erwarten, wird ihre Leistung von den einen beklatscht, von den anderen verpfiffen. Vielleicht ist es ihr diesmal gelungen, ihrer Legende den Todesstoß zu versetzen? – Der Film läuft bei den Festspielen in Cannes 1974 und ist natürlich eine Sensation! ›Ein ehrgeiziger Film, und, was selten ist, oft auch auf der Höhe seines Ehrgeizes‹, schreibt ›Le Nouvel Observateur‹ (Juni 1974). In einem anderen Blatt wird *Trio* als ›Luxusfilm mit amerikanischer Technik und französischem Esprit‹ bezeichnet.

Während Romy überlegt, ob sie demnächst vielleicht die merkwürdige Miß Blandish in *Das Fleisch der Orchidee*[2] nach James Hadley Chase sein soll, kommt Nachwuchsregisseur A. Zulawski mit seinem düsteren und erschütternden *Nachtblende*

---

(1) Französischer Originaltitel: ›Le Trio Infernal‹ (1974).
(2) Originaltitel: ›Le chair de L'Orchidee‹ (1974, mit Alida Valli und Bruno Cremer).

In ›Le Trio Infernal‹ (Trio Infernal, 1974)

Mascha Gonska, Romy Schneider, Michel Piccoli: ›Le Trio Infernal‹ (Trio Infernal, 1974)

Michel Piccoli und Romy Schneider

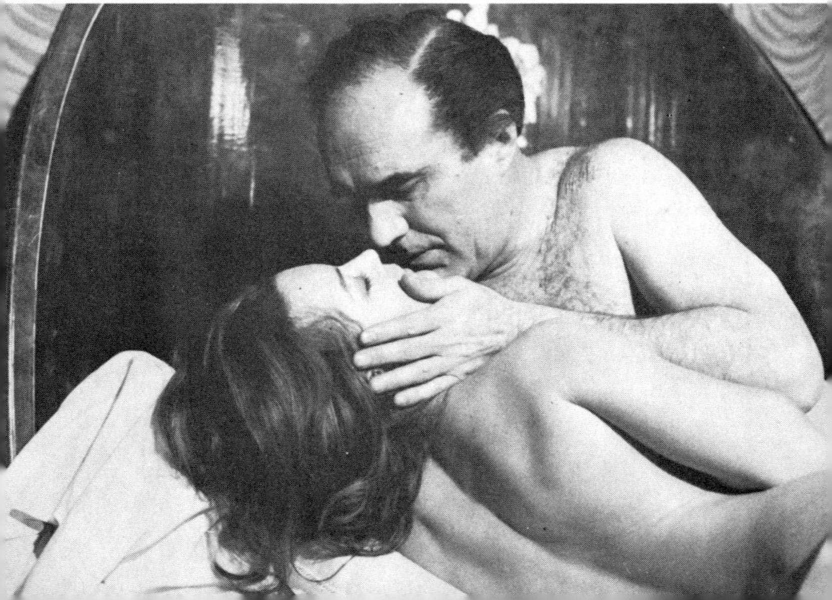

›L'important, c'est d'aime‹)[3]. Romy begeistert sich sofort für die Gestalt der Nadine Chevalier, die wie für sie geschaffen scheint. Miß Blandish, die später von Charlotte Rampling gespielt wird, ist vergessen.

Zulawski . . . nervöse Spannung und Genie

Nadine ist eine heruntergekommene Schauspielerin, die sich in einer tiefen seelischen Krise befindet. Zulawski sagt dazu: »Man wählt einen Schauspieler oder eine Schauspielerin nicht nur nach dem Talent. Es muß eine gewisse Ähnlichkeit zwischen ihm und der Rolle bestehen.« Nadines Charakter beschreibt er so: »Sie ist ein komplizierter Mensch – sehr empfindlich, rührend und gleichzeitig sehr stark. Sie hat etwas Verwundetes, Mißtrauisches, das plötzlich hervorbrechen kann.« Er weiß, daß all dies auch auf Romy zutrifft, mit deren Wesen er sich eingehend beschäftigt hat. Die Dreharbeiten in Paris und dessen Umgebung werden alles andere als ein Vergnügen . . .

Zulawski läßt seinen Darstellern einerseits große Freiheit, schafft andererseits aber auch eine fast unerträgliche Spannung zwischen ihnen und fordert Konzentration bis zum Äußersten. Die Atmosphäre des fertigen Films ist echt, denn sie spiegelt die Atmosphäre während der Dreharbeiten wieder. Alle zittern vor Zulawski, aber er bringt sie dahin, wohin er sie haben will . . . Zwischen ihm und Romy kommt es zu heftigen Wortwechseln, wenn nicht mehr . . . Wie unter Visconti wächst Romy unter dieser Anspannung über sich selbst hinaus, gibt ihr Äußerstes.

Dem Zuschauer springt das nackte, in Tränen gebadete Gesicht einer gepeinigten Frau entgegen. Im Gegensatz zur kühl raffinierten Maske der Philomena aus *Trio Infernal* ist dies Gesicht schon nicht mehr Spiel, eher Herausforderung. Selten hat sich eine Schauspielerin einer Rolle mit solcher Inbrunst hingegeben, sie mit solcher Aufrichtigkeit dargestellt, denn für Romy gibt es keine Halbheiten. Sie kann Fadheit nicht ertragen. Mitgerissen von diesem Kampf mit sich selbst wachsen auch die übrigen Darsteller über sich hinaus. Jacques Dutronc ›explodiert‹ förmlich auf der Leinwand; Fabio Testi, oft ungeschickt eingesetzt, ist noch

(3) Deutsch-französisch-italienische Koproduktion (1974).

nie so gut gewesen. Aber die Schwierigkeiten mit dem Film wollen nicht enden. Während der Montage müssen gegen den Willen Zulawskis von den 116 Minuten 6 herausgeschnitten und der Film auf 110 Minuten Spieldauer reduziert werden. Der Produzent besteht auf dem Titel: *Nachtblende*. Romy und Zulawski sind wütend.

Bei seiner Aufführung in Paris im Februar 1975 ruft *Nachtblende* heftige Reaktionen – von schwärmerischer Begeisterung bis zu totaler Ablehnung – hervor. Unter den Kinoliebhabern hat er erstaunlichen Zulauf. ›Dieser Film ist aggressiv, düster, stellenweise unerträglich, aber stark und schön ‹, schreibt ›Paris Match‹ (Nr. 1343 vom 22. 2. 75).

Die Kritik begrüßt Romys Leistung wie ein Ereignis und bezeichnet die Nadine als die beste Rolle in ihrer Laufbahn überhaupt. – Am Abend einer von ›France-Soir‹ veranstalteten Vorführung stürzt eine Frau durch die Menge und schreit Romy ihre Empörung ins Gesicht . . .

Die Schlangen an den Kassen werden täglich länger, und der Film läuft elf Wochen in Uraufführung. In dieser Zeit sehen ihn 351 427 Besucher. Dem, der sie zu ihrer Leistung beglückwünscht, sagt Romy: »Es war sehr schwer.« Wie um sich zu rechtfertigen, fügt sie hinzu: »Ich habe in meinem Beruf immer Angst, nicht mein Äußerstes zu geben. Jede Rolle, die ich annehme, ist für mich ein Einsatz, mit dem ich spiele, eine Wette, die ich unbedingt gewinnen muß. Ich muß mich jedesmal aufs neue selbst übertreffen.« Dieses ständige Sichprüfen, diese Suche nach Perfektion, gilt für sie auch auf anderen Gebieten des Berufs. Sie synchronisiert sich selbst in Deutsch, Englisch und Französisch, und jede dieser Sprachen hat ihren Klang, ihre eigene Melodie.

Synchronisationsarbeit bedeutet sehr oft, daß sie sich in eine Person zurückversetzen muß, während sie längst schon eine andere spielt.

Oben: Während der Proben zu ›L'Important c'est d'Aimer‹ (Nachtblende, 1974)

Unten: Fabio Testi, Romy Schneider in ›L'Important c'est d'Aimer‹ (Nachtblende, 1974)

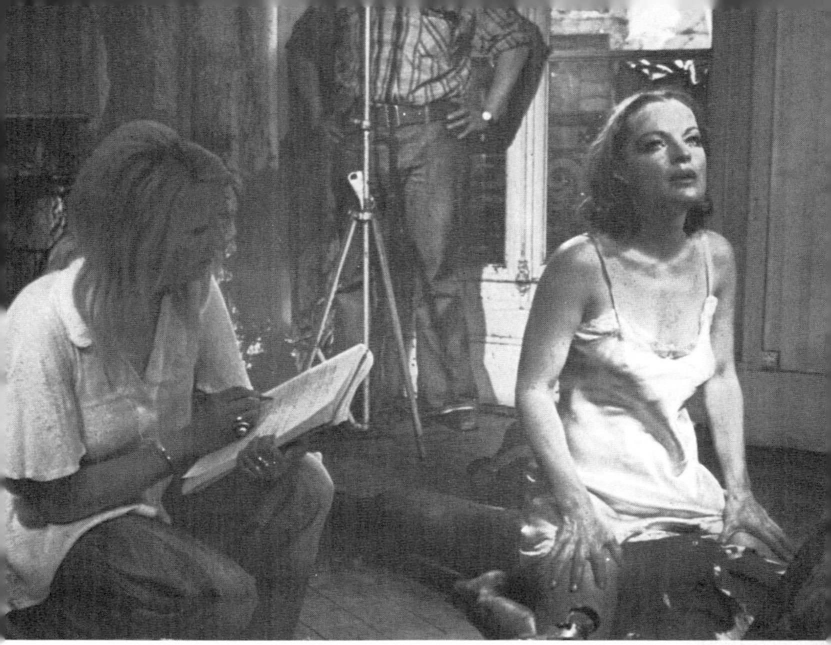

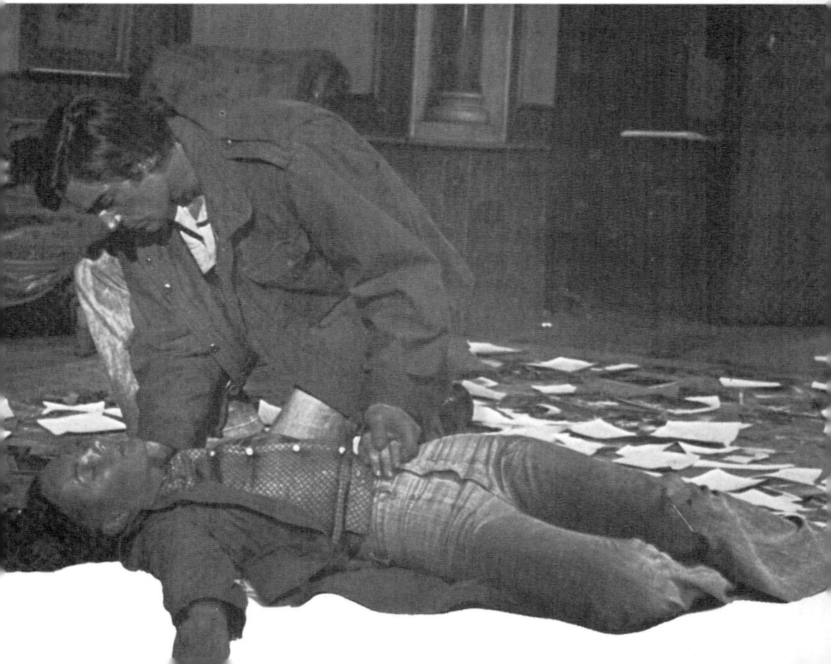

Ein Mißgriff

Unter dem Titel *Die Unschuldigen mit den schmutzigen Händen*[1] will Claude Chabrol einen Roman von Richard Neely verfilmen (The Damned Innocents). Als Feminist läßt er die frauenfeindlichen Aspekte des Buches fort und arbeitet statt dessen die isolierte Stellung der Heldin in einer Männerwelt stärker heraus, um ihre Sache besser zu vertreten. Chabrol hat nur wenig Hoffnung, eine Darstellerin zu finden, die das Widersprüchliche der modernen Frau zwischen Selbständigkeit und Unterwerfung ausdrücken könnte. Unwillkürlich denkt er an Romy, die aber wohl ablehnen wird, da das Drehbuch noch nicht geschrieben ist. Sie hört sich seine Ideen an und sagt zu seiner großen Erleichterung ja.

Das Script wird daraufhin in etwa 30 Tagen fertiggestellt und Romy vorgelegt, die es studiert und endgültig zusagt. Partner sind Rod Steiger, als betrogener Ehemann, und Paolo Giusti, als skrupelloser Liebhaber. Hauptschauplatz der Handlung ist Elsa Martinellis Supervilla in St. Tropez. Was zustande kommt, ist ein kalter, seelenloser, unglaubwürdiger Film, in dem Romy sich sichtlich langweilt. Außerdem geht er völlig im Schatten von *Nachtblende* unter. Die Kritik macht sich nicht einmal die Mühe, ihn zu verreißen.

In einem Interview mit ›Film Français‹ erklärt Romy sich getäuscht und gesteht ihren Irrtum ein: »Ich bin als Schauspielerin sehr von meinem Regisseur abhängig. Das ist einer der Gründe, warum ich mich mit Chabrol nicht verstanden habe. Später hat auch er zugegeben, daß wir eben nicht dazu gemacht sind, zusammenzuarbeiten. Er hat mich vor der Kamera alleingelassen, und das ertrage ich nicht. Ich brauche eine ›Herausforderung‹ wie Zulawski, oder Gemeinsamkeit wie mit Visconti, Welles oder Sautet.« Nach diesem Mißerfolg ist Romy entschlossen, sich so bald nicht wieder in eine Enttäuschung hineinziehen zu lassen.

Daher lehnt sie ein Angebot Marco Ferreris ab, die Heldin in *La dernière femme* (Die letzte Frau)[2] zu sein. Sie findet das

---

(1) BRD/Frankreich/Italien 1974 (›Les innocents aux mains sales‹/›Gli innocenti dalle mani sporche‹)
(2) Italien/Frankreich 1975.

144

In ›Les Innocents
aux mains sales‹
(Die Unschuldigen
mit den schmut-
zigen Händen,
1974)

Drehbuch mutig, sagt aber mit Bestimmtheit Nein, »nicht nur aus
Altersgründen, sondern weil diese Frau Dinge tut, die ich nicht
kann und auch nicht tun will. Wenn man mir ein gutes Frauenpor-
trät anbietet, sage ich sofort Ja.«

Das Jahr 1975 ist für Romy Schneider ein Jahr der Ehrungen.
Verschiedene Umfragen deutscher und französischer Zeitschrif-
ten zeigen ihre ständig steigende Popularität. Im Februar 1975
erhält sie aus der Hand Pierre Tschernias den ›Archange du
Cinéma‹, einen Publikumspreis für ihre Leistung im vorangegangenen Jahr. Im Sommer wird sie beim Festival in Taormina als
beste weibliche Darstellerin ausgezeichnet, und ein halbes Jahr
darauf krönt sie mit ihrer Leistung in *Das alte Gewehr*[3] ihre
bisherige Laufbahn.

Die Handlung zu *Das alte Gewehr*[4] entstammt einem Roman
von Pascal Jardin, der auch Mitverfasser des Drehbuchs ist.

Regisseur Robert Enrico erzählt das Drama eines Mannes, der
sich 1944 aufmacht, seine gemordete Familie zu rächen und die
Mörder zur Strecke zu bringen. Auf dieser Grundlage baut Enrico
einen seiner rührendsten Filme auf, eine Anklage gegen den

(3) ›Le vieux fusil‹ (BRD/Frankreich 1975).
(4) Neben R. S. spielen Philippe Noiret, Jean Bouise und Joachim Hansen.

Oben: Romy Schneider und die Nacktheit

Rechts: Auszeichnung in Frankreich

Krieg, die seine Grausamkeit in schmerzlichen Bildern aufzeigt.
»Ich wollte zeigen, wie ein einmal in Gang gesetzter Mechanismus
jeden mitreißt, auch den Sanftesten«, sagt Regisseur Enrico.
Julien war ein friedlicher und harmloser Mensch. Er wird zum
Unmenschen, weil Unmenschen ihm das Liebste nahmen, das er
auf Erden besaß. Dennoch ist ›Das alte Gewehr‹ kein brutaler
Film. Es ist vielmehr eine Geschichte von Liebe und Zärtlichkeit,
in der Romy Schneider in einer kurzen, aber intensiven Rolle all
ihren Charme entfaltet.

Sie erscheint nur kurz zu Anfang des Films und später in einigen Rückblenden, aber das Wesentliche liegt in diesen Rückblenden. Sie sind die schmerzlichen Erinnerungen Juliens, aus denen sich seine Rache nährt.

Nach den Worten Enricos ist »Clara eine Frau, wie es sie auch heute gibt, die ihr Leben lebt, so gut sie es versteht und wie es gerade kommt.«

Romys souveränes Spiel, ihr lebhafter und leidenschaftlicher Ausdruck, sind ideale Voraussetzungen für die Verkörperung dieser Rolle, der sie unvermutete Kraft und bewegende Aufrichtigkeit verleiht. Die Dreharbeiten beginnen Ende des Winters und laufen bis zum Frühling 1975 in Montauban und seiner malerischen Umgebung, in Paris und Biarritz. Schon nach den ersten Vorstellungen ist das Echo auf diesen Film gewaltig. Mit sechs Monaten in Uraufführung in Paris und 773 978 Besuchern, die ihn in dieser Zeit sehen, bricht er selbst die Rekorde der ›Sissi‹-Filme. Nichts kann den Erfolg dieses bewegenden Films aufhalten, der in Frankreich zum Ereignis der Saison wird und im Frühjahr 1976 mit dem ›César‹[1] als bester Film des Jahres ausgezeichnet wird.

›Robert Enrico gelangen außergewöhnlich gefühlvolle Bilder‹, schreibt ›Paris Match‹ (Nr. 1370, 1975), ›die vom traurigen Vorhaben eines einfachen Mannes berichten, der zu Recht nach Blut dürstet.‹

Für die Produzenten ist der Name Romy Schneider inzwischen gleichbedeutend mit Erfolg geworden. Das Publikum liebt sie. So bleibt eigentlich nichts mehr, worin sie sich beweisen müßte, außer vielleicht im Privatleben? – Nach der Scheidung von Harry Meyen heiratet sie am 18. Dezember 1975 Daniel Biasini, den Mann ihres Vertrauens. Er ist 28 Jahre alt, neun Jahre jünger als Romy.

Das Paar hatte sich drei Jahre vorher kennengelernt, als Romy zum zweiten Male nach Paris zog und einen Sekretär suchte.

Nach einigen anfänglichen Schwierigkeiten gelingt es Daniel mit Geduld und ständigem Bemühen, Romy, die erschöpft und am Rande einer nervösen Krise ist, zu stützen und ihr neues Selbstvertrauen zu vermitteln. Anfang Januar 1976 erleidet das

---

(1) Französischer ›Oscar‹.

›Le Vieux Fusil‹ (Das alte Gewehr/Abschied in der Nacht, 1975): Romy Schneider und Philippe Noiret

Als Clara in ›Le Vieux Fusil‹ (Das alte Gewehr/Abschied in der Nacht, 1975)

Glück des jungen Paares noch einen Rückschlag durch den Verlust des Kindes, das Romy im Frühling erwartete. Das seelische Gleichgewicht der Künstlerin scheint erneut gefährdet, aber neue Verpflichtungen nehmen sie bald so sehr gefangen, daß sie darüber ihren Kummer vergißt.

Das Jahr 1976 wird für sie zu einem Jahr der Ehrungen. Nachdem sie gefährliche Rivalinnen wie Annie Girardot und Cathérine Deneuve überrundet hat, herrscht Romy nun sozusagen unumschränkt.

Im Februar gewinnt sie mühelos eine Popularitätsumfrage der Wochenzeitschrift ›Ciné-Revue‹ und erhält den Grand Prix International. Sie wird ›erste Dame des französischen Films‹, ein Titel, der auch mit einem Geldpreis verbunden ist. Am 3. April 1976 wird sie im Rahmen einer brillanten Soiree im Palais des Congrès, Paris, mit dem ›1. César‹ als beste Schauspielerin des Jahres für ihre Leistung in *Nachtblende* und in *Das alte Gewehr*[1] ausgezeichnet.

Romy benutzt diesen Anlaß, um ihrem Freund und Meister, Luchino Visconti, der nur 15 Tage zuvor verstorben ist, eine rührende Ehrung zuteil werden zu lassen. Sie vermacht den Geldpreis seinem Andenken . . .

Man mag bedauern, daß sie Viscontis Vorschlag, gemeinsam mit Alain Delon in seinem letzten Film *Die Unschuld* (L'Innocent) nach d'Annunzio aufzutreten, abgelehnt hat. Unter ihrem ›Herrn und Meister‹ hätten die beiden Darsteller wahrscheinlich ein Zusammenspiel geboten, das zu einem Leckerbissen für Kinofans geworden wäre.

Nach den vielen Jahren harter Arbeit und des ständigen Feilens an sich selbst und ihrem Spiel erntet Romy nun die Früchte ihrer Anstrengungen. Aber das ist für sie keineswegs ein Grund, auf ihren Lorbeeren auszuruhen.

Ende April übernimmt sie die Hauptrolle in *Die Frau am Fenster*, der Chronik einer verführerischen Frau des gehobenen Bürgertums im Jahre 1936, als die faschistische Flut schon im Steigen ist. Der Film entstand nach einem Roman von Drieu La Rochelle. Das Drehbuch schrieb Jorge Semprun. Regie führt Pierre Granier-Deferre. Ihre Partner sind Philippe Noiret und Umberto Orsini, mit dem sie auch schon in *Cesar und Rosalie* und

---

(1) Der Film erhielt 3 ›Césars‹ (siehe Filmographie).

Während der Aufnahmen zu ›Une Femme à sa Fenêtre‹ (Die Frau am Fenster, 1976) unter der Regie von Pierre Granier-Deferre

Ludwig II. vor der Kamera stand. Er spielt hier ihren Diplomatengatten. Die Aufnahmen zu dem Film entstehen in Paris, Athen und Delphi. Wie es ihre Art ist, hat sich Romy auch hier wieder sorgfältig vorbereitet und sich mit Literatur von und über Drieu La Rochelle versehen. Sie lernt einige Passagen aus dem Tagebuch, das er bis zu seinem Selbstmord 1944 führte, ganz auswendig. Granier-Deferre hat sich an eine Aufgabe herangewagt, von der vor ihm schon so mancher Regisseur Abstand genommen hat. Wenn es ihm auch gelungen ist, das Wesentliche dieser literarischen Vorlage auf die Leinwand zu transponieren, reagiert das Kinopublikum doch zurückhaltend. Die Kritik wirft ihm vor, durch zuviele Rückblenden Schwerfälligkeit erzeugt zu haben, politische Zusammenhänge nicht historisch getreu wiedergegeben und die Liebensintrigen zu romanhaft dargestellt zu haben. Wenn er auch anrührt, fesselt er doch nicht. Ein Kritiker faßt es so zusammen: ›Wir gehen um diesen Film herum; wir betrachten ihn von außen, und schätzen seine Qualitäten, aber wir treten nicht ein.‹ Romys Meisterschaft ist, wie gewohnt, auch hier unbestritten.

Ende Juli folgt sie einem Ruf Sautets und wirkt mit in *Mado*[1]. Ihre Rolle beansprucht nur wenige Drehtage, denn Romy hat nur einen kurzen Auftritt. Sie hat dieses Engagement nicht nur aus Treue zu Sautet angenommen, sondern auch, weil die Person, die sie hier verkörpert, sich in einem seelischen Zwiespalt befindet, der sie innerlich anspricht. Außerdem trifft sie vertraute Gesichter: Michel Piccoli und Jacques Dutronc sind mit von der Partie.

Im September 1976 reist sie nach Berlin zu den Aufnahmen für *Gruppenbild mit Dame* nach dem gleichnamigen Roman des Nobelpreisträgers Heinrich Böll. Regie führt der Jugoslawe Aleksandar Petrovic. Böll war zunächst von dem Gedanken an Romy als Besetzung für Leni Gruyten nicht begeistert. Zu sehr war sie auch für ihn noch mit dem ›Sissi‹-Bild behaftet. Sein Argwohn zerstreute sich jedoch sehr schnell, als man ihm neuere Filme mit Romy Schneider vorführte. Romy selbst ist tief bewegt, nach zehn Jahren Berlin wiederzusehen, die Stadt, mit der sich Erinnerungen an ihre Zeit als Heranwachsende verbinden, und die sie kaum wiedererkennt, so sehr hat sie sich verändert. Sie identifiziert sich mit dem Charakter der Leni, die sie ganz besonders anspricht: »Alles in allem, nur unter anderen Umständen, war ich diese Fremde im eigenen Land. Paris war überrascht, mich in *Schade, daß sie eine Dirne ist* zu sehen, und Berlin nahm übel, daß ich nicht mehr die süße, sentimentale ›Sissi‹ war.«[1] Und sie fügt hinzu: »Leni ist eine merkwürdige, sehr deutsche Person. Ich konnte hier die Seiten meines Wesens einsetzen, die deutsch geblieben sind.«[2] Und noch etwas, wovon Schauspieler sonst nur träumen, gestattet ihr diese Rolle: Sie durchlebt im Film – und dank den Künsten eines genialen Maskenbildners – die wichtigsten Stationen im Leben einer Frau von 25 bis 50.

Die Dreharbeiten finden hauptsächlich in Berlin und in Österreich statt. Gearbeitet wird bis zur Erschöpfung, manchmal bis zu sechzehn Stunden am Tag, denn der Film muß in zehn Wochen abgedreht sein. Die Mischung von Autoren, Schauspielern und Technikern aus verschiedenen Ländern, wie sie für eine interna-

(1) BRD/Frankreich/Italien 1976.
(2) Interview in ›L'Express‹ vom 17. 1. 77 und ›France-Soir‹ vom 25. 5. 77.

Romy und ihr erster Mann Harry Meyen

Der zweite: Daniel Biasini und Romy

tionale Produktion typisch ist, scheint Regisseur Aleksandar Petrovic nicht weiter zu stören. Er sagt: »Die Filmsprache ist überall die gleiche, und wenn man aus dem Reservoir verschiedener Länder schöpfen kann, gibt das bessere Besetzungsmöglichkeiten.« Das Budget für den Film ist reichlich bemessen, so daß spektakuläre Szenen, wie zum Beispiel ein Bombenangriff, der mit packendem Realismus gefilmt wird, möglich werden. Die Berliner Behörden haben zu diesem Zweck ein zum Abbruch freigegebenes Viertel am Rande der Stadt zur Verfügung gestellt.

Gruppenbild mit Dame gelangt als deutscher Beitrag in Cannes am 23. Mai 77 zur Aufführung. Die Meinungen von Kritik und Publikum sind geteilt. Man wirft Petrovic »einen unnötig verworrenen Stil« vor (›Le Figaro‹, 27. 5. 77). Trotz seiner Lyrik und seiner Großzügigkeit scheint sich der Film im Labyrinth einer literarischen und zu wenig filmgerechten Regie zu verlieren (was zweifellos an Bölls Mitwirkung am Drehbuch liegt). Andererseits hat *Gruppenbild mit Dame* das Verdienst, ein anderes Deutschland zu zeigen, das der überlebenden Zeugen der Nazi-Zeit, für die Leni Symbolfigur ist. Parallel zum inneren Drama einer ungewöhnlichen Frau erlebt der Betrachter den Zusammenbruch und mühevollen Wiederaufstieg eines Landes, das noch immer an den Folgen leidet.

Romys konzentriertes, diskretes, leises Spiel, das von einem gereiften Talent Zeugnis ablegt, hätte verdient, mehr hervorgehoben zu werden. – Romy kümmert es nicht, steht doch die Geburt ihres zweiten Kindes kurz bevor: »Egal ob Junge oder Mädchen, Hauptsache es ist gesund . . .«[1]

Die Filmangebote strömen weiter herein – und nicht die geringsten! Romy will zum Beispiel im Herbst die *Lulu* unter Liliana Cavani (*Nachtportier*) spielen. Auf ihrem Terminkalender stehen Namen wie B. Tavernier, Losey und – natürlich – Claude Sautet. Sie ist zum gefeierten Star geworden, und dennoch scheint sie heimlich immer ein wenig unzufrieden. Schon 1964 hat sie einmal gesagt: »Obwohl das Privatleben für mich an erster Stelle steht, könnte ich meine Karriere nie aufgeben. Ihr würde ich alles opfern, außer meiner Freiheit.«[2] Später fügte sie hinzu: »Ich fürchte nicht die Jahre und nicht die Spuren der Müdigkeit auf meinem

---

(1) Am 21. 7. 77 bringt Romy in St. Tropez ein Mädchen, Sarah, zur Welt.
(2) ›Jours de France‹, 4. 1. 1964.

Gesicht. Ich fürchte nur manchmal, schlecht zu spielen … Es ist viel wichtiger, eine Sache gut zu machen, als vor dem Spiegel die Falten zu zählen.«

Wie ihre Großmutter Rosa, oder auch Wolf, ihr Vater, hat Romy ihr Leben ganz der Schauspielkunst gewidmet. »Ich werde nie vergessen«, sagte sie, »was Claude Sautet mir einmal gesagt hat: ›Mach weiter, solange und soviel du willst, du kannst es …‹« Und sie fügte hinzu: »Ich möchte einmal, vielleicht in drei oder vier Jahren, etwas ganz Neues gleichzeitig in Englisch, Französisch und Deutsch herausbringen, was in Berlin, Paris, Wien und New York spielt … Für mich macht es, was die Aufregung und Spannung anbelangt, keinen Unterschied, ob ich vor der Kamera oder vor Publikum spiele.«

Man kann Romys Talent und Charme, ihre Kraft und Zerbrechlichkeit, ihre Vielseitigkeit bewundern; man kann ihre manchmal schon übertriebene Suche nach Vollkommenheit ablehnen, aber war sie nicht im Grunde viel bezaubernder, solange sie immer und immer wieder versuchte, sich selbst zu übertreffen, allem Ruhm zum Trotz?

Großartig und unberechenbar, war sie oft mitreißend, manchmal beunruhigend, immer verführerisch, und versinnbildlichte auf einzigartige Weise das Geheimnis, das Ungestüm und die Launen einer wirklichen Leinwandheldin.

KAPITEL 8

Das Ende (1977–1982)

16 Jahre hat es gedauert, bis Romy die Bereitschaft kundtat, wieder in einem deutschen Film zu spielen; diese Bereitschaft äußerte sich dann in *Gruppenbild mit Dame*. Fand auch Regisseur Petrović weder zum Böllschen Stoff noch zur Hauptdarstellerin den richtigen Zugang (worunter übrigens auch die gemeinsame Arbeit litt), so darf man jedoch mit Fug und Recht sagen, daß es Romy versteht, in diesem Film schauspielerisch zu beeindrucken. Sie steht jedoch hier allein auf verlorenem Posten.

Ein zweiter deutscher Film stand nun auf Romys übervollem Terminkalender, eine Verfilmung von Wedekinds *Lulu*, den die Italienerin Liliana Cavani 1977 verfilmen wollte. Doch Romy kommt mit Liliana Cavani nicht auf einen gemeinsamen Nenner und sagt den Film ab. Auch private Gründe spielen hierbei eine Rolle. *Lulu* entsteht zwei Jahre später unter der Regie des in Paris lebenden Polen Walerian Borowczyk.

Nach der erlittenen Fehlgeburt im Jahr 1976 steht nun Romy in diesem Frühsommer des Jahres 1977 vor einer erneuten Niederkunft. Am 21. Juli 1977 bringt sie in St. Tropez ein Mädchen zur Welt. Das Kind erhält den Namen Sarah.

Obwohl *Gruppenbild mit Dame* von der Kritik zerrissen wird, erhält Romy für ihre Leistung einen Filmpreis: das Filmband in Gold. Hans C. Blumenberg schreibt in *Die Zeit*:

»In einer ermüdenden Folge schlecht ausgeleuchteter Nahaufnahmen, deren sich jedes Fernsehspiel schämen müßte, konfus und dilettantisch spult der jugoslawische Regisseur Aleksandar Petrović einen filmischen Lore-Roman ab, dessen Ähnlichkeiten mit der literarischen Vorlage rein zufällig sind. Vollends unerträglich wird diese ärmliche Abschreibungsproduktion durch die outrierte Schauspielerführung, der auch Romy Schneider zum Opfer fällt, und durch eine Nachsynchronisation, die offenbar in einer Waschküche hergestellt worden ist . . .«

Die erwünschte Pause durch Sarahs Geburt dehnt sich aus. Über

157

›Gruppenbild mit Dame‹ / ›Portrait de groupe avec dame‹ (1977), die Verfilmung des gleichnamigen Romans von Heinrich Böll. Das Foto zeigt Romy Schneider in der Rolle der Leni Gruyten und Brad Dourif als Boris Koltowski.

ein Jahr vergeht, ehe Romy wieder vor eine Filmkamera tritt. Unruhe überfällt sie, denn sie kann, wie sie selber sagte »ohne Arbeit nicht sein.« Und sie fährt fort: »Ich bin halt a furchtbares Nerverl. Verstehen Sie das, wenn ich nicht ohne Arbeit sein kann? Ein paar Wochen Urlaub, gut. Zwischen den Filmen ein bißchen Pause, privates Ausspannen, das geht. Aber drei, vier, gar sechs Monate ohne Film? Nein, das halte ich nicht aus!«

Der Weltruhm, die Weltgeltung als Schauspielerin, ist ihr jedoch gewiß. Sie wird akzeptiert, ernstgenommen. »Ich weiß, daß man nicht alles auf ideale Weise haben kann: die große Liebe und die große Karriere. Die Einsamkeit ist wahrscheinlich die Hauptwaffe im Kampf für den Erfolg . . . Man kann das Glück nicht erzwingen. Man greift nach ihm, dann hält man es fest durch viel Arbeit und Aktivität . . . Talent ist eine Frage der Liebe.« An anderer Stelle sagt sie: »Ich habe keine Angst vor den Jahren, auch nicht vor einer gewissen Müdigkeit in meinem Gesicht. Ich habe nur manchmal Angst davor, schlecht zu spielen. Dafür Sorge zu tragen, daß man seine Sache gut macht, ist sehr viel wichtiger als im Spiegel die einzelnen Falten zu entdecken.«

Romy hatte sich fest für Paris, für Frankreich, entschieden. Das deutsche Kinopublikum warf ihr immer noch Landesverrat vor. Romy, die Österreicherin mit dem deutschen Paß, fühlt sich von den Franzosen besser verstanden.

In ihren Lebenserinnerungen »So kurz sind hundert Jahre« schreibt Rosa Albach-Retty, Romys Großmutter väterlicherseits, über Romys Motive, in Frankreich zu leben und zu arbeiten: »Viele Menschen wundern sich, daß Romy, die in Wien geboren und in Österreich und Deutschland berühmt geworden ist, heute in Frankreich lebt, sich als Französin fühlt und ihren Sohn David Christopher in eine französische Schule schickt. Wenn ich an die Geschichte meines Großvaters denke, der sich immer schon zu allem, was französisch war, hingezogen fühlte, wundere ich mich eigentlich nicht. Auch ich habe in der Schule nichts so gern gelernt wir französische Vokabeln. Und nichts war für mich vergnüglicher, als in Stücken so großer Franzosen wie Anouilh, Beaumarchais, Courteline, Daudet, Giraudoux, Meilhac, Molière, Romains, Rostand, Sardou oder Scribe zu spielen. Ich glaube nicht an den blinden Zufall. Ich glaube an schicksalhafte Zusammenhänge und Verknüpfungen im menschlichen Leben. An geheimnisvolle Vorgänge, die sich unseren rationalen Überlegungen entziehen. Mit Romy und ihren Kindern schließt sich vielleicht ein Kreis. Seinerzeit kamen die Rettys, die damals noch Feretti hießen, von Italien über Österreich-Ungarn nach Deutschland. Jetzt hat die Ur-Ur-Enkelin jenes Mannes, der so gern Paris kennenlernen wollte, dort Wurzeln geschlagen. Ist es nicht schön, wenn sich Sehnsüchte eines Tages, und mag das auch erst nach Generationen sein, doch noch erfüllen?«

Nach der Pause, entstanden durch die Geburt von Tochter Sarah (aus der Ehe mit Daniel Biasini), sucht Romy den Neuanfang, der ihr mit Claude Sautets *Une histoire simple/Eine einfache Geschichte* (1978), einer deutsch-französischen Koproduktion auf Anhieb gelingt. Wie in seinen früheren Filmen schildert Sautet auch hier wechselnde Schicksale, Bindungen und Krisen unter Männern und Frauen mittleren Alters. Marie (Romy Schneider) hat ein Kind aus einer gescheiterten Verbindung abgetrieben, nimmt eine frühere Beziehung wieder auf und entschließt sich zu einer neuen Schwangerschaft, obwohl sie weiterhin allein bleibt.

Le Monde bezeichnet Sautets *Einfache Geschichte* als einen »großen französischen Film«, entstanden nach dem Drehbuch von Sautet und Jean-Loup Dabadie. Bruno Cremer und Claude Brasseur spielen neben Romy die männliche Hauptrollen.

Wieder in einer Rolle für einen Film von Claude Sautet: Romy Schneider (Mitte) als Marie in ›Eine einfache Geschichte‹ / ›Une histoire simple‹ (1978).

Für Romy ein künstlerischer Fehlgriff: ›Bloodline‹ / ›Blutspur‹ (1979), von James-Bond-Regisseur Terence Young inszeniert. Das Bild zeigt (v. l. n. r.): Maurice Ronet, Romy Schneider, Wolfgang Preiß.

Nun folgt Film auf Film, bis zum Jahre 1982 werden es noch sieben.

Zunächst sieht man Romy in einem Film von James-Bond-Regisseur Terence Young, der den Titel *Bloodline/Sidney Sheldon's Bloodline* (Blutspur, 1978) trägt und auf internationalen Kinoerfolg hin gefertigt wurde. Phantasielos inszeniert, mäßig unterhaltend, bleibt diesem schwachen Krimi nur das eine Prädikat, daß er zahlreiche international bekannte Stars zusammenführt: Audry Hepburn, Ben Gazzara, James Mason, Irene Papas, Maurice Ronet, Omar Sharif, Beatrice Straight, Gert Fröbe und Romy tragen die Handlung um das Erbe eines weltumspannenden Pharma-Imperiums.

Danach kommen im Jahre 1979 zwei Filme heraus, *Clair de femme/Die Liebe einer Frau* und *La mort en direct/Death Watch – Der gekaufte Tod*, die sich von dem blutrünstigen Film *Bloodline* ganz erheblich unterscheidet.

Clair de femme/Die Liebe einer Frau wurde von Constantin Costa-Gavras in Szene gesetzt, vermochte aber inszenatorisch und dramaturgisch nicht zu überzeugen. Zu sehr mit Gefühlsklischees und falschen Sentimentalitäten überhäuft, erzählt der Film die Geschichte einer Lebenskrise, einer Beziehung zwischen Mann und Frau, die sich rein zufällig treffen und Trost und Halt an- und miteinander suchen. Was hier in Erinnerung bleibt, sind die schauspielerischen Leistungen von Romy Schneider und Yves Montand.

Da gibt *La mort en direct/Death Watch – Der gekaufte Tod* von Bertrand Tavernier, entstanden nach dem Roman »The Continuous Catherine« von David Compton, der Schauspielerin Romy Schneider schon wesentlich mehr, wenn es darum geht, die Vielfalt menschlicher Empfindungen herzuzeigen. *La mort en direct* ist eigentlich ein Science-fiction-Film, der die Sensationslust der TV-Zuschauer anspricht. Dort besteht in der Fernsehsendung »Death Watch« für jedermann die Möglichkeit, live das Sterben eines Menschen zu beobachten. Die Parallelen zu Sidney Lumets Film *Network* (Network, 1976) und dem bundesdeutschen Fernsehfilm *Das Millionenspiel* sind nicht von der Hand zu weisen. All das bleibt bislang Fiktion, aber nichtsdestoweniger ist man erschreckt, wenn man die realen Möglichkeiten des Machtfaktors Fernsehen vor Augen geführt bekommt, wo das überstarke Konkurrenzdenken an errechenbaren Einschaltquoten gemessen werden kann. *La mort en direct* entstand im Mai 1979 mit Außenaufnahmen in Schottland, während Costa-Gavras' Film im Frühjahr gedreht worden war.

Wieder einmal trat in diesem Frühjahr des Jahres 1979 der Tod in das Leben von Romy. Am 15. April nahm sich Harry Meyen, ihr erster Mann, in seiner Hamburger Wohnung das Leben. Unnötigerweise gab Romy sich daran die Schuld. Um den Sohn behalten zu dürfen, hatte sie an Harry Meyen ohne großen Streit 1,5 Millionen Mark Abfindung gezahlt. Zur Beerdigung erschien sie und kehrte auch nach Berlin zurück, wo sie, wie sie selber sagte, »so glücklich gewesen war«. Die ersten drei Jahre mit Meyen und dem Sohn David Christopher waren »meine glücklichsten Jahre gewesen«, wie Romy oft bekundete. Mit Harry Meyen starb ein wesentlicher Teil dieser Zeit.

Aber noch vor diesen Begebenheiten hatte Romy ihren zweiten *César* in Paris erhalten, und zwar für ihre Leistung in *Une histoire*

simple/Eine einfache Geschichte. Glück im Unglück, Anerkennung
und Ablehnung, Erfolg und Leid liegen im Leben der Romy
Schneider immer dicht beieinander, wie wohl auch die nahe
Zukunft alsbald durch grausame Schicksalsschläge erreicht, einen
Menschen, der stets versucht, zu sich selbst zu finden, aus der Bahn
zu werfen. Triumph auf der einen Seite, Tragik und tiefstes Leid
auf der anderen. Die Frau, deren übervolles Herz, deren überströ-
mende Gefühle den Blick für das Reale trübte bis hin zur Arglosig-

*Für den Regisseur Constantin Costa-Gavras spielte Romy Schneider in ›Clair
de femme‹ / ›Die Liebe einer Frau‹ (1979). Ihr Partner Yves Montand hatte
bei Costa-Gavras die Titelrolle in dem Welterfolg ›Z‹ übernommen.*

163

keit, sollte ein Schicksal vor sich haben, das wohl ein Mensch allein nicht zu tragen vermag.

Während *La mort en direct* im Februar 1980 als offizieller französischer Beitrag im Wettbewerb der 30. Internationalen Filmfestspiele Berlin gezeigt wird, kündigt *Le Cinéma Français* das Filmprojekt *La Banquière* an. *Die Bankiersfrau* entsteht in diesem Jahr 1980 und führt Romy mit Jean-Louis Trintignant zusammen, mit Jean-Claude Brialy und Claude Brasseur. Der Romancier Georges Conchon hatte gemeinsam mit Regisseur Francis Girod die authentische Geschichte der Elsässerin Marthe Hanau recher-

Romy Schneider und Jean-Louis Trintignant in ›La banquière‹ (Die Bankpräsidentin / Die Bankiersfrau, 1980).

Romy Schneider und Lino Ventura in ›Garde à vue‹ (Das Verhör, 1981).

chiert, die zwischen den Kriegen in Paris Chefin einer Bank wird, erfolgreich spekuliert, später allerdings durch einen Widersacher zu Fall gebracht wird und im Gefängnis stirbt. Für Romy brachte dieser Film wieder publikumswirksame Szenen mit sich, denn das Drehbuch spinnt eine, wenn auch nicht mehr ganz so authentische, Geschichte um die Figur dieser Marthe Hanau, die bei Girod Emma Eckhert heißt. Es geht um Liebesbeziehungen lesbischer Art, um eine Beziehung zu einem Mann, um politische Intrigen, um Gefühlsausbrüche, um Gefängnis, Hungerstreik, Verachtung und Anerkennung. Romy hier in der Rolle einer Frau, die wie ein Mann lebte.

In Claude Millers Film *Garde à vue* (Das Verhör, 1981) geht es ebenfalls um Geld, um dessentwillen eine Frau in einer Kleinstadt einen reichen und angesehenen Notar geheiratet hat, obwohl sie seine Liebe nicht erwidert.

Privat ergaben sich nun in diesem Frühjahr des Jahres 1981 in Romys Leben einige Veränderungen, die wieder einmal Schlagzeilen machten und die ungeliebten Journalisten auf den Plan riefen.

Romy Schneider und ihr Sohn David Christopher (aus der Ehe mit Harry Meyen). Der 14jährige David verunglückte 1981 beim Spielen tödlich, für die Mutter ein Schicksalsschlag, den sie nicht überwinden konnte.

Im Februar reicht Romy die Scheidung ein. Von Daniel Biasini lebt sie bereits getrennt, denn dieser hat sich in New York niedergelassen. Im Mai muß sie sich einer Nierenoperation unterziehen, wobei ihr eine Niere entfernt wird und wonach sie, um arbeiten zu können, starke Schmerzmittel nehmen muß. Und am 6. Juli 1981 geschieht ein grauenhaftes, für Romy unfaßbares Unglück, das ihr nun auch noch den Menschen von der Seite nimmt, dem ihre ganze Liebe und Fürsorge galt: David Chistopher, der 14jährige Sohn, wird beim Spielen von den Eisenstäben eines Gartentores aufgespießt und stirbt einen qualvollen Tod im Krankenhaus. Sechs Stunden verbringt die hilflose, verzweifelte Mutter vor dem Operationssaal in Paris, wo die Ärzte um das Leben von David kämpfen, vergeblich kämpfen. »Ich kann mich an nichts erinnern«, sagt Romy später. »Man sagt, ich hätte laut gebetet.« Für Romy zählen diese Stunden der Hilflosigkeit, der Verzweiflung und der Trauer zum schwärzesten Tag ihres Lebens.

Man muß sich einmal all die entscheidenden Vorfälle in den letzten paar Jahren seit 1976 im Leben Romy Schneiders vor Augen halten, um überhaupt ermessen zu können, mit welcher Kraft diese Frau versucht hat, nach dem Tod von David weiterzuleben: Abtreibung, Fehlgeburt, Scheidung von Harry Meyen, dessen Selbstmord, Trennung und Scheidung von Daniel Biasini, Nierenoperation und Entfernung der von einem Tumor befallenen rechten Niere, schließlich der grausame Tod des Sohnes.

Nach Davids Tod zog sich Romy zurück. An ihrer Seite Laurent Pétain, Produktionsleiter einer französischen Filmgesellschaft.

Noch vor Davids Tod, während Romy sich zu Dreharbeiten in Italien befand, erlebte sie eine kurze Periode des Glücks. In Paris ließ sie sich übermütig nackt fotografieren, die Fotos erschienen unter anderem in der französischen *Playboy*-Ausgabe, und im Pariser *Figaro* konnte man lesen: »Romy Schneiders Schönheit und Talent wachsen von Jahr zu Jahr.«

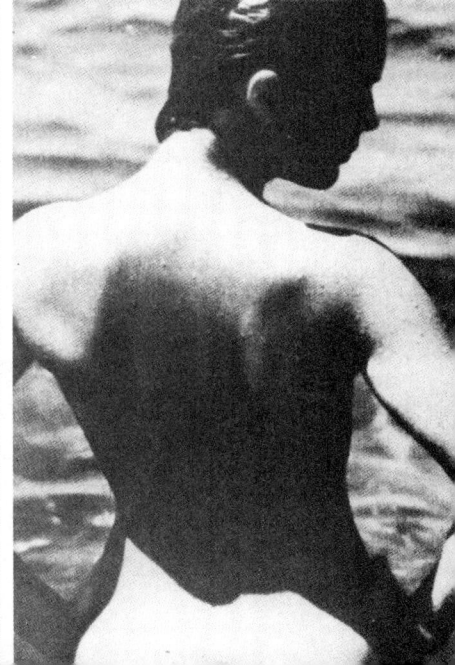

Jahre zuvor hatte jedoch in Wien eine alte, lebenserfahrene Frau, Rosa Albach-Retty, Romys Großmutter, die im August 1980 mit 105 Jahren verstarb, in ihren Lebenserinnerungen »So kurz sind hundert Jahre« über den Lebenswandel der Enkelin warnend den Finger gehoben. Sie schrieb: ». . . ich halte es durchaus für möglich, daß meine Enkelin eines Tages seelisch in eine Sackgasse gerät, aus der sie keinen Ausweg mehr findet. Bei ihrem Lebensstil wäre das kein Wunder. Wer sich, wie sie, so hemmungslos von seinen Emotionen, Leidenschaften und Begierden treiben läßt, denkt sicher nicht daran, daß eine Kerze, die man an beiden Seiten anzündet, auch schneller abbrennt . . .«

Für Romy Schneider der vorletzte Film: Dino Risis Psycho-Thriller ›Fantasma d'amore‹ (Die zwei Gesichter einer Frau), entstanden im Frühjahr 1981 in Italien, noch bevor der Tod des Sohnes David das Leben der Schauspielerin veränderte. Romys Partner ist Marcello Mastroianni.

Romy Schneider in ihrem letzten Film: Mit Michel Piccoli, Partner aus mehreren Filmen, in ›La passante du Sans-Souci‹ / ›Ein Leben voller Liebe – Die Spaziergängerin von Sans-Souci‹ (1982), der zum Teil in Berlin entstand.

Romys Lebenskerze war nach dem letzten schweren Schicksalsschlag bis auf den Docht heruntergebrannt. Zwei Filme folgen noch: In Italien *Fantasma d'Amore* (Die zwei Gesichter einer Frau, 1982), Regie Dino Risi (mit Marcello Mastroianni) und *La passante du Sans-Souci* (1982) von Jacques Rouffio mit Michel Piccoli, dem Partner aus *Le trio infernal* etc.

Am Pfingstsamstag, dem 29. Mai 1982, vermutlich gegen 5 Uhr früh, verstarb Romy Schneider in Paris an Herzversagen.

Der Tod kam so überraschend, daß zunächst niemand glauben wollte, daß die Schauspielerin auf natürliche Weise ums Leben gekommen sein sollte. Die Staatsanwaltschaft gab jedoch bekannt, daß Selbstmord auszuschließen sei.

Romy Schneider wurde nur 43 Jahre alt.

Für den Herbst 1982 hatte Romy wieder ihre Zustimmung für einen deutschen Film erteilt, der nach einem Roman von Walter Serner entstehen sollte; womöglich wäre er auf ein Projekt gefolgt, das für den Sommer mit Alain Delon (*Einer gegen den anderen*) angesetzt gewesen war. Dieses bundesdeutsche Projekt, für das der Arbeitstitel *Die Tigerin* vorgesehen war, hatte Romys ungeteilte Aufmerksamkeit auf sich gezogen, nicht allein, weil darin das Bildnis einer faszinierenden Frau entstehen sollte, sondern vielmehr, weil Romy auf dem Festival von Sorrent den Regisseur Robert van Ackeren (*Die Reinheit des Herzens*) kennengelernt hatte und keine außergewöhnlichen Vorfälle die Entstehung des Films hätten verhindern können. Romys frühzeitiger Tod brachte dieses Projekt, zu welchem Robert van Ackeren gemeinsam mit Catharina Zwerenz das Drehbuch geschrieben hatte, zu einem vorzeitigen Stillstand.

In den letzten Jahren hatte Romy immer wieder in die Bundesrepublik Deutschland herübergeschaut, um sich zu orientieren, was dort an Filmen entstand und welche Entwicklung der bundesdeutsche Film zu nehmen imstande war. Einmal hatte sie ihren Wunsch bekundet, mit Rainer Werner Fassbinder zu filmen. Für die Rolle der Maria in dessen Film *Die Ehe der Maria Braun* (1979) hatte sie sich interessiert, auch Fassbinder hatte Interesse bekundet, aber nach Unstimmigkeiten, ja, sogar nach einem Streit, diese Rolle mit Hanna Schygulla besetzt, zu einer Zeit also, als Volker Schlöndorffs *Blechtrommel* entstand, Uwe Frießners *Das Ende des Regenbogens* und kurz danach Peter F. Bringmanns *Theo gegen den Rest der Welt* (1980).

Aber bereits drei Jahre zuvor hatte der in Rom lebende deutsche Schauspieler, Autor und Filmproduzent Peter Berling die Grundidee zu einem Filmstoff ausgearbeitet, der Romy Schneider wohl endgültig von ihrem ungeliebten »Sissi«-Image fortgebracht hätte, ein Filmprojekt unter dem Arbeitstitel *Sissi IV*, also eine Fortsetzung der in den fünfziger Jahren entstandenen »Sissi«-Trilogie. Mit Romy Schneider (unter der Regie von Fassbinder) sollte dieser Berlingsche Stoff verfilmt werden. Zu Recht wird man sich wohl

---

›*La passante du Sans-Souci*‹ / ›*Ein Leben voller Liebe – Die Spaziergängerin von Sans-Souci*‹ *(1982). Dieser Film steht am Ende einer großen Filmkarriere und ist zugleich, wenn man zwei Fernsehfilme mitzählt, Romy Schneiders 60. Film.*

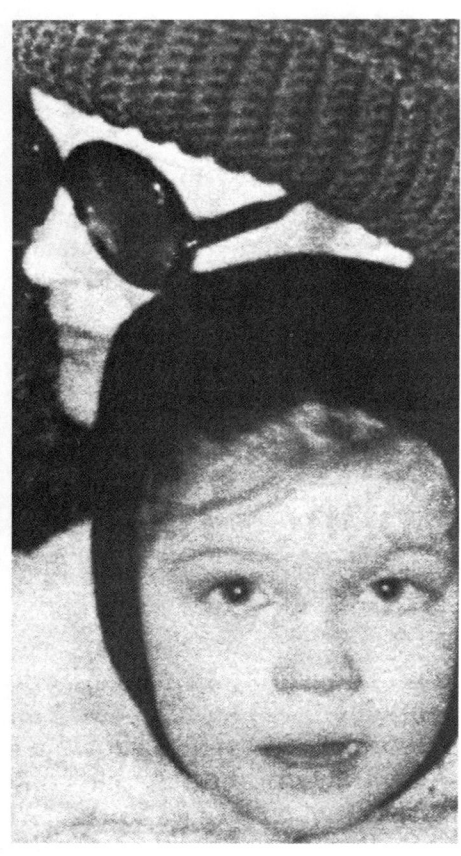

Romy Schneider und das Töchterchen Sarah (aus der Ehe mit Daniel Biasini) im Jahre 1981.

aufgrund dieser Information die Frage stellen, ob Romy jemals zu einem solchen Projekt »ja« gesagt hätte. Wäre es zu dieser Verfilmung gekommen, hätte Romy die Möglichkeit gehabt, sich endgültig von jenem »Sissi«-Schmarrn zu befreien, der sie oft an den Rand der Verzweiflung gebracht hatte, denn die altgewordene österreichische Kaiserin Elisabeth entsprach in ihrem Lebenswandel wohl keineswegs jener mit Zuckerguß überzogenen Traumfigur, die Regisseur Ernst Marischka in seinen drei Filmen aus den fünfziger Jahren in die Welt gesetzt hatte. Das Ende jener Kaiserin von Österreich war ein gewaltsames, die, oft entfernt von Kaiser und Reich auf ihrem Sommersitz auf Korfu und auch anderswo ein recht flottes und sorgloses Leben geführt hatte, bevor sie 1898 erst 60jährig in Genf von einem italienischen Anarchisten erdolcht wurde.

Auch für ein anderes Filmprojekt, das bundesdeutsch durch den Regisseur Werner Schroeter hätte umgesetzt werden sollen (*Isabelle Eberhardt*), war Romy für die Titelrolle vorgesehen gewesen.

So aber blieb es bei jenen 60 Filmen (wenn man zwei Fernsehinszenierungen hinzu zählt), die Inhalt von Romy Schneiders Filmografie sein werden.

La passante du Sans-Souci ist dieser sechzigste und letzte Film, der in der BRD mit dem Titel *Die Spaziergängerin von Sans-Souci – ein Leben voller Liebe* im Herbst 1982 herauskam. Die Reaktionen der Presse spiegelten genau die Situation wider, mit der Romy Schneider seit langen Jahren konfrontiert wurde: Die französischen Zeitungen waren fast alle voll des Lobes, während die deutsche Presse den Film durchweg verriß. »Romy Schneider verkörpert wirklich zwei Frauen in zwei verschiedenen Welten. … Sie hat etwas sehr Persönliches eingebracht, das Bewunderung und Achtung verdient.« (›Le Monde‹, April 1982) »Den Film würde man, wenn er nicht Romy Schneiders letzte Arbeit gewesen wäre, sicher nur gern vergessen.« (›Die Welt‹, Oktober 1982)

Im Vorspann von *Die Spaziergängerin von Sans-Souci* stehen unter dem Namen Romy Schneider die fünf Worte »Für David und seinen Vater«, eine Widmung also, die nach Romys plötzlichem Tod ein erschütterndes Dokument geworden ist, ein Vermächtnis sozusagen.

Romy: »Ich bestand auf der Widmung zu Beginn des Films, denn ich habe diesen Film in Gedanken an David und seinen Vater, den Regisseur Harry Meyen, gedreht. Für mich ist *La passante du Sans-Souci* mehr als nur ein Film. Er ist in Berlin gedreht worden, wo mein Sohn geboren wurde. Und ich habe dort die drei schönsten, die drei glücklichsten Jahre meines Lebens verbracht.«

Von Schmerz und Hoffnungslosigkeit waren die letzten Monate der Schauspielerin geprägt, als sie ihren Sohn zu Grabe getragen hatte. Oftmals wird sie sich gefragt haben, warum in den letzten

Laurent Pétain, der letzte Lebensgefährte von Romy.

Jahren das Schicksal so grausam in ihr Leben eingegriffen hatte. Oftmals wird ihr wohl der eigene Tod als letzte Handhabe einen Ausweg aus ihrem seelischen Dilemma angeboten haben. Wenn auch die Zeitungen kurz nach Romys Tod das Wort Selbstmord mit einem Fragezeichen in die Schlagzeilen brachten, darf man wohl doch den Worten der engsten Freunde der Schauspielerin Glauben schenken, die das unterstrichen, was wohl als die Wahrheit über Romys Tod angesehen werden kann: Romy starb an gebrochenem Herzen.

Romy Schneider hatte Pläne vor ihrem Tod. Sie wollte wieder heiraten, ihren Freund Laurent Pétain, in dessen Pariser Wohnung sie starb. Er wäre ihr erster Ehemann geworden, der finanziell von ihr unabhängig gewesen wäre.

Erst vor einem Monat hatte sie sich in Boissy-sans-Avoir, einem kleinen Dörfchen vierzig Kilometer von Paris entfernt, ein kleines Landhaus gekauft. Hier wollte sie leben, mit Laurent Pétain und ihrer kleinen Tochter Sarah. Ständig pendelte die Schauspielerin zwischen Paris und Boissy-sans-Avoir hin und her und war vollauf damit beschäftigt, das Landhaus nach ihrem Geschmack einzurichten, mit den Handwerkern zu beraten.

Am 2. Juni 1982 wurde die Tote in jenem Landhaus aufgebahrt

Alain Delon, der einstige Filmpartner, Gefährte und Verlobte von Romy Schneider, eilte, als er vom Tode der Schauspielerin hörte, in die gemeinsame Wohnung von Romy Schneider und Laurent Pétain, um von der Toten Abschied zu nehmen.

und nicht weit entfernt davon, auf dem gartengroßen Friedhof des Ortes hinter dem kleinen Dorfkirchlein beigesetzt, ohne Pomp, schlicht, wie sich Romy das gewünscht hatte. Die Trauergemeinde war nicht sehr groß, Polizei hatte den Friedhof vor ungebetenen Zaungästen abgeschirmt. Magda Schneider, die Mutter, konnte ihre Tochter auf ihrem letzten Weg nicht begleiten. Als sie die schicksalsschwere Todesnachricht erhielt, mußte man sie nach einem Herzanfall in ein Krankenhaus bringen. Nach einer 15minütigen Zeremonie versank der Sarg mit Romys sterblichen Überresten im Grab an der Friedhofsmauer.

Alain Delon hatte allein von der Toten in deren Landhaus Abschied genommen und war dann, ohne der Beerdigung beizuwohnen, nach Paris zurückgefahren. Unter den Trauergästen, die dann letztlich Romys Sarg folgten und das offene Grab umsäumten, befanden sich Michel Piccoli, Jacques Rouffio, der Regisseur von Romys letztem Film, Roman Polanski, Laurent Pétain, der letzte Lebensgefährte der Schauspielerin, Sarah, die kleine Tochter des Stars, Daniel Biasini, Romys zweiter Ehemann, und Wolf Albach (mit seiner Gattin), Romys Bruder.

Hinter ein bewegtes Leben, das so oft von tragischen Vorfällen überschattet wurde, setzte der Tod jäh einen Schlußstrich. Die Schauspielerin Romy Schneider jedoch wird in ihren 60 Filmen weiterleben und auch in ihrer Tochter Sarah, in den Herzen der Kinogänger, der Freunde und besonders in den Herzen der Franzosen, manifestiert in den Worten eines Kritikers des *Jour de France:* »Wir lieben Sie, Romy Schneider!«

Wohl eines der letzten Fotos einer großen Schauspielerin, gezeichnet von vielen Schicksalsschlägen, deren Umfang letztlich zum frühen Tode führte. Glück und Tragik lagen im Leben dieser vielbewunderten Frau stets sehr eng beieinander.

TEIL II

Romy in den Augen von . . .

ALEXANDRE ASTRUC
›Sie ist das schönste Geschenk, das uns Deutschland oder
Österreich, so genau kommt's ja nicht drauf an, seit Marlene
Dietrich gemacht hat.‹

(›Paris Match‹ 16. 3. 71)

CARL FOREMAN
›Romy spielt derartig gut, daß sie den Schauspielerkollegen aus
Hollywood ganz gehörig etwas beigebracht hat.‹

(Im Gespräch über ›Die Sieger‹,
›Cinérevue‹ vom 4. 10. 1963)

›Sie beherrscht ihre Kunst aus dem Effeff. Sie kennt jeden Kniff
und weiß ihn zu nutzen.‹

(›Télé 7 jours‹)

OTTO PREMINGER
›Ich kannte ihren Vater und ihre Großmutter. Sie hat das Talent
von beiden, und noch etwas dazu . . . Ich hatte keine Ahnung wie
gut sie ist, bis ich sie kennenlernte und mit ihr filmte.‹

(Ciné-Revue‹, 4. 10. 63)

LUCHINO VISCONTI
›*Boccaccio 70* zeigt sie eher als Frau denn als Schauspielerin. Eine
sehr verführerische Frau von großer Anziehungskraft. Sie ist aber
nicht immer ganz einfach. Ich mag sie sehr, und sie hängt an mir;
für mich ist sie ein bißchen wie eine Tochter.‹

(›Ciné-Revue‹)

ALBERTO BEVILACQUA
›Mit ihrer Hilfe konnte ich aus der Califfa eine Symbolfigur
machen. Als sie mich fragte, ob die Person der Califfa ein
Aufschrei gegen geistige Stagnation sei, oder Reinheit, die durch
den Schmutz schimmert, oder Suche nach Gott durch das Leiden,
oder freies, leichtes Gefühl im Gegensatz zum Gefängnis der
fleischlichen Liebe, verstand ich, daß sie dabei war, sich selbst

durch diese Califfa hindurch auszudrücken . . . und das auf absolut bemerkenswerte Weise, so ganz anders als die üblichen Stars.‹

(Auszug aus der Presseinformation der Califfa, die auf dem Festival von Cannes 1971 verteilt wurde)

CLAUDE SAUTET

›Sie ist schön, von einer Schönheit, die sie selbst gestaltet hat. Eine Mischung aus giftigem Charme und tugendhafter Reinheit. Sie ist leicht wie ein Allegro von Mozart und gleichzeitig körperlich und sinnlich. Ich begegnete ihr zum erstenmal im Halbdunkel eines Korridors in Billancourt. Damals habe ich gar nicht mit ihr gesprochen; ich hatte nur einfach das Gefühl, daß sie intelligent war und noch etwas . . . Ich kannte sie nicht, hatte sie nie im Kino gesehen, nicht einmal als ›Sissi‹. Von Anfang an war mir bei den Dreharbeiten zu *Die Dinge des Lebens* klar, daß ich das Glück gehabt hatte, eine Künstlerin und Frau in einem entscheidenden Augenblick zu treffen. Denn Romy ist gleichzeitig strahlend selbstsicher und voll innerer Zweifel, eine Künstlerin, die schon alles wußte, es aber nicht hatte ausdrücken können. Romy ist die Energie in Person; sie besitzt eine animalische Lebendigkeit und Ausdrucksfähigkeit von männlicher Agressivität bis zu weiblichster Sanftheit. Romy ist eine ungewöhnliche, nicht alltägliche Schauspielerin. Sie besitzt dies Unergründliche, das großen Stars eigen ist. Ich habe sie vor der Kamera gesehen, konzentriert, angespannt, mit Noblesse und Impulsivität. Sie erträgt weder Mittelmäßigkeit noch Halbheiten. Sie hat noch viel zu geben. Sie wird immer spielen . . . , denn sie hat ein Gesicht, das die Zeit nicht zerstören, nur ausdrucksfähiger machen kann.‹

(›Lui‹, Nr. 119, Dez. 1973)

›Wenn ich mit ihr drehe, fühle ich eine Art Kraft, eine Wärme, einen Appetit auf Leben. Und das kommt dem Film und ihren Partnern zugute.‹

(›France-Soir‹, 23. 10. 73)

›Romy? Ganz ehrlich, vor *Cesar und Rosalie* habe ich drei oder vier Monate überlegt, ob es nicht auch ohne sie geht. Es ging nicht. Es ist Romys leidenschaftliches Wesen, das mich anzieht. Sie ist von Zweifeln geplagt, rein, heftig, stolz . . . Meine Beziehung zu ihr ist längst noch nicht am Ende.

Manchmal hat es auch Reibereien zwischen uns gegeben. Ich neige zu heftigen, aber kurzen Wutausbrüchen. Das ist mir auch mit ihr passiert. Aber ich kenne sie und sie kennt mich. So war es nicht von langer Dauer. In *Cesar und Rosalie* haben wir uns so gut verstanden, daß ich ihr nicht einmal mehr Anweisungen zu geben brauchte. Ehe ich den Mund aufmachte, hatte sie schon verstanden . . .‹

›Ciné-Revue‹)

JEAN-LOUIS TRINTIGNANT
›Sie ist eine der schwierigsten Darstellerinnen, die ich kenne, aber auch eine der außergewöhnlichsten. Sie ist großartig.‹

(Elisabeth Missland, ›Télé 7 jours‹,
Nr. 834 vom 8. 5. 76)

MELINA MERCOURI
›Ich habe sie immer gemocht, weil sie so wunderbar adrett aussieht. Ihre Schönheit ist so rein und gleichzeitig sinnlich.‹

(›Ciné-Revue‹, 2. 12. 65)

JACQUES DUTRONC
›Mit einer Schauspielerin wie Romy gibt es keine Flachheiten, man muß in die Tiefe gehen, und das ist fabelhaft.‹

(›Poster‹, März 75)

›Romy ist ein Superstar. Sie entwickelt vor der Kamera eine Vehemenz, die einen schnell an die Wand spielen könnte . . . sie ist derartig intensiv, daß man gezwungen ist, mitzuhalten. Es ist ein großes Erlebnis, mit ihr zu arbeiten.‹

(Pierre J.-B. Benichou, ›Le Pluriel‹, 11. 12. 75)

MAURICE RONET
›Romy ist eine furchtbar intuitive Schauspielerin.‹

(›Paris Jour‹, Sept. 1970)

ALAIN DELON
›Romy ist eine wirkliche Frau. Zu allem, was mich immer noch mit ihr verbindet, kommen Respekt und Bewunderung hinzu.‹

(›Elle‹, September 1968)

ANDRZEJ ZULAWSKI

›Ich glaube, man erreicht eine gute Besetzung, wenn die Persönlichkeit des Schauspielers nicht nur zur Rolle paßt, sondern sie noch um etwas bereichert, das nicht im Script steht. Romy Schneider ist eine Schauspielerin, an die ich sehr glaube. Sie ist ein sehr großes Talent, das sich immer noch entwickelt. Sie hat sich von vornherein für eine Darstellung entschieden, von der sie wußte, daß sie nicht ansprechend ist, nicht ›glamourous‹. Sie spielt grob und ungeschminkt, ich glaube, zum erstenmal. Ihr Gesicht ist ›nackt‹; ich finde das sehr schön, aber viele könnten es häßlich finden. Außerdem besteht zwischen ihr und der Person, die sie spielt, eine tiefe Übereinstimmung, vielleicht die Übereinstimmung zwischen zwei Schauspielerinnen?‹

(Aufzeichnungen von Max Tessier über *Nachtblende*)
(›Ecran 75‹, Nr. 34 – März)

MICHEL PICCOLI

›Heute weiß ich genau, wie man Romy nehmen muß. Ich weiß, bis zu welchem Grad sie sich wohlfühlen muß, um vor Einfällen nur so zu sprühen. Romy ist eine Schauspielerin, die ihre Rolle erschafft. Sie lebt auf drei Ebenen: Von der ersten will ich nicht sprechen; ich fühle mich nicht befugt, in das Privatleben eines Menschen einzudringen, der mir vertraut, und dabei Gefahr zu laufen, mich als eitler und geiler Psychiater aufzuspielen. Auf der zweiten Ebene erscheint sie umgeben vom Luxus der großen Leinwanddiva. Auf der dritten liegt das stille Einverständnis zwischen uns, das wir pflegen. Wir sind als Duett imstande, etwas überspringen zu lassen. Mit ihr habe ich das Gefühl, mehr als ein Paar zu sein. Wir verwandeln uns. Wenn wir drei Monate zu Dreharbeiten zusammenkommen, durchleben wir wesentliche Augenblicke. Man muß sich einmal vorstellen, wie zwei Schauspielern zumute ist, die acht Stunden ununterbrochen für eine Liebesszene eng umschlungen unter den Scheinwerfern liegen. Für *Das Mädchen und der Kommissar* habe ich Romy stundenlang geküßt. Es hat – mit Distanz – zwischen uns Gefühle gegeben, die zu haben viele sich glücklich schätzen würden. In Wirklichkeit lieben wir unseren Beruf zu sehr, um uns mit Einzelheiten einer bestimmten Situation aufzuhalten. Wir jagen keinen Trugbildern mehr nach.

Während so mancher nicht ohne wörtliche Sympathiebekundungen auskommt, haben Romy und ich das Glück, uns ohne Worte zu verstehen. Die Intimität der Zusammenarbeit stellt hohe Anforderungen. Einen Zurückzieher, einen Bruch gibt es nicht. Mein Verhältnis zu Romy ähnelt weder einer flüchtigen Liebschaft noch einer Liaison, eher einer ›Versicherung auf Gegenseitigkeit‹.‹

(Auszug aus ›Dialogues Egoistes‹
Olivier Orban, 1976)

FRANÇOIS CHALAIS

›Auf dem Höhepunkt der ›Sissi‹-Filme hat Romy mir einmal gestanden, daß sie in diesem Genre nicht fortfahren könne (das nebenbei ihrer Karriere sehr hinderlich war), ohne sich selbst aufzugeben. So hat sie eines Morgens beschlossen, das alte Idol sterben zu lassen, wobei sie kaum zu hoffen wagte, daß sich aus der Asche des ›weißen Gänschens‹ ein Phönix erheben könnte. Von da an folgt ein beispielloser Umschwung, eine schier unglaubliche Abwendung von dem, was bisher zu ihrem Erfolg beigetragen hatte. Und dann, nach monatelanger Wanderung durch die Wüste, beginnt plötzlich der Aufstieg, ein Film reiht sich an den anderen, jeder erlaubt ihr, eine Rivalin einzuholen und hinter sich zu lassen. Eigentümlicher Geländelauf, bei dem der verblüffte Zuschauer zunächst ablehnend reagiert, dann überzeugt ist. Solche Ambitionen hatte ›Sissi‹ also, und solche Kraft! Nun, da sie auf dem Gipfel steht, scheint sie immer noch höher hinaus zu wollen, aber wohin? Bis zu welchen Grenzen ihrer Schauspielkraft? Warum diese Verausgabung, dieses russische Roulette, das nicht ewig gut gehen kann? Sie braucht nichts mehr. Weder Klarheit über ihre Berufung noch Bestätigung in der Gunst des Publikums. Und wenn sie weiterstrebte, um sich zu betäuben? Unsinn! Welchen Grund hätte sie, sich zu betäuben? Oder will sie etwas beweisen? Aber was? Wem? Sich selbst? Romy Schneider macht sich über sich selbst lustig. Sie hat alle Höhen und Tiefen des Metiers ausgekostet. Warum filmt sie wie jemand, der ins Meer hinauswatet, um herauszufinden, an welchem Punkt er keinen Boden mehr unter den Füßen hat? In einer Corrida wäre sie Stier und Torero zugleich, würde stets in die Sonne sehen, ungeachtet der Gefahr, die damit verbunden ist, geblendet zu werden. Ein faszinierendes Schauspiel bietet uns dieser weibliche Herakles, der nur glücklich scheint, wenn er sich das Nessushemd mitsamt der Haut vom Leibe reißen kann. Ein solches Talent, das sich sozusagen mit verbundenen Augen an den Abgrund stellt, macht immer ein wenig Angst.‹

(Auszug aus ›La Peau de l'Arlequin‹, Stock 1975)

ROBERT ENRICO
›Sie ist eine sehr große Schauspielerin, vielleicht die größte. Die einzige, die meiner Meinung nach in die Geschichte des Films eingehen wird. Ihr germanisches, nordisches Äußeres, das etwas eckige Gesicht mit den vorstehenden Backenknochen und Grübchen, das an Greta Garbo und Marlene Dietrich erinnert, kommt ihr dabei gut zustatten. Ich bewundere an Romy Schneider das innere Feuer, das sich ohne Ziererei voll und gleich mitteilt, und das starke Gefühl, das sie in ihre Arbeit investiert. Träfe man sie im Alltag, ungeschminkt und ganz normal gekleidet, würde man sie wahrscheinlich übersehen; auch das ist etwas, was sie mit den sehr großen Schauspielerinnen gemeinsam hat, die draußen, außerhalb der Studios, oft unbemerkt bleiben, aber dann, unter den Scheinwerfern und im Kostüm, zur Persönlichkeit werden. Zwischen der Wirklichkeit und dem Traum besteht also eine Kluft, ein Etwas, das wir im alltäglichen Leben nicht wahrnehmen, das aber das Talent ausmacht.‹

(›Jours de France‹, Nr. 1087, Okt. 75)

›Romy Schneider? Ich könnte stundenlang von ihr reden. Sie besitzt alle Vorzüge und Nachteile der großen Schauspielerin. Aus Liebe zu den Gestalten, die sie verkörpert, holt sie das Letzte aus sich heraus. Sicher, es ist nicht immer einfach, mit ihr zu arbeiten, aber manchmal gibt es solche Glücksmomente, daß sie für alle Schwierigkeiten, die man gehabt haben mag, entschädigen. Romy ist eine Komödiantin bis in die Fingerspitzen. Sie braucht das Spiel für ihr seelisches Gleichgewicht. Das heißt aber nicht, daß sie außerhalb ihrer Rollen einen Mythos um sich herum aufbaut. Zu Hause und ungeschminkt ist Romy die Natürlichkeit in Person. Im Studio, wenn die Arbeit beginnt, wird sie zu dem, was es heute kaum noch gibt: zur Femme fatale.‹

(Aufzeichnungen von Pierre Benichou)

TEIL III

Zu Romy Schneiders Tod – Stimmen

GERT FRÖBE
»Romy mußte in ihrem Leben viele Ohrfeigen einstecken, mußte zuviel verkraften. Sie hat aber für unser Land international eine große Visitenkarte abgeliefert. Vor fünf Jahren kam sie zu mir ins Studio und lehnte ihren Kopf an meine Brust. Mit ihrer Geste gab sie mir zu verstehen: Schön, daß es dich noch gibt.«

MARIA SCHELL
»Romy muß sich in einem Tief befunden haben. Sie war bestimmt sehr einsam. Ohne Gesprächspartner, ohne Hilfe. Hätte ich das nur gewußt, dann wäre ich gleich nach Paris geflogen. Seit 28 Jahren bin ich Romys mütterliche Begleiterin. Zuletzt haben wir am 20. Oktober 1981 während gemeinsamer Dreharbeiten stundenlang in Berlin zusammengesessen. Sie war damals in blendender Verfassung. Romy war aber auch sehr krank. Sie lebte nur mit einer Niere und durfte keinen Alkohol trinken. Ansonsten kann ich über Romy noch sagen, daß sie eine zauberhafte Ausstrahlung besaß, aber oft gegen ihre Natur gelebt hat.«

WOLFGANG RADEMANN (TV-Produzent)
»Ich habe mit Romy für den SFB ein 60-Minuten-Porträt gedreht. Sie war immer ein schwieriger Mensch, aber ein Superprofi.«

LILLI PALMER
»Wir haben zusammen die Filme *Feuerwerk* und *Mädchen in Uniform* gedreht. Als das Unglück mit ihrem Sohn geschah, habe ich ihr einen langen Brief geschrieben. Geantwortet hat sie nicht darauf. Romy war eine geniale Schauspielerin, ein wirklicher Profi.«
»Ich bin mehr als erschüttert, ich denke nur, daß es ihr jetzt gut geht, gemessen an all dem Schlimmen, das sie vorher durchmachen mußte. Seit dem schrecklichen Tod ihres Buben habe ich sehr viel an sie gedacht. Dieses Unglück konnte ich nie vergessen.«

TONI MAKEBEN (Romys Berliner Agentin)
»Sie mußte schwere Mittel nehmen, wegen ihrer Nierenoperation. Vielleicht hat sie dabei getrunken, und da ist es geschehen. An Vorsatz glaube ich nicht.«

LUISE ULLRICH
»Romy Schneider war der letzte gloriose deutsche Filmstar.«

ARTUR BRAUNER
»Vor fünf Wochen habe ich sie in Paris zuletzt gesehen – ich hatte zwei neue Projekte für sie. Seit diesem Gespräch hatte ich Angst um sie – sie sprach gehetzt und wirkte irgendwie flatterhaft.«

HORST FEHLHABER
»Ich hab' das Furchtbare selber erst vor einer Stunde erfahren. Mein Gott, ich weiß nicht, wie ich das Magda beibringen soll, ich weiß es einfach nicht . . .«

CARLO PONTI
»Bei meinem letzten Zusammentreffen mit Romy vor einigen Wochen erklärte sie mir, daß sie erschöpft und krank sei. Sie erwähnte aber nicht, daß sie verzweifelt sei.«
»Das ist entsetzlich! Auf eine derart einsame und tragische Weise umzukommen!«

KARL SCHÖNBÖCK
»Ich bin betroffen und verstört. Romy kannte ich schon als kleines Mädchen, als sie im weißen Kleid ihre Eltern bei Theaterproben besuchte. Mit 16, bei *Feuerwerk,* war sie irrsinnig lieb und süß. Über jeden ihrer berechtigten großen Erfolge habe ich mich gefreut, als ob sie meine eigene Tochter wäre. Privat hatte sie kein Glück. Es ist traurig, daß sie so früh sterben mußte.«

KURIER (Österreich)
»Sie hinterläßt eine fünfjährige Tochter, an der einige Partner aus Romys Leben vielleicht etwas gutmachen werden wollen.«

FRANKFURTER ALLGEMEINE (BRD)
»Die Laufbahn der Romy Schneider hatte Höhen und Tiefen, doch so tief war sie nie gefallen, als daß es für diesen selbstzerstöreri-

schen Pessimismus einen vernünftigen Grund hätte geben können. In einem ihrer letzten Interviews hat sie gestöhnt, sie sei zu kaputt, um sich richtig zu wehren; sie hat von ihrer Furcht, ihrer Einsamkeit, ihrer Heimatlosigkeit gesprochen und am Ende, als sei der Tristesse des Alltags mit einem einzigen, trotzigen Aufbegehren noch beizukommen, hinzugefügt: ›Ich werde weiterleben – und richtig gut . . .‹«

JACK LANG (französischer Kultusminister)
»Der internationale Film hat eine der begabtesten und der im wahrsten Sinne des Wortes professionellsten Schauspielerinnen verloren.«

LUGGI WALDLEITNER
»Ich kannte Romy gut, sie war zwar launisch und sehr wählerisch, aber eben auch eine ausgezeichnete Schauspielerin. Bei unserem letzten gemeinsamen Film *Die zwei Gesichter einer Frau* wirkte sie zwar gelöst und heiter, aber dennoch glaube ich, daß sie über den Tod ihres Sohnen nie hinweggekommen ist. Ihr Tod ist ein großer Verlust für die Filmwelt.«

HILDEGARD KNEF
»Europa hat eine seiner größten Schauspielerinnen verloren und – was mich am meisten erschüttert – ein fünfjähriges Kind seine Mutter.«

ILSE KUBASCHEWSKI
»Romy war in ihrer Jugend eine vielleicht zu behütete Tochter. Ich war dabei, als sie sich bei den *Christine*-Dreharbeiten in Alain Delon verliebte und ganz bewußt begann, die familiären Fesseln abzustreifen, ein neues Leben zu beginnen. Ihre Spontaneität und ihre außergewöhnliche Begabung haben es ihr eher schwer- als leichtgemacht, mit den Dingen des Alltags fertig zu werden. Ich bin sehr traurig über ihren frühen Tod.«

ROLF THIELE
»Als ich sie damals kennenlernte, habe ich mich ziemlich bald geniert. Ich war unter festem UFA-Vertrag und hatte da eine nicht ausgereifte, dümmliche Komödie zu machen. Und Romy war keine Sissi im Sinn der Filme, sondern eher wie die echte Sissi –

ein Geschöpf von ratloser Verwegenheit. Als Schauspielerin war sie ein unausschöpfbares Wesen – ein Gottesgeschenk für einen Regisseur.«

AXEL VON AMBESSER
»Sie war unser größtes schauspielerisches Talent und nicht nur von der Leinwand herunter charmant und bestrickend, sondern auch in der Zusammenarbeit. Ich habe leider nur einen Film mit ihr gemacht. In meiner Erinnerung ist diese Arbeit wie ein Champagnerfrühstück verlaufen.«

JEAN-CLAUDE BRIALY
»So wird selbst ihr Tod zur Tragödie. Hat er ihr doch die Chance genommen, nach all ihren Schicksalsschlägen ein neues Leben aufzubauen. Und ich weiß, daß sie das wollte.«

ALAIN DELON
»Ich habe sie immer geliebt. Keiner von uns, nicht mal ihr Arzt, konnte das voraussehen. Man kann von ihrer schlechten Gesundheit sprechen, von einer Krise, aber in Wirklichkeit ist Romy an gebrochenem Herzen gestorben. Ihr Sterben begann mit dem Tod ihres Sohnes David. Jetzt hat sie Ruhe. Ich bin fast erleichtert für Romy und finde doch alles so ungerecht. Für mich bedeutet sie 25 Jahre meines Lebens und meines Herzens.«

LE QUOTIDIEN DE PARIS
»Romy Schneider starb ganz einfach an einer großen Lebensmüdigkeit. Sie war auf dem Weg, eine lebende Legende zu werden.«

TASS (Sowjetunion)
»Romy Schneider war eine der größten Filmschauspielerinnen der Welt.«

LE MATIN (Frankreich)
»Von allen Leinwandgrößen in den letzten 20 Jahren ist sie unbestreitbar jene, deren plötzliches Ableben uns am heftigsten erschüttert.«

MICHEL PICCOLI
»Romy Schneider war ein Mensch, dem man die Haut bei lebendigem Leib abzog. Wie viele Deutsche war sie das Gegenteil von Vorsicht und Vernunft.«

YVES MONTAND
»Sie war vielleicht in manchem exzessiv, aber aus einem Guß. Sie hinterläßt uns alle in tiefer Trauer.«

BRIGITTE BARDOT
»Ich bin erschüttert und betäubt. In ihrer Sterbestunde hat Romy wahrscheinlich das durchgemacht, was ich oft gefühlt habe: Man zweifelt an allem, man hat niemanden, auf den man sich hundertprozentig verlassen kann. Der Film hat Romy kaputtgemacht. Die Atmosphäre in der Welt der Schauspieler ist nicht geeignet, die Moral zu heben. Wirkliche Freunde sind nicht da, um dich zu stützen. Das ist das Verhängnisvolle. Das Ende ist hart, sehr hart. Das Milieu ist oberflächlich, hart und ungerecht. Romy hat ihren Beruf geliebt. Man meint in solchen Fällen immer, daß man weitermachen muß. Ich bin noch am Leben, weil ich rechtzeitig aus dem Filmgeschäft ausgestiegen bin . . .«

TEIL IV

Romys Filme

Angegeben sind Drehjahr, Herkunftsland, Filmverleih, Spieldauer, eine oder mehrere Kritiken, die sich speziell auf Romy Schneider beziehen. Aufnahmeleitung = Chefkameramann. (In Klammern erscheint hinter dem Originaltitel des Films der deutsche Verleihtitel.)

1. WENN DER WEISSE FLIEDER WIEDER BLÜHT

1953, BRD, Herzog-Film, 98 Min.
Regie: Hans Deppe; Drehbuch: Eberhard Kleindorff
Johanna Sibelius, nach einer Novelle von Fritz Rotter.
Aufnahmeleitung: Kurt Schulz (Gevaert-Color)
Musik: Franz Doelle (Dirigent: Egon Kaiser)
Lieder: ›Weil wir uns so versteh'n‹, ›An einem Tag im Frühling‹, ›Stunden voller Seligkeiten‹, ›Revue-Fox‹, ›Ja, ein Leben ohne dich‹, ›Wenn der weiße Flieder wieder blüht‹ von Fred Ignor, Fritz Rotter und Bruno Balz. Tänze: Liselotte Köster, Jockl Stahl (Ballettmeister: Erwin Hoffman)
Dekorationen: Alfred Bütow
Schnitt: Walter Wischniewsky
Regieassistenz: Fred Westhoff
Kamera: Herbert Geier
Masken: Fredy Arnold, Maria Westhoff; Kostüme: Walter Kraatz
Ton: Oskar Haarbraudt
Produktionsleitung: Heinz Willeg, Karl Mitschke
Produktion: Kurt Ulrich (Berolina Produktion)
Produktionsassistenz: Oskar Martay

Besetzung: Magda Schneider (Therese Forster), Willy Fritsch (Willy Forster), *Romy Schneider-Albach* (Evchen Forster), Hertha Feiler (Ellen), Paul Klinger (Peter Schröder), Albert Florath (Prof. Mutzbauer), Trude Wilke-Rosswog (Frau Moeslein), Erika Block (Lieselotte), Erna Haffner (Frau Kühn), Nina v. Porembsky (Barbara), Götz George (Klaus), Wulf Rittscher (Baumgartner).

Therese und Willi sind seit einem Jahr verheiratet. Das Geld ist knapp. Therese muß als Schneiderin den Unterhalt verdienen, denn Willi ist ein arbeitsloser Künstler. Er nimmt die Sache

189

jedoch nicht tragisch, denn er besitzt eine großartige Stimme, und Professor Mutzbauer hat ihm eine große Zukunft prophezeit. An ihrem ersten Hochzeitstag wollen sich Willi und Therese ein Essen bei Erdmanns leisten. Willi ist ohne einen Pfennig und versetzt seine Uhr im Pfandhaus, um einen Strauß weißen Flieder und eine Flasche Wein zu erstehen. Therese kommt beinahe zu spät zum Essen ins Restaurant, aber Freund Peter nimmt sie auf dem Motorrad mit. Der Leichtsinn ihres Mannes erregt Thereses Zorn. Sie streiten und versöhnen sich wieder, und Willi singt zu Ehren von Therese: ›Wenn der weiße Flieder wieder blüht‹. Die Gäste des Lokals sind begeistert. Willi erhält ein Angebot und unterzeichnet einen Vertrag. Nach einem neuerlichen Streit verläßt er Therese. Peter tröstet sie. Fünfzehn Jahre später ist aus Willi der Star Bill Perry geworden. Sein einziger Wunsch ist, Therese in Wiesbaden wiederzusehen. Sie besitzt inzwischen einen renommierten Modesalon und lebt mit Peter, den die vierzehnjährige Tochter Evchen verehrt wie ein Idol. Willi versucht, Therese zurückzugewinnen. Evchen errät die schwierige Situation ihrer Mutter. In einer Aussprache mit Willi macht sie ihm klar, daß Peter, sie und ihre Mutter sehr glücklich zusammenleben. Willi zieht sich zurück und erkennt jetzt, was Ellen, seine Managerin, für ihn bedeutet. Ein Abschiedsabend wird organisiert. Willi holt Evchen auf die Bühne zu sich. Das junge Mädchen hat die Gaben des Vaters geerbt. Ellen ist bei dem Abend anwesend, und am Schluß singen alle vereint: ›Wenn der weiße Flieder wieder blüht‹.

2. FEUERWERK
1953, BRD, Herzog-Film, 99 Min.
Regie: Kurt Hoffmann
Drehbuch: Herbert Witt, Felix Lützkendorf, Günther Neumann nach der Musikkomödie von Erik Charell und Jürg Amstein
Aufnahmeleitung: Günther Anders (Eastmancolor)
Musik: Paul Burkhardt; Lieder: Jürg Amstein und Robert Gilbert ›O mein Papa‹, ›Virgile‹, ›En 1900‹, ›T'aimer toute ma vie‹, ›Tireli-Tirela‹.
Choreographie: Sabine Ress
Dekorationen: Werner Schichting
Ton: Hans Endrulat
Schnitt: Claus von Boro

Masken: Raimund Stangl
Kostüme: Alfred Bücken
Produktionsleitung: Georg Richter
Produktion: Erik Charell (Neue Deutsche Filmgesellschaft).

Besetzung: Lilli Palmer (Iduna); Karl Schönböck (Alexander
Oberholzer – Sacha Obolsky), *Romy Schneider* (Anna Oberholzer), Claus Biederstaedt (Robert), Werner Hinz (Albert Oberholzer), Rudolf Vogel (Gustav Oberholzer), außerdem Käte Haack,
Lina Carstens, Michl Lang, Liesl Karlstadt, Claus Pohl.

Alexander Oberholzer hat seine kleinbürgerliche Familie verlassen und ist der berühmte Sascha Obolsky, Direktor des gleichnamigen Zirkus, geworden. Zwanzig Jahre danach besucht er mit
seiner charmanten Gefährtin Iduna das Elternhaus, wo man den
50. Geburtstag seines älteren Bruders Albert feiert. Die Ankunft
des Paares ruft bei den Schwiegertöchtern einen Skandal hervor,
aber Iduna erobert die Brüder, besonders Gustav. Anna, Alberts
Tochter, ist von ihrem Onkel Sascha und vor allem vom Zirkus
begeistert. Über dieser Begeisterung vergißt sie ihre große Liebe
zum jungen Gärtner Robert. Wie damals ihr Onkel, reißt sie aus,
um sich dem Zirkus zuzugesellen. Zwischen Alexander und Iduna
kommt es zum schweren Konflikt. Alexander hat die Gewohn-
heit, den Zirkusreiterinnen und Tänzerinnen den Hof zu machen.
Diesmal aber glaubt Iduna in seinem Interesse für die kleine
Anna mehr zu sehen als nur flüchtige Verliebtheit. Hals über
Kopf verläßt sie ihren Mann. Sie will nach Paris. Unterwegs trifft
sie einen Impresario, der ihr eine Tournee ins Ausland anbietet. –
Iduna kehrt zum Zirkus zurück. Anna erkennt in einem Traum, in
dem sie alle Nummern verpatzt, daß sie nicht das Talent zum
Zirkus hat und daß ihr Platz bei Robert ist. Alle kehren dahin
zurück, wohin sie gehören, außer Gustav, der als Clown mit
Alexanders Truppe zieht.

3. MÄDCHENJAHRE EINER KÖNIGIN
1954, Österreich, Herzog-Film, 95 Min.
Regie: Ernst Marischka
Drehbuch: Ernst Marischka
Aufnahmeleitung: Bruno Mondi (Agfacolor)
Musik: Anton Profes

Dekorationen: Fritz Jüpner-Jonstorff
Schnitt: Hermann Leitner
Regieassistenz: Hermann Leitner
Kamera: Herbert Geier
Masken: Jupp Paschke, Heinz Stamm, Josef Schober
Kostüme: Gerdago und Leo Bei
Ton: Herbert Janeczka, Otto Salmberger
Herstellungsleitung: Karl Ehrlich
Produktion: Ernst Marischka (Erma Film Wien).

Besetzung: *Romy Schneider* (Viktoria), Adrian Hoven (Prinz Albert), Magda Schneider (Baronin Lehzen), Karl-Ludwig Diehl (Lord Melbourne), Paul Hörbiger (Prof. Landmann), Christl Mardayn (Herzogin von Kent), Rudolf Vogel (Georg, der Lakai), Fred Liewehr (Leopold von Belgien), Alfred Neugebauer (Lord Conyngham), Otto Tressler (Erzbischof von Canterbury), Stefan Skodler (Sir John Conroy), Peter Weck (Prinz Heinrich von Oranien), Rudolf Lenz (Zar Alexander von Rußland), Hans Thimig (Dekan Chester), Peter Gerhard (Ballettmeister Taglione), Elisabeth Epp (Lady Flora Hastings), Hilde Wagener (Lady Littelton), Helene Lauterböck (Lady Landsdowne), Eduard Strauss (Johann Strauß).

Im Palast von Kensington in London herrscht große Aufregung. Die Königinmutter, Herzogin von Kent, ist wütend; Premierminister Lord Melbourne verliert seine sprichwörtliche Ruhe. Viktoria, die junge Königin, ist unter Mißachtung des Protokolls verschwunden. Nur ihre Gouvernante, Baronin Lehzen, und ihr Lakai, George, sind bei ihr. Dabei ist man im Begriff, ihren Geburtstag zu feiern. Zahlreiche Gäste sind bereits in London eingetroffen, u. a. der König von Holland und sein Sohn, der nach dem Willen der Königinmutter Viktorias künftiger Gatte sein soll. Man erwartet den zweiten Anwärter auf die Hand Viktorias, Prinz Albert von Sachsen-Coburg. Die junge Königin erlebte auf der Flucht im Hafen von Dover ihre erste Romanze. Der Regen zwingt sie, dort in einer Taverne zu übernachten, in der sich auch ein junger Mann aufhält, der mit seinem Privatlehrer nach England gereist ist. Der Student ist in Wirklichkeit ein deutscher Prinz, der sich ebenfalls gegen die Etikette auflehnt. An diesem Abend erfährt er, daß der englische Hof ihn als Prinzgemahl in Erwägung zieht. Der junge Mann aber ist von Viktoria bezaubert und beschließt, nicht nach London weiterzureisen. Sein Lehrer, Professor Landmann, bietet Viktoria 100 Pfund, wenn sie die Taverne verläßt. Viktoria aber weiß schon, wo sie ihren ›Romeo‹ wiedersehen wird – auf dem Bankett zu Ehren ihres Geburtstages. Wie wird sich der junge deutsche Prinz freuen, wenn er in Viktoria das süße junge Mädchen wiedererkennt, in das er sich in Dover verliebte? Viktoria und Albert lieben sich für immer, und ihr Andenken in der Geschichte bleibt lebendig.

4. DIE DEUTSCHMEISTER
1955, Österreich, Herzog-Film, 90 Min.
Regie: Ernst Marischka
Drehbuch: Ernst Marischka, nach ›Frühlingsparade‹ von Ernst Marischka und Gustav Holm
Aufnahmeleitung: Bruno Mondi (Agfacolor)
Musik: komponiert und dirigiert von Robert Stolz (Märsche von Wilhelm August Jurek, Josef Ertl, Franz Sioly).
Choreographie: Dia Lucca
Dekorationen: Fritz Jüptner-Jonstorff
Schnitt: Afred Srp
Regieassistenz: Karl Stanzl; Kamera: Herbert Geier
Masken: Jupp Paschke, Heinz Stamm, Josef Stober
Kostüme: Gerdago und Leo Blei
Ton: Otto Salmberger
Produktionsleitung: Karl Ehrlich
Produktion: Ernst Marischka (Erma Film Wien).

Besetzung: *Romy Schneider* (Christine Hübner), Siegfried Breuer jr. (Wilhelm August Jurek), Hans Moser (Jeremia Swoboda), Paul Hörbiger (Kaiser Franz-Josef), Gretl Schörg (Hansi Führer, die Sängerin), Wolfgang Lukschy (Kaiser Wilhelm II.), Adrienne Gessner (Komtesse Burgstetten), Susi Nicoletti (Nanette, ihre Nichte), Gunther Philipp (Baron Zorndorf), Josef Meinrad (Hofwirt), Karl Schwetter (Kommandant Weber), Fritz Imhoff (Adjutant Mittermeier), Heinz Conrads (Josef Stigler), Wolfgang Jansen (Gustav Knoll).

Das Jahr 1900 in Salzburg und Wien.
Ein charmantes junges Mädchen mit dem Spitznamen Cri-Cri hätte zweifellos sein Leben in den heimatlichen Bergen verbracht, wenn nicht ein Dorfscharlatan ihr ein Horoskop verkauft hätte,

das ihr eine glänzende Zukunft und die Liebe in Gestalt eines gutaussehenden Soldaten oder eines großen Künstlers prophezeite. Cri-Cri begibt sich nach Wien, wo ihre Tante Therese Hübner, eine noch junge, attraktive Witwe, eine gutgehende Bäckerei betreibt. Unterwegs führt ein Mißverständnis Cri-Cri auf einen Maskenball, wo sie die Bekanntschaft eines jungen Lebemannes, Baron Zorndorf, macht. Dieser verliebt sich in sie und vermutet in ihr die Komtesse Burgstetten.

Cri-Cri ist dabei, sich mit den Geheimnissen des Bäckerhandwerks vertraut zu machen, als eines Tages Willy Jurek, ein junger Gefreiter beim Musikkorps der Stadt, den Laden betritt. Es ist Liebe auf den ersten Blick. Man verabredet sich für den Abend im Prater. Hofrat Hofwirt, der gekommen ist, um die Brötchen für Seine Majestät zu holen, macht Therese leidenschaftliche Avancen. Therese und Hofwirt gehen in den Prater. Die Bäckersfrau ist wütend, als sie dort ihre Nichte in galanter Begleitung sieht.

Willy hat plötzlich eine Eingebung. Er stürzt ans Piano und komponiert einen Militärmarsch. Beim Backen der Brötchen für den Kaiser bäckt Cri-Cri am folgenden Morgen die Komposition ihres vielgeliebten Willy samt einem Begleitbriefchen an den Kaiser in eines der Brötchen mit ein. Der wütende Protokollchef kündigt der Bäckerei die Kundschaft. Cri-Cri aber darf den Kaiser in Privataudienz besuchen und bezaubert ihn mit ihrem Charme. Thereses Bäckerei darf fortan den Titel ›Kaiserl. Hoflieferant‹ führen. Der von Willy komponierte Marsch wird am Tag der Frühlingsparade vor dem begeisterten Kaiser gespielt.

5. DER LETZTE MANN

1955, BRD, 83 Min.
Regie: Harald Braun
Drehbuch: Georg Hurdalek und Herbert Witt
Aufnahmeleitung: Richard Angst (Agfacolor)
Musik: Werner Eisbrenner
Dekorationen: Robert und Kurt Herlth
Ton: Hans Wunschel
Schnitt: Hilwa von Boro
Masken: Franz und Ilse Siebert
Kostüme: Gudrun Rabente

Produktion: Neue Deutsche Filmgesellschaft – Omnio Films München.
Besetzung: *Romy Schneider* (Nicky Hövelmann), Hans Albers (Karl Knesebeck), Joachim Fuchsberger (Erwin Raschpieler), Rudolf Forster, Michael Heltau, Camilla Spira.

Karl Knesebeck ist Oberkellner im Hotel Hövelmann. Er dient dem Hause seit langem und hat praktisch die Leitung inne, da die Besitzerin, Sabine Hövelmann, todkrank ist. Karl bewacht und schützt Nicky, die Tochter der Hotelbesitzerin, auf väterliche Weise. Helmut Bühler, genannt ›Helle‹, absolviert im selben Hotel seine Lehre. Nicky und Helle sind ineinander verliebt, aber Helle ist zu schüchtern, seine Liebe zu gestehen, und Karl überwacht Nicky ein wenig zu sehr. Eines Tages errettet Karl einen reichen Kunden, Mr. Claasen, von einer schweren Krankheit. Frau Hövelmann stirbt. Onkel Max, Onkel Udo und Cousin Erwin, die zusammen über die Mehrheit der Anteile verfügen, übernehmen das Hotel. Der durchtriebene Erwin beschließt, Nicky zu verführen und zu heiraten. Das junge Mädchen geht ihm auf den Leim. Bald hat sie nur noch Augen für Erwin. Erwin haßt Karl und würde ihn entlassen, wenn nicht Nickys Mutter im Testament verfügt hätte, daß Karl bis zu seinem Lebensende in den Diensten des Hotels bleiben sollte. Einmal kommt es wegen Nicky zwischen Karl und Erwin zu einer Auseinandersetzung, in deren Verlauf Karl die Beherrschung verliert und Erwin ohrfeigt. Erwin enthebt Karl seines Postens und degradiert ihn zum Toilettenwart. Nickys und Erwins Hochzeit steht bevor. Erwin scheint gewonnen zu haben, aber das junge Mädchen ist innerlich unruhig. Eines Tages steigt Mr. Claasen wieder im Hotel ab und findet seinen alten Freund Karl als Toilettenwärter im Tiefgeschoß. Er kauft daraufhin den Onkeln ihre Anteile ab und wird Besitzer des Hotels. Er betraut Karl mit der Leitung, und gemeinsam gelingt es beiden, Nickys und Erwins Hochzeit zu verhindern. Nicky findet zu ›Helle‹, ihrer ersten Liebe, zurück . . .

6. SISSI

1955, Österreich, Herzog-Film, 102 Min.
Drehbuch und Regie: Ernst Marischka
Aufnahmeleitung: Bruno Mondi (Agfacolor)
Musik: Anton Profes (außerdem Werke von Joh. Strauß und

›Halleluja‹ aus ›Messias‹ von Händel)
Dekorationen: Fritz Jüptner-Jonstorff
Schnitt: Alfred Srp
Ton: Herbert Janeczka
Regieassistenz: Rudolf Zehetgruber
Kamera: Herbert Geier
Masken: Jupp Paschke, Heinz Stamm, Fritz Jelinck
Kostüme: Geradago und Franz Szivats
Produktionsleitung: Karl Ehrlich
Produktion: Ernst Marischka (Erma Film Wien).

Besetzung: *Romy Schneider* (Sissi), Karlheinz Böhm (Franz), Magda Schneider (Herzogin Ludovika), Gustav Knuth (Herzog Max), Uta Franz (Helene), Vilma Degischer (Erzherzogin Sophie), Erich Nikowitz (Erzherzog Franz-Karl), Peter Weck (Erzherzog Karl-Ludwig), Josef Meinrad (Bökl), Karl Fochler (Graf Grünne), Otto Tressler (Marschall Radetzky), Hilde Wagener (Baronin Wulffen).

Der junge Franz-Joseph (Franz) ist seinem Vater auf den österreichischen Thron gefolgt. In dem Bemühen, für ihren Sohn eine passende Gemahlin zu finden, hat Erzherzogin Sophie eine Zusammenkunft mit Prinzessin Helene, der ältesten Tochter ihrer Schwester Ludovika, arrangiert. Prinzessin Helene lebt in Bayern bei ihrer Familie. Auf eine entsprechende Einladung hin besucht Ludovika mit Helene und Elisabeth (Sissi), einer ihrer anderen Töchter, den Kaiser in Bad Ischl. Bei einem Spaziergang bemerkt Franz Sissi, die er früher schon einmal gesehen hat, jetzt aber nicht wiedererkennt. Das junge Mädchen erfährt, daß Franz Helene heiraten soll. Am Abend erwählt Franz auf einem ihm zu Ehren veranstalteten Ball Sissi zu seiner Tanzpartnerin und schenkt ihr Rosen. Dann gibt der junge Herrscher ohne Rücksicht auf die zutiefst enttäuschte Helene seine Verlobung mit Sissi bekannt. Die kaiserliche Mutter, Sophie, ist erzürnt, weiß aber, daß sie sich dem Willen des Sohnes, der leidenschaftlich in Sissi verliebt ist, beugen muß. Sie reist also mit ihrem Gefolge nach Wien, wo sie der Kaiser erwartet. Die Hochzeit wird für April 1854 festgesetzt. Von der Menge bejubelt, begibt sich Sissi zum Stefansdom, wo sie mit Franz den Bund fürs Leben schließen wird.

Kritiken:

›Le Figaro‹: ›Ein gepflegter, angenehmer Film. Was Romy Schneider anbelangt – man kann noch viel von ihr erwarten.‹

›Le Parisien Libéré‹, 8. 3. 57: ›Von jetzt an muß man mit Sissi rechnen. Das ist frisch, leicht, gefällig . . .‹

Auszug aus ›Cannes-Midi‹ 1957: ›Alles ist mit Geschmack und Geschick gemacht, die Darsteller sind erstklassig. Wenn Sie nur einen Film im Jahr sehen können, sollten Sie diesen wählen. Wie es beim Sport so schön heißt: Wien schickt Hollywood auf die Bretter.‹

7. SISSI, DIE JUNGE KAISERIN

1956, Österreich, Herzog-Film, 105 Min.
Drehbuch und Regie: Ernst Marischka
Aufnahmeleitung: Bruno Mondi (Agfacolor)
Musik: Anton Profes
Dekorationen: Fritz Jüptner-Jonstorff
Schnitt: Alfred Srp
Regieassistenz: Rudolf Zehetgruber
Kamera: Herbert Geier
Masken: Rudolf Ohlschmidt, Leopold Kuhnert
Kostüme: Gerdago, Leo Bei
Ton: Herbert Janeczka
Produktionsleitung: Karl Ehrlich
Produktion: Ernst Marischka (Erma Film Wien).

Besetzung: *Romy Schneider* (Sissi), Karlheinz Böhm (Franz), Magda Schneider (Herzogin Ludovika), Gustav Knuth (Herzog Max), Vilma Degischer (Erzherzogin Sophie), Erich Nikowitz (Erzherzog Franz-Karl), Josef Meinrad (Böckl), Walther Reyer (Graf Andrassy), Iwan Petrowitsch (Dr. Falk), Senta Wengraf (Gräfin Bellegarde), Richard Eybner (Postmeister), Karl Fochler (Graf Grünne), Helene Lauterböck (Gräfin Esterhazy), Egon von Jordan (Premierminister), Josef Egger (Zeremonienmeister), Hugo Gottschlich (Gastwirt).

Nach der Hochzeit Franz und Sissis besteht die Mutter des Kaisers, Sophie, bei Hof auf strenger Einhaltung der Etikette. Daraus ergeben sich Differenzen mit Sissi, der jungen Kaiserin, die Freiheit gewöhnt ist. Sissi bringt eine Tochter, Prinzessin Gisela, zur Welt. In Anbetracht des jugendlichen Alters der

Mutter wird ihr das Kind genommen und in Sophies Obhut gegeben. Enttäuscht flüchtet sich die junge Kaiserin nach Bayern zu ihren Eltern. Franz holt seine junge Frau zurück, es kommt zur Versöhnung, und das Paar unternimmt eine Fahrt in die Berge. Sissi erhält ihre Tochter zurück. Politische Spannungen in Ungarn lassen sie bald die Bürde kaiserlicher Verpflichtungen spüren. Auf inständiges Bitten des Grafen Andrassy begibt sich das Paar, das sich mehr liebt denn je, nach Budapest, wo es unter den Ovationen des ungarischen Volkes gekrönt wird. Sissi hat Ungarn erobert, das ihr neue Heimat und bevorzugter Aufenthalt werden soll.

8. KITTY UND DIE GROSSE WELT

1956, BRD, Herzog-Film, 90 Min.
Regie: Alfred Weidenmann
Drehbuch: Herbert Reinecker nach dem Theaterstück ›Kitty und die Weltkonferenz‹ von Stefan Donat, nach einem Manuskript von Emil Burri und Johannes Mario Simmel
Aufnahmeleitung: Helmut Ashley (Eastmancolor)
Musik: Hans Martin Majewski
Dekorationen: Rolf Zehetbauer, Peter Röhrig
Ton: Walter Rühland
Schnitt: Carl Bartning
Regieassistenz: Wieland Liebske
Kamera: Robert Hofer
Kostüme: Ilse Dubois
Produktionsleitung: Hermann Hinze, Ferdinand von Kerssenbrock
Produktion: Wilhelm Sperber (Rhombus Film).

Besetzung: *Romy Schneider* (Kitty Dupont), Karlheinz Böhm (Robert Ashlin), O. E. Hasse (Sir William Ashlin), Ernst Schröder (Crawford), Paul Dahlke (Henry Dupont), Alice Treff (Luise Dupont), Peer Schmidt (Boris Malewsky), Charles Regnier (M. Jeannot), Ernst Waldow (Coiffeur Franz), Ina Peters (Jeannette), Rainer Penkert (Hopkins), Wolfgang Völz (Steel), Hans Hermann Schaufuss (Armand), Heini Göbel (Bildreporter), Fritz Lafontaine (Geschäftsführer), Willy Rösner (Café-Inhaber), Sammy Drechsel (Rundfunkreporter), Eduard Linkers (Hotelier), Michael Andreas (Bootsführer).

In Genf soll ein großes Treffen der Außenminister verschiedener Länder stattfinden. Die ganze Stadt befindet sich in Aufruhr. Im eleganten Frisiersalon M. Jeannots geht es zu wie in einem Hexenkessel. Die beiden Maniküren, Kitty und Jeannette, sind drauf und dran, im allgemeinen Durcheinander die Nerven zu verlieren. Als Kitty nach Feierabend auf die Straße tritt, begegnet sie einem distinguierten Herrn, der sie fragt, ob sie ein gutes, diskretes Restaurant wüßte. Kitty schlägt ›le Paradiso‹ am Seeufer vor. Sie begleitet den Fremden, um ihm den Weg zu weisen, und nimmt schließlich seine Einladung an, mit ihm zu speisen. Es wird ein wunderbarer Abend, und Kitty weiß sich gar nicht zu lassen, als sie erfährt, wer ihr neuer Freund ist: Sir William Ashlin, britischer Außenminister. Am nächsten Morgen erscheint in allen Zeitungen ein Bild von Kitty und Ashlin, das heimlich aufgenommen wurde. Das ist ein peinlicher Vorfall, und Crawford, Sekretär der britischen Delegation, macht Ashlin heftige Vorwürfe. Ashlins Neffe, Robert, wird mit der Bereinigung der Affäre betraut. Es gelingt ihm, M. Jeannot davon zu überzeugen, daß man Kitty der Meute der Reporter entziehen muß, die über den Frisiersalon hergefallen ist. Er fährt mit ihr in die Berge um den Genfer See. Nach einem Telefonanruf bei Kittys Onkel lädt dieser sie zu einer Dampferfahrt ein. Sir William, dem der Sinn nach Entspannung steht, hat sich ein Boot gemietet, aber nicht genügend Geld bei sich, um den Bootsführer zu entlohnen, worauf dieser ihn mitten auf dem See seinem Schicksal überläßt. Die Konferenz beginnt ohne Sir William, dessen Karriere gefährdet scheint, dessen Fehlen sich aber insofern günstig auswirkt, als seine Kollegen zu Konzessionen bereit sind. Robert nimmt mit Freuden den Auftrag an, noch weitere vierzehn Tage in Genf zu bleiben ... Dieser verlängerte Aufenthalt wird ihm – mit Kitty – die Verwirklichung zarter Pläne ermöglichen.

9. ROBINSON SOLL NICHT STERBEN
1956, BRD, Herzog-Film, 98 Min.
Regie: Josef von Baky
Drehbuch: Emil Burri, Johannes Mario Simmel nach dem Stück von Friedrich Forster
Aufnahmen: Günther Anders (Agfacolor)
Musik: Georg Haentzschel
Dekoration: Hein Heckroth

Schnitt: Claus von Boro
Regieassistenz: Rudolf Noelte
Masken: Raimund Stangl, Anita Greil
Kostüme: Charlotte Flemming
Produktionsleitung: Lutz Hengst
Produktion: Georg Richter (Neue Deutsche Filmgesellschaft)

Besetzung: *Romy Schneider* (Maud Cantley), Horst Buchholz (Tom Defoe), Erich Ponto (Daniel Defoe), Magda Schneider (Madame Cantley), Mathias Wieman (King George II.), Gustav Knuth (Carlton Heep), Gert Fröbe (Mr. Gillis), Rudolf Vogel (Herodes Pum), Elisabeth Flickenschildt (Miß Hackett), Günther Lüders (Drinkwater), Roland Kaiser (Ben), Wolfgang Condrus (Charly), Urs Hess (Jim), Joseph Offenbach (Miles), E. F. Fürbringer (Lord Horace), Hans Leyrer (Captain Black), Siegfried Lowitz (Greene), Heinrich Gretler (Wilde), Karl-Heinz Peters (Benson), Rudolf Rhomberg (Sam), Mario Adorf (Bertie).

London im Jahre 1730.
Charly, Jim und der kleine Ben arbeiten Tag für Tag von früh bis spät mit ihrer tapferen Schwester Maud in einer Baumwollspinnerei, um wenigstens ein paar hart verdiente Schillinge mit heimzubringen. Sie alle träumen von der verzauberten Robinson-Insel, von der Daniel Defoe ihnen erzählt hat. Der Dichter wohnt in einem miserablen Zimmer als Untermieter bei Mauds Mutter. Einstmals war er Berater König Georgs II. und fiel dann in Ungnade. Selbst sein leiblicher Sohn, Tom, verachtet ihn, weil er die Gunst des Hofes verspielt hat . . . Seine Bücher sind verboten, aber ihr Geist lebt fort bei den armen Kindern geradeso wie beim Kronprinzen, oder bei Carlton Heep, dem König der Londoner Unterwelt. Tom wird wegen Schulden verhaftet. Sein Vater weigert sich, ihm zu helfen. Nur Maud steht zu ihm. Sie besucht ihn im Gefängnis, und er bittet sie, statt seiner als Unterpfand dortzubleiben, da er seinen Vater besuchen wolle. Sie willigt ein, und Tom kehrt, begleitet von Carlton Heep, als freier Mann zurück. Maud entdeckt, daß der alte Defoe im Sterben liegt, und daß Tom ihm das Manuskript zu ›Robinson‹ entwendet hat, um damit seine Schulden zu begleichen. Maud und die Kinder des Viertels organisieren eine Strafexpedition in Heeps Taverne, der ihnen Tom ausliefert. Die Bande entführt ihren gefesselten Gefangenen in den Hyde Park. Maud gelingt es, in den Palast

vorzudringen und mit dem König zu sprechen, der ihr Hilfe zusagt. Der Kronprinz setzt sich mit den Kindern zum Mahl. Tom wird vom König befreit, der ihm die Mittel gibt, das Manuskript zurückzukaufen. Der König selbst begibt sich ans Krankenbett des alten Defoe. Dieser stirbt, während Tom – an seiner Seite Maud – ihm die letzten Zeilen seines unsterblichen Romans vorspricht.

10. MONPTI

1957, BRD, 95 Min.
Regie: Helmut Käutner
Drehbuch: Helmut Käutner nach dem Roman von Gabor von Vaszary
Aufnahmeleitung: Heinz Pehlke (Agfacolor)
Musik: Bernhard Eichhorn
Dekorationen: Herbert Kirchhoff
Ton: Hans Wunschel
Schnitt: Anneliese Schönnenbeck
Regieassistenz: Erica Balqué
Kamera: Günther Senftleben
Masken: Raimund Stangel, Anita Greil
Kostüme: Margot Schönberger
Produktionsleitung: Hermann Höhn
Produktion: Georg Richter (Neue Deutsche Filmgesellschaft)

Besetzung: *Romy Schneider* (Anne-Claire); Horst Buchholz (Monpti), Mara Lane (Nadine), Boy Gobert (Monpti II), Olive Moorefield (Zaza), Bum Krüger (der Mieter von Zimmer 17), Iska Geri (seine Frau), Joseph Offenbach (Redaktionssekretär) und Bobby Todd.

Ein junger Ungar läßt sich in Paris nieder, wo er einsam von den mageren Einkünften aus seiner Arbeit als Zeichner lebt. Eines Tages spricht er im Jardin du Luxembourg ein bezauberndes blondes Mädchen an. Sie heißt Anne-Claire und lebt bei ihren – sehr reichen – Eltern. Als sie sich trennen, küßt Anne-Claire den jungen Mann und verspricht ihm ein Wiersersehen. Er kehrt traurig in das Loch zurück, das er bewohnt. Durch Zufall treffen sich die beiden bei einem Spaziergang wieder und beschließen, sich nie mehr zu trennen. Anne-Claire gibt ihrem Freund den Namen ›Monpti‹. Wie bei Verliebten üblich, streiten sie sich, versöhnen sich wieder und verleben alles in allem eine herrliche Zeit. Eines Tages besucht Anne-Claire Monpti in seinem Zimmer. Der heißblütige junge Mann möchte sie ganz, sie aber scheut sich noch. Eines Tages ist sie, einer Laune folgend, bereit, nackt für ihn Modell zu stehen, dann aber flüchtet sie, von ihrer eigenen Kühnheit überwältigt, mit Tränen in den Augen. Monpti folgt ihr und entdeckt, daß sie in Wirklichkeit in einem erbärmlichen Hotel wohnt. Er fühlt sich bitter getäuscht, ohrfeigt Anne-Claire auf offener Straße und besteigt ein Taxi. Anne-Claire, außer sich, will ihm folgen, läuft auf die Straße und wird überfahren. Montpi besucht sie im Krankenhaus und will wissen, warum sie ihn getäuscht hat. Anne-Claire gesteht, daß sie in Wirklichkeit Waise und bettelarm ist, und ihm die Wahrheit vorenthalten hat, um ihn nicht zu verlieren. Monpti weiß, daß er sie heiraten wird, sobald sie gesund ist. Am Tag darauf erfährt er, daß Anne-Claire in der Nacht gestorben ist.

›Filmbeobachter‹:
›Romy Schneider spielt hier ihre bislang beste Rolle.‹

11. SCAMPOLO
1957, BRD, UFA, 100 Min.
Regie: Alfred Weidenmann
Drehbuch: Ilse Lotz-Dupont, Franz Höllering, Herbert Reinecker nach der Komödie von Dario Niccodemi
Aufnahmeleitung: Bruno Mondi (Agfacolor)
Musik: Hans Martin Majewski (mit dem SFB-Orchester Berlin und dem Johannes Rediske Quintett)
Dekorationen: Rolf Zehetbauer, Gottfried Will
Schnitt: Carl Bartning
Regieassistenz: Wieland Liebske
Kamera: Herbert Geier
Masken: Jupp Paschke, Werner Schröder
Kostüme: Ilse Dubois
Ton: Fritz Schwarz
Produktionsleitung: Georg M. Reuther
Produktion: Rhombus Films

Besetzung: *Romy Schneider* (Scampolo), Paul Hubschmid (Roberto Costa), Viktor de Kowa (Minister), Georg Thomalla

(Andreas Michelis), Eva-Maria Meinecke (Sabina Falconi),
Franca Parisi (Franca), Peter Carsten (Cesare), Elisabeth Flik-
kenschildt (Marietta), Wolfgang Wahl (Baptista), Stanislav Ledi-
nek (Flavio), Walter Rilla (Lombardo), Willy Millowitsch (Bürgermeister).

Capris Nachbarinsel Ischia in der Bucht von Neapel besitzt nur
einen Reichtum, die Fremden. Scampolo, ein hübsches Waisen-
mädchen von achtzehn Jahren, betätigt sich auf Rundfahrten, die
ihr Freund Baptista als Chauffeur organisiert, als Fremdenführe-
rin. Das reicht gerade zum Leben . . . Scampolo ist ganz allein auf
der Welt und besitzt nur eine Freundin, Marietta, die Wäscherin,
die sie lehrt, vor den Männern auf der Hut zu sein. Cesare, ein
junger Karabinieri, ist sehr in Scampolo verliebt, sie aber
betrachtet ihn sorglos als Kameraden. Eines Tages macht sie die
Bekanntschaft Roberto Costas, eines charmanten, aber mittello-
sen Architekten. Sehr bald fühlt sich Scampolo zu ihrem neuen
Freund hingezogen und vergißt Mariettas Warnungen. Costa ist
von der Frische und Aufrichtigkeit des Naturkindes bezaubert. Er
kann sich aber über seine Gefühle nicht klar werden, was die
schöne und reiche Sabina Falconi irritiert, die eifersüchtig auf die
niedliche frische Scampolo ist. Scampolo erobert das Herz des
Ministers Galeni, der mit Sabina befreundet ist. Mit Energie und
Geistesgegenwart verhilft das junge Mädchen Costa zu einem
1. Preis für architektonische Gestaltung und zu interessanten
Aufträgen. Costa beschließt, Scampolo zu heiraten.

12. SCHICKSALSJAHRE EINER KAISERIN
1957, Österreich, UFA, 106 Min.
Regie und Drehbuch: Ernst Marischka
Aufnahmeleitung: Bruno Mondi (Agfacolor)
Musik: Anton Profes (u. Werke von Joh. Strauß und einen
Auszug aus ›Chor der Gefangenen‹ aus ›Nabucco‹ von Verdi)
Chor: Willy Fränzl
Dekorationen: Fritz Jüptner-Jonstorff
Schnitt: Alfred Srp
Regieassistenz: Rudolf Zehetgruber
Kamera: Herbert Geier (Assistenz: Kurt Junek)
Masken: Rudolf Ohlschmidt, Leopold Kuhnert
Kostüme: Gerdago und Leo Bei

Ton: Herbert Janeczka
Produktionsleitung: Karl Ehrlich
Produktion: Ernst Marischka (Erma Film Wien).
Besetzung: *Romy Schneider* (Sissi), Karlheinz Böhm (Franz), Magda Schneider (Herzogin Ludovika), Gustav Knuth (Herzog Max), Uta Franz (Helene), Vilma Degischer (Erzherzogin Sophie), Senta Wengraf (Gräfin Bellegarde), Walther Reyer (Graf Andrassy), Josef Meinrad (Böckl), Erich Nikowitz (Erzherzog Franz-Karl), Karl Fochler (Graf Grünne), Hans Ziegler (Dr. Seeburger), Helene Lauterböck (Gräfin Esterhazy), Klaus Knuth (Ludwig), Sonja Sorell (Henriette Mendel), Peter Neusser (Graf Batthyani), Ida Gabor (Margit), Franca Parisi (Teresa), Chariklia Baxevanos (Helena), Albert Rueprecht (Erzherzog Ferdinand-Max), Johannes Ferigo (Graf Czaky), Dolores Hubert (Krankenschwester), Egon von Jordan (Carlo), Walter Regelsberger (Graf Windischgraetz), Oskar Wegrostek (Berater), Herbert Prikopa (italienischer Koch), und die Kinder Helga Jesch, Eve Augustin, Brigitte Stanzl, Ursula Krumml, Susie Nejedly, Edi Waschmann, Bernd Rantcheff.

Seit der Geburt Prinzessin Giselas sind vier Jahre vergangen. Die junge Kaiserin hält sich vorwiegend mit ihrer Tochter in Ungarn auf, wobei sie sich zur Aufgabe gemacht hat, die ehemaligen Aufständischen für die Sache Österreichs zu gewinnen. In Wien verbreitet Erzherzogin Sophie Gerüchte über die Freundschaft, die Sissi mit dem Grafen Andrassy verbindet. Liebt der Würdenträger möglicherweise seine Herrscherin? Franz vertraut Sissi, will sie aber trotzdem in Ungarn besuchen. Verschiedene Vorfälle halten ihn auf, so daß er sie erst auf der Rückreise von Ungarn nach Österreich trifft. Man beschließt, auf dem Lande ein wenig Erholung zu suchen. Da aber erkrankt Sissi an der Lunge und wird auf Anraten des Leibarztes auf der Stelle nach Madeira zur Erholung geschickt. Die junge Frau kommt nach und nach wieder zu Kräften und begibt sich nach Griechenland. Dann trifft sie, zu ihrer beider Glück, mit Franz in Italien zusammen, wo die Provinzen Lombardei und Venetien Sorge machen. In Mailand und später in Venedig stößt das kaiserliche Paar auf Feindseligkeit. Als man ihr die Tochter zuführt, die sie so lang entbehren mußte, stürzt Sissi in übergroßer Freude auf ihr Kind zu. Diese mütterliche Geste gewinnt ihr die Herzen der versammelten Menge. Sissi hat wieder einmal gesiegt.

›Le Figaro‹, September 1958:
›Ein Erfolg – Romy Schneider hat nichts an Grazie und Talent
verloren. Der Film ist sehr angenehm.‹
›L'Humanité‹, September 1968:
›Romy Schneider – verführerischer denn je.‹
›L'Aurore‹, September 1968:
›In diesem gut gemachten Film zeigt Romy Schneider, schön und
sensibel, eine hervorragende Leistung.‹

13. MÄDCHEN IN UNIFORM
1958, deutsch-französische Koproduktion, Gloria (in Deutsch-
land), S.N.C. (in Frankreich), 94 Min.
Regie: Geza Radvanyi
Drehbuch: Franz Höllering, F. D. Andam nach dem Roman
›Mädchen in Uniform‹ von Christa Winsloe
Aufnahmeleitung: Werner Krien (Eastmancolor)
Musik: Peter Sandloff
Dekorationen: Emil Hasler, Walter Kutz
Ton: Clemens Tütsch
Schnitt: Ira Oberberg
Regieassistenz: Eva-Ruth Ebner
Kostüme: Manon Hahn
Produktionsleitung: Helmut Ungerland
Produktion: Gloria CCC Film Berlin und Films Modernes/Emile
Nathan S.N.C. Paris.

Besetzung: *Romy Schneider* (Manuela von Meinhardis), Lilli
Palmer (Frl. v. Bernburg), Therese Giehse (Schulleiterin), Sabine
Sinjen (Ilse), Christine Kaufmann (Mia), Ginette Pigeon (Edel-
gard von Kleist), Marthe Mercadier (Frau Aubert), Paulette
Dubost (Johanna), Danik Patisson (Alexandra), Adelheid Seeck
(Prinzessin), Blandine Ebinger (Frl. v. Racket), Gina Albert
(Marga), Margaret Jahnen (Miß Evans), Ulla Moritz (Jossy),
Roma Bahn (Schneiderin), Tessy Aselmeier (Hertha), Edith
Helou (Frau von Ehrenhardt), Lou Seitz (Köchin), Edith Adana
und Käthe Kamossa (Lehrerinnen).

1910 in Potsdam.
Nach dem Tod der Mutter wird Manuela von Meinhardis in ein
Pensionat für höhere Töchter gegeben, wo sie eine standesge-
mäße Bildung erhalten soll. Das äußerst sensible junge Mädchen

205

gewöhnt sich nur schwer an die strenge Disziplin der neuen Umgebung, doch gelingt es ihr nach und nach unter der freundlichen Anleitung Frl. v. Bernburgs. Im Verlauf eines Gesprächs mit der Schülerin wird Frl. v. Bernburg klar, daß aus Manuelas anfänglicher Dankbarkeit regelrechte Verehrung geworden ist. Das beunruhigt die Lehrerin, die ihrerseits für das junge Mädchen zärtliche Zuneigung empfindet. Nach einer Schulaufführung von ›Romeo und Julia‹ betrinkt sich Manuela und verkündet vor den versammelten Schülerinnen ihre Leidenschaft für Frl. v. Bernburg. Die Rektorin ist empört und will Manuela von der Schule verweisen. Frl. v. Bernburg setzt sich vergeblich für sie ein und kündigt schließlich. Als Manuela davon erfährt, versucht sie, sich das Leben zu nehmen. Die verunsicherte Rektorin mildert ihre Methoden etwas; Frl. v. Bernburg aber verläßt das Pensionat . . .

›Ciné-Revue‹, November 1958:
›Der Film, für den Geza Radvanyi verantwortlich zeichnet, hat solide Qualitäten. Man folgt der Handlung mit großer Aufmerksamkeit, denn die Dramatik des Themas wird geschickt herausgearbeitet. Lilly Palmers und Romy Schneiders eindrucksvolle Leistung verleihen dem Film seine wahre Bedeutung.‹

14. CHRISTINE (›Christine‹)
1958, französisch-italienische Koproduktion, Cinédis, 109 Min.
Regie: Pierre Gaspard-Huit
Drehbuch: Pierre Gaspard-Huit, Hans Wilhelm, nach Arthur Schnitzlers ›Liebelei‹
Dialoge: Georges Neveux
Aufnahmeleitung: Christian Matras (Eastmancolor)
Musik: Georges Auric (Dirigent: Jacques Metehen)
Lieder: ›Les amants de quatre sous‹ von Georges Auric und ›Ave Maria‹ von Franz Schubert
Dekorationen: Jean d'Eaubonne, Wolf Witzemann
Ton: Antoine Petitjean
Schnitt: Henri Taverna
Regieassistenz: Pierre Lary, Philippe Baraduc
Kamera: Gilbert Chain
Masken: Anatole und Madeleine Paris
Kostüme: Rosine Delamare
Produktionsleitung: Henri Baum, Ulrich Pickardt

Produktion: Michel Safra (Speva Films/Play-art Paris – Rizzoli Films Rom).

Besetzung: *Romy Schneider* (Christine Weiring), Alain Delon (Franz Lobheiner), Jean-Claude Brialy (Theo Kaiser), Sophie Grimaldi (Mizzie), Micheline Presle (Baronin Eggersdorf), Fernand Ledoux (Herr Weiring), Jean Galland (Baron Eggersdorf), Jacques Duby (Josef Binder), François Chaumette (Vimmer), Bernhard Dhéran (Hauptmann Lansky), Jacques Toja (Schaffer), Jean Lagache (Linz), Jean Davy (Offizier), Josef Egger (Hausmeister), Claudine Auger (Tänzerin in Grinzing).

Wien im Jahre 1906.
Baronin Lena Eggersdorf unterhält seit einem Jahr eine Beziehung zum jungen Franz Lobheiner, Leutnant beim 14. Dragonerregiment. Franz möchte das Verhältnis lösen, weiß aber nicht, wie er es anstellen soll. Eines Abends geht er mit seinem Freund, Oberleutnant Theo Kaiser, nach Grinzing, wo sie die Bekanntschaft zweier junger Mädchen machen: Christine, sanft und blond, und Mizzie, brünett und kapriziös. Während sich zwischen Theo und Mizzie ein handfester Flirt anbahnt, schauen sich der schüchterne Franz und die ebenso schüchterne Christine nur in die Augen und getrauen sich nicht zu sprechen. Christine ist die Tochter eines Musikers bei der Oper und mit einem langweiligen Komponisten, Binder, so gut wie verlobt. Zwischen Franz und Christine entwickelt sich eine zarte Beziehung, und sie schwören sich bei einem Spaziergang durch den Wienerwald ewige Treue. Franz beschließt, nun endgültig mit Lena zu brechen. Während einer Galavorstellung in der Oper macht er sich heimlich davon, um den Beschluß in die Tat umzusetzen. Lenas Ehemann, Baron Eggersdorf, bemerkt von seiner Loge aus, wie Franz sich davonstiehlt, und geht ihm nach. Er trifft gerade noch rechtzeitig zu Hause ein, um Franz davoneilen zu sehen. Er hat mit Lena gebrochen, und sie haben ihre Liebesbriefe verbrannt. In Lenas Schreibtisch findet der Baron jedoch einen Schlüssel. Ist es der Schlüssel zu Franz' Wohnung? Der Baron vergewissert sich und kommt hinzu, wie Franz gerade seinen Freunden freudestrahlend die bevorstehende Hochzeit mit Christine ankündigt. Der betrogene Ehemann fordert Franz zum Duell. Als Beleidigter bestimmt er die Bedingungen. Man einigt sich auf Pistolen, und der Baron wird den ersten Schuß aus 20 Schritten Entfernung

abgeben . . . Eben will Christine ihrem Franz erzählen, daß man
sie als Sängerin an der Oper engagiert hat, da erfährt sie, daß er
bei dem Duell den Tod gefunden hat. Völlig gebrochen tritt sie
auf den Balkon ihres Zimmers hinaus, vor dem gerade Franz'
Regiment vorbeimarschiert. Von plötzlichem Schwindel gepackt,
stürzt sie vor den Augen des Vaters, Theos und Mizzies in die
Tiefe. Sie ist Franz gefolgt, für immer.

15. DIE HALBZARTE
1958, Österreich, UFA, 91 Min.
Regie: Rolf Thiele
Drehbuch: Hans Jacoby, Fritz Rotter
Aufnahmeleitung: Klaus von Rautenfeld (Agfacolor)
Musik: Hans Martin Majewski
Dekorationen: Bele Bachem
Schnitt: Otto Pischinger, Herta Hareiter
Ton: Hans Riedl
Masken: Raimund Stangl, Leopold Kuhnert
Kostüme: Erika Russ
Produktionsleitung: Karl Ehrlich
Produktion: Cosmopol Films Wien.

Besetzung: *Romy Schneider* (Nicole Dassau und Eva), Carlos
Thompson (Dott), Magda Schneider (Frau Dassau), Josef Mein-
rad (Herr Dassau), Gertraude Jesserer (Brigitte Dassau), Alfred
Costas (Thomas Dassau), Rudolf Forster, Erni Mangold, Helmut
Lohner, Benno Hoffmann, Richard Eybner.

In Wien leben die Dassaus – eine äußerst fantasiebegabte
Familie. Der Vater ist Postangestellter und schreibt Kriminalro-
mane. Die Mutter komponiert Liebeslieder; der Sohn Thomas ist
Balancekünstler und Brigitte, die jüngere Tochter, ist Malerin.
Alle sind reicher an Hoffnung als an Talent oder Erfolg. Die
ältere Tochter, die als Verkäuferin in einer großen Buchhandlung
arbeitet, schwärmt für moderne Lyrik. Um der Familie zu helfen,
beschließt sie, ein Skandalbuch zu schreiben, um die Einnahmen
zu verbessen. Das Resultat ihrer Bemühungen übertrifft alle
Erwartungen. Der Erfolg ist gewaltig. Auch ein amerikanischer
Verleger, Dott, will die Rechte erwerben, aber zuvor die Autorin,
Eva, kennenlernen . . . ! Dott erkennt sehr bald, daß die verfüh-

rerische Eva keineswegs so kühn ist, wie sie vorgibt. Er verliebt sich in sie und entdeckt nach allerlei Hin und Her, daß sie in Wirklichkeit weiter nichts ist als Nicole Dassau, ein nettes junges Mädchen. Er heiratet sie. Einzige Bedingung: Für die begeisterten Leser muß sie Eva, die Verruchte, bleiben . . .

16. EIN ENGEL AUF ERDEN / MADEMOISELLE ANGE

1959, deutsch-französische Koproduktion, UFA (in Deutschland), S.N.C. (in Frankreich), 86 Min.
Regie: Geza Radvanyi
Drehbuch: René Barjavel, Geza Radvanyi
Aufnahmeleitung: Roger Hubert (Eastmancolor)
Musik: Jean Wiener
Dekorationen: Jean d'Eaubonne
Schnitt: René le Hénaff
Ton: Julien Coutellier
Regieassistenz: Mariska und Oliver Gérard
Kamera: Adolphe Charlet
Masken: Daudin
Produktionsleitung: Adolf Rosen
Produktionsassistenz: Arys Nissotto
Produktion: Regina-Critérion Film Paris – CCC Film Berlin.

Besetzung: *Romy Schneider* (Engel und Stewardeß), Henri Vidal (Pierre Chaillot), Jean-Paul Belmondo (Michel), Michèle Mercier (Augusta), Jean Brochard (Vater der Stewardeß), Paulette Dubost (Mutter der Stewardeß), Jean Tissier (Magier), Margarete Haagen (Chef-Engel), Erika von Thellmann (Augustas Tante), Ernst Waldow (Corelli), Gérard Darrieu (Flughafenangestellter), Mario Beunat (Kommentator), Jean Panisse (Feuerwehrmann) und Franz Otto Krüger, Albert Dinan, Jean Worms, Anny Nelsen, Bob Lerick.

Die Stewardeß der ›Angel Air Lines‹ ist bis über beide Ohren in den Rennfahrer Pierre Chaillot verliebt. Dieser ist im Begriff, Prinzessin Augusta zu heiraten, die am Tag der Hochzeit mit einem Sänger durchbrennt. Aus Verzweiflung will Pierre sich das Leben nehmen. Seinem Schutzengel in Gestalt der Stewardeß gelingt es, ihn davon abzuhalten. Pierre verliebt sich in den Engel, der seinerseits jedoch ein Faible für den gutaussehenden Piloten hat. Auf Anordnung des ›Chef-Engels‹ verschwindet der Engel aus Pierres Gesichtskreis, und Pierre versöhnt sich mit Augusta, die zu ihm zurückgekehrt ist. Sein unsichtbarer Engel läßt ihn den Großen Preis von Monaco gewinnen. Nach dem Rennen erscheint ihm der Engel, und der Sieger erkennt, wohin er gehört. Die kleine Stewardeß verwirklicht ihren Traum.

17. DIE SCHÖNE LÜGNERIN / LA BELLE ET L'EMPEREUR

1959, deutsch-französisch, UFA (in Deutschland), S.N.C. (in Frankreich), 94 Min.
Regie: Axel von Ambesser
Drehbuch: Maria Matray, Answald Krüger, nach der Komödie von Just Scheu und Ernst Nebhut
Bearbeitung: Jean-Bernard Luc, Pierre O'Connell
Dialoge: J. B. Luc
Aufnahmeleitung: Christian Matras (Eastmancolor)
Musik: Bernhard Eichhorn
Chor: Sabine Ress
Dekorationen: Herbert Kirchhoff, Albrecht Becker
Schnitt: Alice Ludwig-Rasch
Ton: Hans Ebel, Werner Pohl
Regieassistenz: Karl Stanzl
Kostüme: Paul Seltenhammer
Masken: Jupp Paschke, Heinz Fuhrmann, Herbert Grieser
Produktionsleitung: Helmut Ungerland, Pierre Bochart
Produktion: Gyula Trebitsch (Real Film Hamburg – Regina S.A. Paris).

Besetzung: *Romy Schneider* (Fanny), Jean-Claude Pascal (Zar Alexander I.), Helmut Lohner (Martin), Charles Regnier (Metternich), Paul Guers (Baron d'Aurignac), Hans Moser (Fannys Großvater), Jacqueline Marbaux (Fürstin Metternich), Josef Meinrad (Baron Hager, Polizeichef), Vera Valmont (Kaiserin Marie-Luise), Marcel Marceau (der Mime), Rolf Wanka (Graf Waldau), Helmut Qualtinger (Zawadil), Hans Schwarz (Fürst Razumowski), Erik von Loewis (General Seidelbast), Willi Maertens (Graf Schleizenstein), Franz Schafheitlin (Lord Stewart), Margaret Hruby (Lady Stewart), Lou Seitz (Gräfin Haschlowitz), Fritz Eckhardt, Gerhard Bronner, Joachim Wolff.
Wien 1815.

Fanny, die hübsche Miederwarenhändlerin, bemerkt, daß Martin, der Auserwählte ihres Herzens, sie belogen hat. Er ist nicht Kammerdiener des Fürsten Metternich, sondern Privatsekretär und obendrein noch echter Graf. Zum Abschluß eines großen Kongresses, auf dem die bedeutendsten Staatsmänner Europas zusammenkommen, soll am Abend im Palast des Fürsten ein Ball stattfinden. Als Musiker verkleidet schleicht sich Fanny in den Palast und leiht sich von der Fürstin eine Ballrobe. Durch Zufall gerät sie in die Nähe des Zaren Alexander I., der mit ihr den Ball eröffnet. Er ist von ihr begeistert und besucht sie bereits am folgenden Tage in der einfachen Wohnung, in der sie mit ihrem Großvater lebt. Fanny gibt vor, russischer Flüchtling zu sein. Eine Überprüfung durch die Polizei des Zaren ergibt, daß sie Spionin in den Diensten Napoleons ist. Um diesen Verdacht zu entkräften behauptet Fanny, Napoleon sei von der Insel Elba geflohen und bereits in Frankreich gelandet. Darauf wird die allgemeine Mobilmachung angeordnet. Erschrocken über die Folgen ihres Tuns, widerruft Fanny ihre Mitteilung. Da meldet eine Depesche die tatsächliche Rückkehr Napoleons. Der Zar erhebt Fanny in den Rang einer Gräfin. Nun kann sie endlich, als Ebenbürtige, ihren geliebten Martin heiraten.

18. KATIA (Katja – die ungekrönte Kaiserin)
1959, Frankreich, Cinédis, 93 Min.
Regie: Robert Siodmak
Drehbuch: Charles Spaak nach dem Roman der Prinzessin Bibesco
Dialoge: Georges Neveux
Aufnahmeleitung: Michel Kelber (Eastmancolor)
Musik: Joseph Kosma
Dekorationen: Jean d'Eaubonne
Ton: Antoine Petitjean
Schnitt: Louisette Hautecoeur
Regieassistenz: Ulrich Pickardt, Guy Blanc
Kamera: Wladimir Ivanow
Masken: Georges Bouban, Jack Narval
Kostüme: Rosine Delamare (Uniformen: André Basq)
Produktionsleitung: Henri Baum
Produktion: Michel Safra (Speva Films Paris).
Besetzung: *Romy Schneider* (Katja Dolgoruke), Curd Jürgens

(Zar Alexander II.), Pierre Blanchar (General Kubaroff), Antoine Balpêtré (Kilbatschisch), Monique Mélinand (Zarin Maria Alexandrowna), Françoise Brion (Sophie Perowski), Jacqueline Marbaux (Mlle Trepeau), Alain Saury (Solowiew), Michel Bouquet (Jeliabow), Bernard Dhéran (Ryssakow), Hubert Noel (Michel Dolgoruki), Gabrielle Dorziat (Leiterin des Pensionats), Yves Barsacq (Katurin), Margo Lion (Aufpasserin im Pensionat), Paul Mercey (Herbergsvater), Germaine Delbat (Kindermädchen), Lazslo Szabo (1. Student), Claude Carliez (2. Student), Georges Lycan (Gefängnisbeamter), Pierre-Jean Moncorbier (Onkel von Ryssakow), Hans Unterkircher (Paskiewitsch), Jacques Bertrand (Soldat beim Onkel), Senta Berger (junge Frau am Hofe des Zaren), außerdem Yves Gladine, Marcel d'Orval, Helene Lauterböck, Egon von Jordan, Hans Czeike.

Von 1861 bis 1881 in St. Petersburg und Paris.
Im Institut Smolny, einer Anstalt für Töchter des weniger begüterten Adels, wird Katja Dolgoruki bestraft. Man hat unter ihrem Kopfkissen ein Bild des Zaren Alexander II. gefunden. Katja behauptet, der Zar selbst habe ihr das Bildnis gesandt. Eines Tages stattet der Herrscher dem Institut einen Besuch ab. Die vor Angst zitternde Katja wird dem Zaren vorgeführt, der auf ihre flehentlichen Blicke hin ihre Behauptung wegen des Bildes bestätigt. Dann verlangt er, einen Spaziergang mit ihr zu machen, um ihr die Leviten zu lesen, wie er sagt. Bezaubert von der Frische und dem Charme der anmutigen Katja sorgt er dafür, daß die Dolgorukis wieder zu Geld kommen, und Katjas Bruder Michel in der Armee befördert wird. Doch der Bruder wird bei einem Duell getötet. Jeden Tag besucht der Zar seinen Schützling. Zwischen beiden entwickelt sich eine tiefe Leidenschaft. Um entsprechenden Gerüchten ein Ende zu machen, schickt er Katja zu einem Bildungsaufenthalt nach Paris. Einige Monate später trifft er anläßlich eines Besuches bei Napoleon III. wieder mit ihr zusammen, und sie wird seine Geliebte. Nach ihrer Rückkehr nach Petersburg nimmt Katja an den Sorgen des Geliebten teil. Seine Reformen haben ihm die Feindschaft der Privilegierten eingetragen, ohne die Aufständischen zu versöhnen. Die Zarin stirbt vor Kummer und Krankheit. Alexander heiratet heimlich Katja und verspricht ihr, sie zur neuen Herrscherin zu machen. Die Verkündigung der Verfassung soll das Krönungsgeschenk

Curd Jürgens und Romy Schneider: ›Katia‹ (Katja – Die ungekrönte Kaiserin, 1959)

sein. Am Vorabend des großen Tages begibt er sich zu einer Militärparade. Diesen Augenblick nutzen Revolutionäre zu einem Anschlag auf sein Leben. Sophie Perowski wirft eine Bombe auf den Wagen des Zaren. Tödlich verletzt wird er in die Galerie des Palastes getragen, wo er in den Armen seiner einzigen Liebe, seines ›blauen Dämonen‹ – Katja – stirbt.

›Filmdienst‹:
›Publikumswirksamer Bilderbuchfilm über die Geliebte des Zaren Alexander II., der 1918 einem Attentat zum Opfer fällt, ehe er die junge Dame zur Zarin krönen kann. Eine Art ‚Sissi‘ mit russifiziertem Namen.‹

213

19. PLAIN SOLEIL (Nur die Sonne war Zeuge)

1959, französisch-italienisch, C.C.F.C., 115 Min.
Regie: René Clément
Drehbuch: René Clément und Paul Gégauff nach dem Roman
›Mr. Ripley‹ von Patricia Highsmith
Aufnahmeleitung: Henri Decae (Eastmancolor)
Musik: Nino Rota
Dekorationen: Paul Bertrand
Schnitt: Françoise Javet
Ton: Jean-Claude Marchetti
Produktion: Paris Film Production Paris – Titanus Rom.

Besetzung: Alain Delon (Tom Ripley), Maurice Ronet (Philipp
Greenleaf), Marie Laforêt (Marge), in weiteren Rollen: Elvire
Popesco, Billy Kearns, Frank Latimore, Ave Ninchi, Erno Crisa,
Paul Muller.
Romy Schneider hat hier nur einen ganz kurzen Auftritt.
Ein amerikanischer Millionär beauftragt Tom Ripley, seinen Sohn
Philipp Greenleaf zu hoen, der in Europa das ›süße Leben‹
genießt. Philipp beleidigt und demütigt Tom derart, daß dieser ihn
tötet und sich für ihn ausgibt. Toms Zukunft scheint gesichert – da
schlägt das Schicksal zu . . .

20. BOCCACCIO 70 / BOCCACE 70

1961, französisch-italienisch, Cinédis (in Frankreich), 156 Min.
Zweite Episode: IL LAVORO, 55 Min.
Regie: Luchino Visconti
Drehbuch: L. Visconti, Suso Cecchi d'Amico (nach einer Idee
von Cesare Zavattini), nach der Novelle ›Au bord du lit‹ von Guy
de Maupassant
Musik: Nino Rota
Dekorationen: Mario Garbuglia
Schnitt: Mario Serandrei
Kostüme von Romy Schneider: Coco Chanel
Frisuren von Romy Schneider: Alexandre
Produktionsleitung: Sante Chimirri
Produktion: Carlo Ponti, Antonio Cervi (Concordia Compania
Cinematografica Cineriz Rom – Francinex Gray Films Paris).
Besetzung: *Romy Schneider* (Pupé), Tomas Milian (Graf Ottavio,
Paolo Stoppa, Romolo Valli, Amedeo Girard (Anwälte).

214

Graf Ottavio gehört im Mailänder Adel zu denen, die von sich reden machen. Er hat soeben ein Weekend am Bodensee verbracht, als ihn ein Anruf seiner Anwälte nach Mailand zurückruft. Er findet die drei Anwälte in heller Aufregung in seinem Luxusappartement: Die Abendzeitungen haben in großer Aufmachung über seine Verwicklung in einen Callgirl-Skandal berichtet. Er hat den Damen für ihre Gunst insgesamt 800 000 Lire zukommen lassen. Der Graf ist zwar wohlhabend, aber sein Vermögen ist nichts im Vergleich zu dem seiner hinreißenden jungen Frau: Pupé. Sie ist deutscher Abkunft und ihr Vater ein mächtiger Mann mit strengen Moralbegriffen. Als ihm der Skandal zu Ohren kommt, läßt er seiner Tochter alle Konten sperren. Der Graf braucht aber gerade jetzt ihre Unterstützung. Sie entschuldigt zwar die Torheiten ihres Mannes, fühlt sich jedoch in ihrem Stolz verletzt und schwelgt bereits in Gedanken an ihre Rache, denn sie wird fortan ihrem Gatten ihre Reize nur noch gegen Geld anbieten . . .

›Cinéma 62‹, Nr. 67:
›Romy Schneider, Schäferin aus Sachsen, die sich in Sachen Sex ausgezeichnet bewährt, ist großartig.‹
Die anderen Episoden stammen von Vittorio de Sica (mit Sophia Loren); Federico Fellini (mit Anita Ekberg). Die vollständige Version hätte noch eine vierte Episode enthalten, die aber nicht nur Aufführung gelangte. Regie führte hierbei Mario Monicelli (mit Marisa Solinas).

21. LE COMBAT DANS L'ILE (Der Kampf auf der Insel)
1961, Frankreich, C.F.D.C/U.G.C., 104 Min.
Regie: Alain Cavalier
Drehbuch: Alain Cavalier (Mitwirkung von Louis Malle)
Dialoge: Jean-Paul Rappeneau
Aufnahmeleitung: Pierre Lhomme (schwarzweiß)
Musik: Serge Nigg
Dekorationen: Bernard Evein
Ton: André Hervée
Schnitt: Pierre Gillette
Regieassistenz: Philippe Collin, Nicolas Ribowski
Kamera: Jean-Marie Maillols
Masken: Janine Lankshear

Produktionsleitung: Fred Surin
Produktion: Nouvelles Editions de Films Paris.

Besetzung: *Romy Schneider* (Anne), Jean-Louis Trintignant (Clément), Henri Serre (Paul), Pierre Asso (Serge), Diana Lepvrier (Cécile), Robert Bousquet (Lucien), Jacques Berlioz (Cléments Vater), Armand Meffre (André), Maurice Garel, Clara Tambour (Marthe) und die Stimme von Jean Topart.

Anne ist mit Clément, einem Industriellensohn von heftigem, eifersüchtigem und verschlossenem Charakter verheiratet. Er gehört einer Extremistengruppe an, deren Chef, Serge, starken Einfluß auf ihn ausübt und ihn schließlich zu einem Attentat auf einen Abgeordneten der Linken anstiftet. Das Attentat geschieht am hellichten Tag mitten in Paris. Serge warnt Clément, er sei angezeigt worden. Clément flieht, und Anne, die seine ständigen Krisen kaum noch ertragen kann, begleitet ihn. Sie gelangen in die Normandie zu einem Freund, Paul, der dort in einer Mühle an der Seine ein friedliches Leben führt. Der Pazifist Paul hat kein Verständnis für Clément und weist ihm die Tür. Clément hat inzwischen erfahren, daß Serge selbst ihn angezeigt und auch den Abgeordneten vor dem Anschlag auf sein Leben gewarnt hat. Rasend vor Wut beschließt er, Serge zu erschlagen. Anne versucht vergeblich, ihn davon abzubringen. So bleibt sie allein zurück. Als sie krank wird, pflegt Paul sie, und die beiden lernen sich kennen und lieben. Die Ruhe und Kraft des Freundes sind wohltuend. Während Clément Serge in Argentinien zur Strecke bringt, ziehen die beiden nach Paris und leben dort zusammen. Paul hat Anne dazu überredet, in ihren alten Schauspielerberuf zurückzukehren. Da taucht Clément wieder auf und versucht, Anne zurückzugewinnen. Sie weist ihn ab, wobei er erfährt, daß sie ein Kind von Paul erwartet. Darauf fordert er Paul zum Duell, der aber weigert sich. Clément und ein Gehilfe verprügeln Paul, um ihn auf diese Weise zum Kampf aufzureizen. Paul weigert sich immer noch. Er kehrt mit Anne in die Mühle zurück. Clément folgt ihnen, schießt auf die Mühle und verletzt Anne. Nun nimmt Paul die Herausforderung an, und es gelingt ihm durch eine List, seinen Widersacher zu töten. Anne hat gelähmt vor Angst tatenlos zugesehen. Dann aber stürzt sie in Pauls Arme, auf dessen Überleben sie nicht zu hoffen gewagt hatte.
Romy spricht hier zum erstenmal ihre Rolle in Französisch.

216

›Cahiers du Cinema‹, November 1962:
›Eine Schauspielführung von großer Sensibilität, in der Romy Schneider brilliert, die bereits von Visconti verwandelt wurde.‹
›Hamburger Abendblatt‹, September 1962:
›Romy Schneider ist sensationell in ihrer Wandlung zur imponierenden Schauspielerin. Jede ihrer Szenen hat Faszination. Man muß sie sehen, wie sie sich zwischen zwei so eigenwilligen Partnern wie Jean-Louis Trintignant und Henri Serre behauptet.‹

22. LE PROCÈS / IL PROCESSO / DER PROZESS
1962, französisch-italienisch-deutsch, UFA/Comacico, 120 Min.
Regie: Orson Welles
Drehbuch und Dialoge: Orson Welles nach dem Roman ›Der Prozeß‹ von Franz Kafka
Aufnahmeleitung: Edmont Richard (Schwarzweißfilm)
Musik und Arrangement: Jean Ledrut (Leitmotiv ›Adagio‹ von Albinoni)
Dekorationen: Jean Mandaroux
Kamera: Adolphe Charlet
Masken: Louis Dor
Kostüme: Hélène Thibault
Bilder des Prologs: A. Alexeieff und Claire Parker
Produktionsleitung: Robert Florat
Produktion: Alexander und Michel Salkind (Paris, Europa Productions Paris – Hisa Film München – Fi.C.it. Roma)
Produktionsassistenz: Paul Laffargue

Besetzung: Anthony Perkins (Joseph K.), Jeanne Moreau (Frl. Burnster), Elsa Martinelli (Hilda), *Romy Schneider* (Leni), Suzanne Flon (Frl. Pittl), Madeleine Robinson (Frau Grubach), Orson Welles (Anwalt Hastler), Akim Tamiroff (Bloch), Arnoldo Foa (Inspektor), Fernand Ledoux (Oberster Gerichtsschreiber), Maurice Teynac (stellvertr. Direktor), Billy Kearns, Jess Hahn (Unterinspektoren), Michel Lonsdale (Priester), Raoul Delfosse (1. Henker), Jean-Claude Remoleux (2. Henker), Wolfgang Reichmann (Gerichtsdiener), Thomas Holtzmann (Student), Mayora Shore (Irmie), Max Haufler (Onkel Max), Max Buchsbaum (Richter), Karl Studer (Mann mit der Peitsche), William Chapell (Titorelli). Die Rollen von Katina Paxinou (Weise Frau) und Roger Van Doude (Archivar) wurden herausgenommen.

Beim Erwachen findet K. morgens einen Fremden in seinem Zimmer. Dieser teilt ihm mit, er sei verhaftet. K. versucht gar nicht zu verstehen und frühstückt bei Frau Grubach, seiner Wirtin, die ihm berichtet, die Polizei habe das Zimmer Fräulein Burnsters, seiner Nachbarin, durchsucht. K. ist empört. Ein Polizeiinspektor teilt K. mit, daß er trotz seiner Verhaftung sein Leben ganz normal weiterführen könne. K. besucht Fräulein Brunster in deren Zimmer, plaudert mit ihr, küßt sie, als er aber von der Polizei anfängt, jagt sie ihn hinaus. Am Abend trifft K. das kranke Fräulein Pittel, eine Freundin der Burnster, die seinetwegen hatte ausziehen müssen. K. begibt sich zum Gericht. Hilda begleitet ihn bis zum riesigen, düsteren Saal. K. verhöhnt die Justiz. Er wird, nicht ohne Drohungen, entlassen. Der Onkel K.s rät ihm, einen Anwalt zu nehmen, einen gewissen Hastler, den er gut kennt. Beim Anwalt empfängt ihn dessen Mätresse, Leni. Der Anwalt will die Sache K.s vertreten. Leni führt K. in einen Raum voller Akten und bietet sich ihm an. Beim Fortgehen entdeckt K. einen alten Mann in einem Kabuff – es ist Bloch. Leni will nicht sagen, um wen es sich handelt und gibt K. einen Schlüssel, damit er sie besuchen kann. Im Gericht versucht Hilda, K. zu verführen. Der Gerichtsdiener führt ihn in die Amtsräume des Gerichts. K. wird übel und er möchte hinaus. Er kehrt zum Anwalt und zu Leni und Bloch zurück, der erklärt, ebenfalls angeklagt zu sein. Leni führt K. in das Zimmer des Anwalts. Dieser demütigt Bloch in Anwesenheit K.s und Lenis. Leni gibt K. die Adresse eines Malers, Titorelli, der ihm möglicherweise in seinem Prozeß von Nutzen sein kann. Nachdem er den Maler aufgesucht hat, betritt K. eine Kathedrale, wo ein Priester ihm mitteilt, daß er verurteilt sei. Der Anwalt erscheint wieder und macht K. wegen seines Fortgehens Vorwürfe. Zwei Männer bemächtigen sich K.s, schleifen ihn auf ein leeres Gelände und zwingen ihn, sich zu entkleiden, wagen aber nicht, ihn umzubringen. K. macht sich über sie lustig. Darauf entzünden die Mörder eine Stange Dynamit und schleudern sie auf ihr Opfer. K.s Lachen hallt durch den Raum, gefolgt von einer heftigen Explosion.

>La Cinématographie Française Index 1964<: >Orson Welles hat Romy Schneider, eine passionierte Schauspielerin von unbestreitbarer Ausstrahlung, sehr gut geführt.<

23. THE VICTORS (Die Sieger)

1962, USA, Columbia, 148 Min. (Ungekürzte Fassung 175 Min.)
Regie: Carl Foreman

Drehbuch: Carl Foreman nach dem Roman ›The Human Kind‹
von Alexander Baron
Aufnahmeleitung: Christopher Challis (Schwarz-Weiß Panavision)
Musik: Sol Kaplan (mit dem London Synphony Orchestra)
Lieder: ›Have Yourself a Merry Little Christmas‹ von H. Martin
und R. Blane, gesungen von Frank Sinatra, und ›March of the
Victors‹ von Douglass und Sol Kaplan.
Dekoration: Maurice Fowler
Ton: Buster Ambler, Robert Jones
Ton – Schnitt: Winston Ryder
Schnitt: Alan Osbiston
Kamera: Austin Dempster
Regieassistenz: Eric Rattray
Masken: Ernest Gasser, Wally Schneiderman
Kostüme: Olga Lehmann (unter Leitung von Elsa Fennell)
Frisuren: Gordon Bond
Technische Beratung: Hauptmann Rune Lundqvist
Künstlerische Beratung: Erik Estorick
Effekte: Cliff Richardson, Wally Veevers
Produktion: Carl Foreman (Highroad Productions)
Co-Produzent: Harold Buck

Besetzung: George Hamilton (Trower), George Peppard
(Chase), Eli Wallach (Craig), Vincent Edwards (Baker), Michael
Callan (Elridge), Rossana Schiaffino (Maria), *Romy Schneider*
(Regine), Melina Mercouri (Magda), Jeanne Moreau (die Französin), Elke Sommer (Helga), Senta Berger (Trudi), Albert
Finney (russischer Soldat), James Mitchum (Crogan), Peter
Fonda (Weaver), Tutte Lemkow (indischer Soldat), Mervyn
Johns (Dennis), Albert Lieven (Herr Metzger), Marianne Deeming (Frau Metzger), Alf Kjellin (Priester), James Chase (verurteilter Soldat), Peter Vaughan (Polizist), Malya Nappi (Bardame), Patrick Jordan (Tankiste), John Rogers (junger englischer
Soldat), Milo Sperber (Gefangener im Lager), Bee Duffle (Joan),
Alan Barnes (Tom), George Mikell und George Roubicek (russ.
Wachen), Elisabeth Eroy (junge Französin). Die Rollen von

Maurice Ronet (französischer Oberleutnant) und Joel Flateau (Jean-Pierre) wurden herausgenommen.

1942. – Während eines heftigen Bombenangriffs stehen Trower und Chase, zwei amerikanische Soldaten, Wache. Vor Angst verlassen sie ihren Posten.
1943. – Sizilien: Chase und Trower unterstehen dem energischen Feldwebel Craig. In einem verlassenen Dorf steht Trower an einer Musikbox. In einem anderen Dorf flirtet Baker mit einer jungen Bäuerin. Doch die Kompanie muß an die Front.
1944. – Craig und seine Kompanie stehen in der Normandie. Eine völlig verängstigte Französin flüchtet sich in Craigs Zimmer. Ostende: Trower bewundert eine Geigerin, Regine, die in einer Bar spielt. Auch Elridge, ein anderer Soldat, hat seine Absichten mit ihr. – Als Trower aus Brüssel zurückkehrt, hat Elridge Regine zur Prostituierten gemacht. Brüssel: Chase liebt die schöne Magda, die auf dem schwarzen Markt Geschäfte macht. Sie will ihn zum Desertieren überreden. Aber Chase verläßt sie und kehrt zu seiner Einheit zurück.
1945. – Berlin: Trower ist in Helga, eine junge Deutsche, verliebt, die er im sowjetischen Sektor besucht. Eines Nachts wird er von einem Soldaten der Roten Armee angerempelt. Es kommt zu einem Wortwechsel – schließlich töten sich beide gegenseitig. So enden die beiden jungen ›Sieger‹ zwischen den Ruinen eines Krieges, den zu kämpfen sie von so weit her gekommen waren.

24. THE CARDINAL (Der Kardinal)
1963. USA, Columbia, 176 Min.
Regie: Otto Preminger
Drehbuch: Robert Dozier nach dem Roman ›Der Kardinal‹ von Henry Morton Robinson
Aufnahmeleitung: Leon Shamroy (Technicolor-Panavision) u. Piero Portalupi (2. Mannschaft)
Musik: Jerome Moross (Leitung Leon Birnbaum)
Lieder: ›They haven't get the Girls in the USA‹, Text Al Stillman, gesungen von Robert Morse.
Liturgische Gesänge gesungen von den Mönchen der Abtei Casamari (Dirigent Pater Buttarazzi und Prior Scaccia), ›Halleluja‹ aus der Motette ›Exultate Jubilate‹ von Mozart, gesungen vom Wiener Jugendchor, Solistin Wilma Lipp.

Tom Tryon und Romy Schneider

Chöre: Buddy Schwats
Dekorations-Leitung: Lyle Wheeler
Dekoration: Gene Callahan, Guilio Sperabene
Künstlerische Leitung: Otto Niedermoser (Wien), Antonio Sarzi-Braga (Rom)
Ton: Harold Lewis
Schnitt: Louis R. Loeffler
Regieassistenz: Gerry O'Hara, Bob Vietro, Bryan Coates, Hermann Leitner, Robert Fiz, Eric von Stroheim jr.
Kameraassistenz: Jack Atcheler, Saül Midwall, Paul Uhl
Masken: Dick Smith, Robert Jiras
Kostüme: Donald Brooks (Koordinierung: Hope Bryce)
Herstellungsleitung: Harrisson Starr, Eva Monley, Henry Weinberger, Paul Waldherr (Wien), Guy Luongo (Rom).

Produktion: Otto Preminger (Gamma)
Produktionsassistenz: Martin C. Shute

Besetzung: Tom Tryon (Stephen Fermoyle), *Romy Schneider* (Anne-Marie Ledebur), Raf Vallone (Kardinal Quarenghi), Carol Lynley (Mona und Regina), John Huston (Kardinal Glennon), Burgess Meredith (Pater Halley), Jill Hayworth (Lalage Menton), Cecil Kellaway (Monsignore Monaghan), Dorothy Gish (Celia Fermoyle), Maggie MacNamara (Florrie Fermoyle), John Saxon (Benny Rampell), Peter Weck (Kurt von Hartmann), Josef Meinrad (Kardinal Innitzer), Bill Hayes (Frank Fermoyle), Cameron Prud'homme (Din), Loring Smith (Cornelius J. Deegan), Jose Duval (Ramon), Peter MacLean (Pater Callahan), James Hickman (Pater Lyons), Berenice Gahm (Frau Rampell), David Opatoshu (Herr Rampell), Billy Reed (Zeremonienmeister), Robert Morse (Bobby Morse), Pat Henning (Hercůle Menton), Russ Brown (Dr. Heller), Mme. Hayworth (Frau Menton), Tullio Carminati (Kardinal Giacobbi), Ossie Davis (Pater Gillis), Arthur Hunnicutt (Sheriff), Vilma Degischer (Schwester Wilhelmine), Wolfgang Preiss (SS-Hauptmann), Rudolf Forster (Betrunkener auf dem Ball), Patrick O'Neal (Cecil Turner), Donald Hayne (Pater Eberling), Chill Wills (Monsignore Whittle), Dagmar Schmedes (Frau Walter), Erik Frey (Seyss-Inquart), Matthias Fuchs (Pater Niedermoser), Don Francesco Mancini de Veroli (Zeremonienmeister bei der Ordination), Dino di Luca (italienischer Monsignore), Murray Hamilton (Lafe), Doro Merande (Frau Picket), Josef Krastel (Diener von Hartmann), Jürgen Wilke (Oberleutnant), Wilma Lipp (Solistin) sowie Eric van Nuys, Stefan Skodler, Lou Goldmann.

1917 bis 1939 in den USA, Rom und Wien.
Stephen Fermoyle wird 1917 zum Priester geweiht, einem für sein Land und für den Vatikan entscheidenden Zeitpunkt. Sein Lehrer, Kardinal Quarenghi, bietet ihm die Bischofswürde an. Bei seiner Rückkehr nach Boston findet Stephen seine Familie in Aufruhr: Seine Schwester Mona liebt einen Juden, Benny Rampell. Um die Seinen zu beruhigen, verspricht Stephen, Benny zu bekehren. Stephen gerät mit Monagahn, dem Gemeindepfarrer, aneinander. Dann beleidigt er Glennon, den Erzbischof von Boston. Das bringt ihm die Versetzung an die ärmste Gemeinde Bostons ein. Bei Pater Halley, der einsam und krank, bald sterben

wird, lernt er Demut. Es gelingt ihm nicht, Benny zu bekehren, und er enttäuscht Mona, die um Hilfe zu ihm gekommen ist. Er will sie aufsuchen, um sich mit ihr auszusöhnen, aber sie ist mit Ramon, einem spanischen Tänzer, auf und davon. Schließlich findet er sie – krank und schwanger. Der Arzt läßt ihm die Wahl: Nur eines wird leben, Mutter oder Kind. Entsprechend dem kirchlichen Dogma opfert Stephen die Schwester. Unter der Last der entsetzlichen Entscheidung bittet er Glennon, ihn von seinem Amt zu entbinden. Er wird als Sprachlehrer nach Wien gesandt. Eine Schülerin, Anne-Marie Ledebur, verliebt sich in ihn und versucht, ihn der Kirche zu entfremden. Auch er liebt Anne-Marie und will sie heiraten. Doch der Ruf der Kirche in ihm ist stärker als die Liebe. Er geht nach Rom und verteidigt dort einen farbigen Priester, Pater Gillis. Nach USA zurückgekehrt, reist er nach Georgia, um Gillis beim Wiederaufbau von dessen Kirche zu helfen. Sie werden vom Ku-Klux-Klan überfallen und ausgepeitscht. Hitlers Truppen marschieren in Österreich ein. Stephen wird in diplomatischer Mission entsandt und trifft Kardinal Innitzer. Auch Anne-Marie sieht er wieder. Sie ist Nazi-Sympathisantin und mit einem Juden verheiratet: Kurt von Hartmann. Aus Angst vor den Nazis nimmt sich dieser vor den Augen Stephens und Anne-Maries das Leben. Anne-Marie bittet Stephen, ihr zu helfen. Während er die Nunziatur in Wien schließt, wird sie von der Gestapo verhaftet. Sie gesteht Stephen, daß sie ihn immer noch liebt und daß sie bereut. – Kurz vor Ausbruch des 2. Weltkrieges wird Stephen Kardinal. Vor seiner versammelten Familie verliest er die Ernennung und betet für die Einigkeit des Landes und der Kirche im Kampf um die Freiheit.

Anmerkung: Für das amerikanische Fernsehen (Ed. Siegel Serie ›Hollywood and the Stars‹) wurde ein 30-Minuten-Film hergestellt, über den ›Kardinal‹ von seiner Entstehung bis zu seiner Weltpremiere in Boston. Titel des Fernsehfilms: ›Anatomy of a Movie‹, erstmals gesendet in N.B.C. TV am 12. 2. 64.

25. GOOD NEIGHBOUR SAM (Leih mir deinen Mann)
1963/64, Amerika, Columbia, 130 Min.
Regie: David Swift
Drehbuch: James Fritzell, Everett Greenbaum und David Swift nach dem Roman von Jack Finney

Aufnahmeleitung: Burnett Guffet (Technicolor)
Musik: Frank Devol
Dekorationen: Dale Hennesy, Ray Noyer
Ton: Charles J. Rice
Schnitt: Charles Nelson
Regieassistenz: Robert Rosenbaum
Kostüme: Michelin und Jacqueline
Produktion: David Swift
Produktionsassistenz: Marvin Miller
Besetzung: Jack Lemmon (Sam Bissell), *Romy Schneider* (Janet Lagerlof), Dorothy Provine (Minerva Bissell, Michael Connors (Howard Ebbets), Edward G. Robinson (Simon Nurdlinger), Edward Andrews (M. Burke), Louis Nye (Reinhold Schiffner), Robert Q. Lewis (Earl), Joyce Jameson (junges Mädchen), Anne Seymour (Irene), Charles Lane (Jack Bailey), Linda Watkins (Edna), Peter Hobbs (Phil Reisner), Tris Coffin (Sonny Blatchford), Neil Hamilton (Larry Boling), Riza Royce (Frl. Halverson), William Forest (Millard Meliner), Bernie Kopell (Taragon), Barbara Bouchet (Empfangsdame), Patrick Waltz (Wyeth), William Bryant (Hausner), Kym Karath (Ardis), Hal Taggart (Mac Vale), David Swift (Regisseur), Vickie Cos (Jenna), Quinn O'Hara (Marsha), Jan Brooks (Gloria), Bess Flowers (Frau Burke), Aneta Cosant (Fran), Gil Lamb (Trunkenbold), Jim Bannon (Polizeiagent), Peter Camlin (franz. Servierer), Dave Ketchum (Handelsvertreter), Tom Anthony (Regieassistent) und The Hi-Los.
Sam ist in der großen Werbeagentur, die Burke gehört, tätig. Eines Tages beschwert sich Nurdlinger, ein Hauptkunde der Agentur, über die unmoralische Werbung für seine Produkte. Sam schlägt vor, die Werbung ganz auf den Durchschnittsbürger abzustellen. Die Idee gefällt, und er wird mit der Ausführung betraut. Den Erfolg feiert er mit seiner Frau Min und ihrer gemeinsamen Freundin und Nachbarin Janet. Janet ist aus Europa angereist, um eine Erbschaft in Höhe von 15 Millionen Dollar anzutreten. Einzige Bedingung: Sie muß noch mit ihrem Mann Howard zusammenleben, von dem sie sich jedoch längst getrennt hat. Andernfalls würde das Erbe an Cousin und Cousine, Irene und Jack, fallen. Schon tauchen diese bei Janet auf, die in ihrer Verlegenheit Sam für ihren Gatten ausgibt. Cousin und Cousine sind nicht ganz überzeugt und beauftragen einen Privat-

detektiv, Schiffner, mit den Nachforschungen. Aus Hilfsbereit-schaft erklärt sich Sam bereit, zu Janet zu ziehen, die ihm dafür eine hübsche Summe verspricht. Burke hält Janet für Sams wirkliche Ehefrau und schickt einen Fotografen, der von dem Paar für die Werbekampagne Nurdlinger Aufnahmen machen soll. So verraten sich die beiden unbeabsichtigt. Inzwischen will Howard zu Janet zurückkehren, kann aber dazu überredet werden, bei Min in Sams Wohnung zu wohnen, bis alles vorbei ist. Der Tag der Verteilung des Erbes rückt näher, und vor Freude, daß nun bald alles vorüber ist, gibt Sam bei der Herstellung der Nurdlinger-Plakate nicht acht. So geschieht es, daß auf einem das Paar Janet-Sam in voller Größe zu sehen ist ... Wenn Cousin und Cousine das sehen, ist alles verloren!
Im Schutze der Nacht verändern Sam und Janet das Plakat mit Pinsel und Farbe. Sam kehrt nach Hause zurück, glücklich, seine Min widerzuhaben und läßt Janet und Howard zusammen ...

›Münchner Merkur‹:
›Dieser Leihmann gehört eindeutig zur Spezies der Zwerchfell-kitzler – und davon ist er ein recht ausgewachsenes Exemplar.‹
›Süddeutsche Zeitung‹:
›Romy Schneider ist ein Extravergnügen.‹

26. WHAT'S NEW PUSSYCAT? (Was gibt's Neues, Pussy?)
1964/65, Großbritannien, 108 Min.
Regie: Clive Donner
Drehbuch: Woody Allen
Aufnahmeleitung: Jean Badal (Technicolor-Scope)
Musik: Burt Bacharach (Dirigent: Charles Blackwell)
Lieder: Hal David (›Pussycat‹ gesungen von Tom Jones; ›Here I am‹, gesungen von Dionne Warwick, ›Little Red Book‹ gesungen von Manfred Mann)
Chor: Jean Guelis
Dekorationen: Jacques Saulnier
Ton: William Sivel, Antoine Petitjean
Schnitt: Fergus MacDonell
Regieassistenz: Enrico Isacco; Kamera: Philippe Brun
Masken: Charles Parker
Kostüme: Gladys de Segonzac
Spezialeffekte: Bob MacDonald

Produktion: Charles K. Feldmann (Famous Artists)
Produktionsassistenz: Richard Sylbert
Prix Jean-Georges Auriol, Paul Gilson 1966

Besetzung: Peter Sellers (Fritz Fassbender), Peter O'Toole (Michael James), *Romy Schneider* (Carole Werner), Capucine (Renée Lefebvre), Paula Prentiss (Liz), Woody Allen (Victor), Ursula Andress (Rita), Howard Vernon (Doktor), Edra Gale (Anna Fassbender), Jess Hahn (M. Werner), Eleanor Hirt (Frau Werner), Kathrin Schaake (Jacqueline), Jean Parédes (Marcel), Michel Subor (Philippe), Nicole Karen (Tempest O'Brien), Jacques Balutin (Stefan), Annette Poivre (Emma), Sabine Sun (Krankenschwester), Barbara Somers (Miß Marx), Tanya Lopert (Miß Lewis), Daniel Emilfork (Feuerwehrmann), Robert Rollis (Wagenverleiher), Françoise Hardy (Sekretärin auf dem Standesamt), Richard Saint-Bris (Bürgermeister), Douking (Hauswart), Jacqueline Fogt (Charlotte), Colin Drake (Durell), Gordon Felio (ein Dicker), Marion Conrad, Maggie Wright (Striptease Tänzerinnen), Norbert Terry (Kelly), Louise Lasser (Patientin von Fassbender), Louis Falvignia (Jean), Jack de Lassartesse (Big John), Richard Burton (Mann aus dem Crazy Horse Saloon), Marcel Gassouk (Doppelgänger von Gauguin), Marc Arian (Doppelgänger von Zola), J. Yves Autrey, Nadine Papin, Pascal Wolf (Kinder von Fassbender).

Michael James ist erfolgreicher Reporter einer führenden Modezeitschrift und verlobt mit Carole Werner, Lehrerin an einer Berlitz-Schule. Berufsbedingt kommt er mit den verführerischsten Frauen zusammen, und er fürchtet, nicht immer widerstehen zu können. Sein Vertrauter, der Psychiater Fassbender, weiß auch nicht, was er ihm raten soll. Fassbender selbst ist unglücklich mit der zänkischen Anna verheiratet. Obwohl Carole zur Heirat drängt, bittet Michael um Aufschub. Er fühlt sich noch nicht reif für die Ehe und stürzt sich statt dessen in die wildesten Abenteuer. Die enttäuschte Carole tut so, als ob sie sich von Victor, einem schüchternen Bohémien, der sehr in sie verliebt ist, verführen lassen wolle. Darauf kehrt der eifersüchtige Michael zu ihr zurück. Nach einem harmonischen Abend mit Carole und ihren Eltern macht er ihr endlich den ersehnten Heiratsantrag – sie traut ihren Ohren nicht! Sein turbulentes Liebesleben führt er jedoch weiter wie bisher. Während eines Wochenendes auf einem schicken Schloß sieht er sich sämtlichen Verflossenen gegenüber. Auch die wütende Carole kommt noch hinzu. Dann aber fliehen sie gemeinsam und schwören, einander nie mehr zu verlassen. Michael und Carole heiraten, Fassbender ist Trauzeuge. Zum Entsetzen seiner Frischangetrauten kann Michael es sich nicht verkneifen, der hübschen Sekretärin auf dem Standesamt zuzublinzeln . . .

27. 10:30 P. M. SUMMER (Halb elf in einer Sommernacht)
1965, USA/Spanien, 90 Min.
Regie: Jules Dassin
Drehbuch: Jules Dassin, Marguerite Duras nach dem Roman von Marguerite Duras
Dialoge: Marguerite Duras
Aufnahmeleitung: Gabor Podgany (Technicolor)
Musik: Cristobal Halffter
Dekorationen: Enrique Alarcon
Ton: Jean Labussiere
Schnitt: Roger Dwyre
Regieassistenz: Juan Estelrich, Esteban Gutierrez
Kameraassistenz: Ricardo Navarette
Masken: Julian Huiz
Effekte: Manuel Baguero
Produktionsleitung: Luis Marquina, Fernando Navarro
Produktion: Anatole Litvak und Jules Dassin (Jorilie Argus)

Besetzung: Melina Mercouri (Maria), *Romy Schneider* (Claire), Peter Finch (Paul), Julian Mateos (Rodrigo Palestro), Isabel Maria Perez (Judith).

Ein spanisches Dorf im Regen. Der junge Bauer Rodrigo Palestro hat seine Frau und ihren Liebhaber getötet. Eine Gruppe von Urlaubern trifft in dem Ort ein: Es sind Paul, Maria, seine Frau, ihre Tochter Judith und ihre gemeinsame Freundin, eine hübsche junge Frau namens Claire. Paul schwankt zwischen Claire, die er begehrt, und Maria, die er immer noch zärtlich liebt . . . Maria erkennt die Lage und treibt Paul in Claires Arme. Sie selbst irrt derweil von Bar zu Bar und erfährt so von Palestros Tat. Sie beschließt, dem einsamen und verlorenen Mann zu helfen. Nachdem sie ihn in der nächtlichen Dunkelheit gefunden hat, führt sie ihn an einen Ort, weit vom Dorf entfernt, und verspricht ihm, am folgenden Morgen zurückzukehren und ihm zu helfen, über die Grenze zu fliehen. Maria erzählt Paul und Claire von ihrem Erlebnis. Claire sieht die Möglichkeit, Paul für sich zu gewinnen, schwinden und will zunächst bei der Fluchthilfe nicht mittun, später erklärt sie sich jedoch zur Mithilfe bereit. Palestro aber hat sich inzwischen auf dem Feld das Leben genommen. Vor der glühenden Hitze fliehen Paul, Maria und Claire in einen Gasthof. Maria betrinkt sich bis zur Bewußtlosigkeit. Claire geht unter dem Vorwand, ein Schläfchen halten zu wollen, auf ihr Zimmer. Paul folgt ihr, und sie wird seine Geliebte. Am Abend versucht Paul, seine Frau zu umarmen, ehe sie zum Flamenco-Abend gehen, aber sie reagiert nicht. Als sie nach der Vorstellung ins Freie hinaustreten, spielen alle drei in kindlichem Übermut Fangen in den alten Gäßchen. Plötzlich ist Maria verschwunden. Paul und Claire gehen sie suchen, jeder in eine andere Richtung . . .

28. SCHORNSTEIN NR. 4 / LA VOLEUSE

1966, französisch-deutsch, 90 Min.
Regie: Jean Chapot
Drehbuch: Jean Chapot nach einer Originalidee von Alain Fatou und Jean Chapot
Dialoge: Marguerite Duras
Aufnahmeleitung: Jean Bernard Penzer (Schwarzweißfilm Franscope)
Musik: Antoine Duhamel
Dekorationen: W. Schatz
Ton: Günter Kortwich
Schnitt: Gimette Boudet
Regieassistenz: Peter Fleischmann
Masken: Jupp Paschke
Produktionsleitung: Ulrich Pickardt
Produktion: Claude Jaeger, Hans Oppenheimer (Chronos Films Procinex Paris – Hans Oppenheimer Film Berlin)

Besetzung: *Romy Schneider* (Julia Kreuz), Michel Piccoli (Werner Kreuz), Hans-Christian Blech (Kostrowitz), Sonia Schwarz (Frau Kostrowitz), Mario Huth (der kleine Carlo).

Sechs Jahre nach ihrer Hochzeit gesteht Julia Kreuz ihrem Mann Werner, daß sie einen Sohn hat, der bei polnischen Adoptiveltern, dem Arbeiterehepaar Kostrowitz, lebt. Er ist jetzt sieben Jahre alt, und immer muß sie an ihn denken. Von einem übermächtigen Gefühl getrieben, nähert sie sich den Kostrowitz, die bald die drohende Gefahr spüren. Werner schlägt vor, in eine andere Stadt zu ziehen, sperrt Julia ein, vergebens . . . Julia geht zu den Kostrowitz, bittet, bettelt . . . Sie können sich nicht einigen. Da entführt sie das Kind aus dem Schulschwimmbad. Als Kostrowitz es zurückholen will, ruft Julia die Polizei, die ihr, als der leiblichen Mutter, das Kind zuspricht. Der verzweifelte Kostrowitz klettert daraufhin auf einen Schornstein und droht, sich hinabzustürzen, wenn das Kind nicht bis zum folgenden Morgen wieder bei ihm sei. Die Presse wird aufmerksam, das Drama entwickelt sich zu einer öffentlichen Angelegenheit. Werner selbst versteht, daß er das Unmögliche geduldet hat und läßt sich auch durch den Schmerz der jungen Frau nicht erweichen. Er ist es, der im letzten Augenblick das Kind zurückgibt, Julia ihrem Kummer überlassend.

29.   TRIPPLE CROSS / LA FANTASTIQUE HISTOIRE VRAIE D'EDDIE CHAPMAN (Spion zwischen zwei Fronten)
1966, britisch-französisch, 140 Min. (engl. Version 126 Min.)
Regie: Terence Young
Drehbuch: René Hardy nach dem Buch von Frank Owen ›The Eddie Chapman Story‹
Dialoge: William Marchant
Aufnahme: Henri Alekan (Eastmancolor)
Musik: Georges Garvarentz
Lied: ›Triple Cross‹ von B. Kaye und G. Garvarentz, gesungen von Tony Allen
Dekoration: René Renoux
Schnitt: Roger Dwyre
Ton: Jacques Lebreton
Regieassistenz: Christian Raoux, Barnard Quatrehomme
Künstlerische Leitung: Tony Roman
Produktionsleitung: Jean Velter, Pierre Laurent
Produktion: Jacques-Paul Bertrand (Cineurop)
Produktionsassistenz: Georges Cheyko

Besetzung: Christopher Plummer (Eddie Chapman), *Romy Schneider* (die Gräfin), Gert Fröbe (Steinhager), Trevor Howard (Chef des Intelligence Service), Claudine Auger (Paulette), Yul Brynner (Oberst von Grünen), Harry Meyen (Oberleutnant Keller), Jess Hahn (Kommandant Braid), Bernard Fresson (Raymond), Jean Claudio (Feldwebel Thomas), Clement Harari (Losch), Georges Lycan (Leo), Jean-Claude Bercq (Major von Leib), Howard Vernon (Beamter der Botschaft in Lissabon), Gil Barber (Lars Bergman), Jacques Harden (George Daniels), Jean-Roger Caussimon (Luftwaffengeneral), Hubert Noel (von Rundstedt), Jean Ozenne (von Langdorf), Robert Favart (General Dalrymple), Gisèle Grimm (Kommandant Laurence), Sylvia Sorrente (Ausbilderin), Charles Millot (polnischer Verhörbeamter), Jean-Pierre Zola (Gefängniskommandant in Jersey), Pierre Collet (Gefängniswärter), Francis De Wolf (deutscher Oberst), Jean Rupert (Polizist), Jean Minisini (SS-Wache) sowie Robert Le Béal, Anthony Stuart, Anthony Dawson, Laura Paillette.

1944 bis 1945 in Jersey, London, Paris und Lissabon.
Eddie Chapman, der charmante Einbrecher, sitzt im Gefängnis der Insel Jersey, als die Deutschen landen. Eddie nutzt ihre Anwesenheit, um ihnen seine Dienste zu offerieren. Im Trainingscamp, das Oberst von Grünen nebst einer hinreißenden Spionin mit dem Namen ›die Gräfin‹ und zwei Offizieren, Steinhager und Keller, untersteht, wird er zum Geheimagenten Fritz Graumann. Der erste Auftrag, den man ihm anvertraut, ist ein Scheinauftrag. Es gelingt ihm, die Deutschen mit Ausnahme von Keller, der mißtrauisch geworden ist, zu täuschen. Nach seinem Fallschirmabsprung über England – er soll die Vickers-Werke in die Luft jagen – nimmt Eddie Verbindung mit dem Intelligence Service auf. Er bietet seine Dienste für 10 000 Pfund und Strafaussetzung für zehn Jahre an. Man wird handelseinig. Die Engländer fingieren die Zerstörung der Vickers-Werke und lassen Eddie zu den Deutschen zurückkehren, wo er eine Auszeichnung erhält. Die Deutschen landen in England. Von Grünen wird von Keller erschlagen. ›Die Gräfin‹ verläßt Frankreich; die Folgen ihrer Romanze mit Eddie sind bereits sichtbar. Am Tag der Befreiung kann Eddie im allgemeinen Überschwang seinen persönlichen Sieg auskosten . . .

30. OTLEY[1]
1968, Großbritannien, Columbia, 91 Min.

Regie: Dick Clement

Drehbuch: Ian la Frenais, Dick Clement nach dem Roman ›Otley‹ von Martin Waddell
Aufnahmeleitung: Austin Dempster (Technicolor)
Musik: Stanley Myers
Lied: ›Homeless Bones‹ von Stanley Myers und Don Partridge, gesungen von Don Partridge.
Ton: William Trent
Dekorationen: Carmen Dillon
Regieassistenz: Dominic Fulford
Schnitt: Richard Best
Produktionsleitung: Basil Rayburn
Produktion: Bruce John Curtis (Columbia Films – Highroad)
Produktionsassistent: Carl Foreman

Besetzung: Tom Courtenay (Otley), *Romy Schneider* (Imogen), Alan Badel (Hadrian), James Villiers (Hendrickson), Leonard Rossiter (Johnston), Fiona Lewis (Lin), Freddy Jones (Proudfoot), James Bolam (Albert), James Hardwick (Eric Lambert), Ronald Lacey (Curtis), Frank Middlemass (Bruce), Phyllida Law (Jean), Geoffrey Bayldon (Hewitt), Bernard Sharpe (Tony), Maureen Toal (Hauseigentümerin), Robert Brownjohn (Paul), Barry Fantoni (Larry) sowie Peter Frampton und The Herd.

Gerald Otley wird durch Zufall in der Wohnung eines ermordeten Kameraden angetroffen. Das Opfer gehörte einer Bande an, deren Hauptgeschäft im Verrat von Staatsgeheimnissen bestand. Unter dem Verdacht, über die Aktivitäten seines ermordeten Kameraden informiert gewesen zu sein, sieht sich Otley in die abenteuerlichsten Spionage- und Mordgeschichten verwickelt. Er wird gezwungen, für Scotland Yard zu arbeiten, wobei ihm die junge Geheimagentin Imogen zur Seite steht und ihn verführt. Beide machen sich auf die Suche nach einem auf mysteriöse Weise verschwundenen Hendrickson. Von allen Seiten verfolgt und verdächtigt, gelingt es Otley schließlich, in sein etwas verrücktes Bohèmeleben zu seiner Freundin Lin zurückzukehren.

---

(1) In Deutschland nicht gelaufen.

31. LA PISCINE / LA PISCINA (Der Swimmingpool)
1968, französisch-italienisch, S.N.C., 100 Min.
Regie: Jacques Deray

Drehbuch: Jean-Emmanuel Conil
Aufnahme: Jean-Jacques Tarbes (Eastmancolor)
Musik: Michel Legrand
Lieder: ›Ask yourself why‹, ›Run brother rabbit, run‹ von Michel
Legrand
Ton: René Longuet
Schnitt: Paul Cayatte
Regieassistenz: Louis Pitzelé, Michèle Sennet
Masken: Fernande Ugi
Frisuren von Romy Schneider: Carita
Produktionsleitung: Paul Laffargue
Produktion: Gérard Beytout (S.N.C. Paris – Tritone Films
Industria Rom)

Besetzung: Alain Delon (Jean-Paul), *Romy Schneider*
(Marianne), Maurice Ronet (Harry), Jane Birkin (Penelope), Paul
Crauchet (Inspektor Leveque), Bernd Eckhardt (Fred), Maddly
Bamy (Mulatte auf Surprise Party), Suzie Jaspard, Thierry Cha-
bert.

Jean-Paul und Marianne verleben in einer Villa in der Nähe von
St. Tropez miteinander herrliche, faule Ferien. Sie leben ganz
allein sich und ihrer Leidenschaft. Da lädt Marianne einen
ehemaligen Liebhaber, Harry, und dessen Tochter, Penelope, ein,
mit ihnen einige Tage zu verbringen. Sogleich stellen sich
Spannung und Unbehagen ein. Jean-Paul und Marianne beobachten sich gegenseitig, Harry verachtet Paul. Jean-Paul versucht,
Penelope zu verführen, während Harry und Marianne ihre alte
Beziehung wieder aufnehmen. Marianne entdeckt, daß Jean-Paul
sich für Penelope interessiert. Sie will sich als bessere Geliebte
zeigen und läßt die beiden einen Nachmittag in der Villa allein.
Bei einer Surprise-Party am Abend flirtet sie dann auch noch
heftig mit Harry. Penelope ist vom Benehmen ihres Vaters und
Mariannes irritiert und vertraut sich Jean-Paul an, der sie
verführt. Als Harry erfährt, daß seine Tochter sich Jean-Paul
hingegeben hat, betrinkt er sich und kehrt in die Villa zurück, wo
Jean-Paul ihn erwartet. Zwischen den Männern kommt es wegen

Penelope zu einem heftigen Wortwechsel. Harry fällt in den Swimmingpool, und Jean-Paul ertränkt ihn in einem Anfall von Wut. Nach Harrys Beerdigung wird eine gerichtliche Untersuchung eingeleitet. Marianne erfährt von Jean-Paul, daß er die Tat begangen hat, bewahrt aber Stillschweigen, denn sie sieht hier eine Gelegenheit, ihre Stärke zu beweisen. Jean-Paul erscheint ihr wie ein Fremder, aber sie liebt ihn immer noch. Penelope kehrt zu ihrer Mutter in die Schweiz zurück. Während die polizeiliche Untersuchung ergebnislos verläuft, bleiben Marianne und Jean-Paul Gefangene ihrer Hölle . . .

›Combat‹, Frebruar 1969:
Romy Schneider beweist sowohl Intelligenz und Talent als auch Schönheit. Ein gelungenes Beispiel klassischer Filmkunst, in dem der Künstler ganz im Mythos des Autors aufgeht.

32. MY LOVER, MY SON (Inzest)
1969, Großbritannien, M.G.M., 95 Min.
Regie: John Newland
Drehbuch: William Marchant, Jenni Hall nach der Geschichte ›Second Level‹ von Wilbur Stark und dem Roman ›Reputation for a Song‹ von Edward Grierson
Aufnahmen: David Muir (Metrocolor)
Musik: Mike Vickers, Norrie Parramor
Titel: ›I want the good things‹ von Sue Vickers und Billy White, ›What's on your mind‹, von Sue und Mike Vickers und Norrie Parramor, ›Summer's here‹ von Sue und Mike Vickers
Schnitt: Peter Musgrave
Dekorationen: Bill Andrews
Ton: Gerry Turner
Regieassistenz: David Alexander
Kostüme: Gail Ansell
Effekte: Carlotta Brown, Michael Hanaker
Produktionsleitung: Al Marcus
Produktion: Wilbur Stark (Sagittarius).

Besetzung: *Romy Schneider* (Francesca Anderson), Donald Houston (Robert Anderson), Dennis Waterman (James Anderson), Patricia Brake (Julie), Peter Sallis (Sidney), William Dexter (Parks), Alexandra Bastedo (Miß Clarkson), Mark Hawkins (der Liebhaber), Maggie Wright (Dirne), Janet Brown (Mrs. Woods),

Torn Chatto (Woods), Michael Forrest (Inspektor Chidley), Arthur Howard (Richter), Paul Dawkins (1. Geschworener), Peter Gilmore (Barkeeper), Rosalie Horner (Empfangsdame), David Warneck (Kenworthy), Chrissie Shrimpton (Freundin von Kenworthy), Robert Wilde (Assistent von Parks).

Francesca Anderson ist die hinreißende Frau eines erfolgreichen Londoner Geschäftsmannes, Robert Anderson. Sie hat nie den Verlust eines Geliebten, der durch einen Unfall ums Leben kam, verwinden können. Sein Andenken füllt ihre nächtlichen Träume. Zu ihrem Sohn James fühlt sie sich in unnatürlicher Leidenschaft hingezogen. Der schwache junge Mann wagt nicht, die Liebesbezeugungen der von ihm verehrten Mutter zurückzuweisen. Die von Liebesfantasien gequälte Francesca versucht, James' erste Liebe zu einem Mädchen, Julie, und dann auch die Beziehung zwischen ihm und seinem Vater zu zerstören. Merkwürdige Bande knüpfen sich zwischen ihr und dem Sohn. Anläßlich eines Streits zwischen Robert und seiner Frau erreicht das Drama seinen Höhepunkt: James tötet seinen Vater, um die Mutter zu schützen. Nach Verhaftung, Verhör und folgender Freilassung gelingt es James unter großen Mühen, sich aus der Umklammerung der Mutter zu lösen, die er ihrer Reue überläßt, und die Beziehung zu Julie wieder aufzunehmen.

›Ciné-Revue‹, August 1970:
›Romy Schneider gebührt die Siegespalme für die subtile, nuancierte Darstellung einer Person, die man ihr noch vor einigen Jahren nicht im entferntesten zugetraut hätte.‹

33. LES CHOSES DE LA VIE / L'AMANTE (Die Dinge des Lebens)
1969, französisch-italienisch, C.F.C.C./U.G.C., 89 Min.
Regie: Claude Sautet
Drehbuch: Paul Guimard, Claude Sautet, Jean-Loup Dabadie nach dem Roman von Paul Guimard
Dialoge: Jean-Loup Dabadie
Aufnahmen: Jean Boffety (Eastmancolor)
Musik: Philippe Sarde (Dirigent: Jean-Michel Defaye)
Dekorationen: André Piltant
Ton: René Longuet
Schnitt: Jacqueline Thiédot

Regieassistenz: Claude Vital, Jean-Claude Sussfeld
Kamera: Christian Guillouet, Henry Clairon
Masken: Irène Servet (Masken Romy Schneider: Jean-Pierre Eychenne)
Kostüme: Courrèges (verantwortlich: Jacques Cottin)
Accessoires: Jean Catala
Unfallszene in Zusammenarbeit mit Gérard Streiff
Produktionsleitung: Ralph Baum
Produktion: Raymond Danon (Lira Films – Sonocam Paris – Fida Cinematografica Rom)
Produktionsassistenz: Roland Girard, Jean Bolvary.

Besetzung: Michel Piccoli (Pierre Bérard), *Romy Schneider* (Helene), Lea Massari (Catherin Bérard), Gérard Latigau (Bertrand Bérard), Jean Bouise (François), Boby Lapointe (Lkw-Fahrer), Hervé Sand (Fahrer des Sattelschleppers), Henri Nassiet (Pierres Vater), Marcelle Arnold (Helenes Mutter), Jean-Pierre Zola (Helenes Vater), Roger Crouzet, Betty Beckers (Anhalterin), Dominique Zardi (Anhalter), Gabrielle Doulcet (Guitte), Jerry Brouer (Klient Helenes), Jacques Richard (Krankenpfleger), Max Amyl (Pfarrer), Jean Gras (Baustellenleiter), Claude Confortes (Arzt), M. Carmet (Paul, Catherines Freund), Gérard Streiff (Motard), Pierre Londiche (Assistenzarzt), Bertola (Chirurg), Isabelle Saroyan (Krankenschwester), Clément Bairam (Gendarm), Raoul Delpard (Ambulanzfahrer), Marie-Pierre Casey (Postbeamtin), Karine Jeantet (Telefonistin), Henri Coutet (Verkäufer), Béatrice Boffety (Anne), Lucien Frégis (ein Schaulustiger).

Pierre Bérard ist ein gutaussehender Vierziger, gelassen, selbstsicher. Er steht zwischen zwei Frauen: Helene, einer Anwältin, die seine Geliebte ist, und Catherine, mit der er immer noch durch den gemeinsamen Sohn, Bertrand, verbunden ist. Bertrand überredet ihn, mit ihm einen Urlaub in ihrem Haus in Rennes zu verleben. Helene ist darüber verärgert. Auch ein Abend bei den Eltern der jungen Frau kann das Paar nicht wieder versöhnen. Pierre beschließt, nach Rennes zu fahren. Unterwegs legt er eine Pause ein und entwirft einen Abschiedsbrief an Helene. Mit dem Brief in der Tasche setzt er sich wieder ans Steuer seines Alfa. Während der Fahrt ziehen die letzten Ereignisse noch einmal an seinem inneren Auge vorüber. Abrupt besinnt er sich eines anderen und beschließt, Helene zu heiraten. Er läßt ihr telefonisch ausrichten, sie solle zu ihm nach Rennes kommen. Da geschieht, wenige Augenblicke später, der Unfall: Mitten auf einer Kreuzung stirbt einem Lkw der Motor ab. Pierre bremst scharf, fährt aber dennoch auf den Lkw auf, prallt ab und wird gegen einen aus entgegengesetzter Richtung kommenden Sattelschlepper geschleudert, überschlägt sich mehrmals und prallt schließlich gegen einen Baum. Dabei wird Pierre aus dem Fahrzeug geschleudert, das in Flammen aufgeht. Während des Transports ins Krankenhaus zieht sein Leben, vermischt mit Alptraumvisionen, noch einmal an ihm vorüber. – Helene hat Pierres Nachricht erhalten und will, glückselig, zu ihm nach Rennes. Er stirbt auf dem Operationstisch. In seiner Hinterlassenschaft findet Catherine den Brief an Helene. Während Helene voll entsetzlicher Ahnungen ins Krankenhaus eilt, zerreißt Catherine den Brief. Helene verläßt das Krankenhaus in Tränen aufgelöst. Sie ahnt nicht, welche Absicht Pierre eine Weile gehabt hatte.

›France-Soir‹, 14. 3. 1970:
›Talent und Erfahrung, Intelligenz und Feinfühligkeit, Bild und Text ergeben hier die seltene Mischung, nie mehr zu sagen oder zu zeigen, als unbedingt notwendig. Man fragt sich verwundert, wie Romy Schneider so abrupt von Zärtlichkeit zu Aggressivität, von Hingabe zu Härte wechseln kann. Sie ist die ideale moderne Frau, die soviel fordert wie sie gibt.‹
›Paris Match‹, März 1970:
›Die Schauspieler gehen in ihrer Rolle auf. Ein Film von untadeliger Schönheit.‹

34. QUI? / IL CADAVERE DAGLI ARTIGLI D'ACCIAIO
(Die Geliebte des anderen)
1970, französisch-italienisch, Valoria, 80 Min.
Regie: Leonard Keigel
Drebuch: L. Keigel
Dialoge: Paul Gegauff
Aufnahmen: Jean Bourgoin (Eastmancolor)
Musik: Claude Bolling
Titel: ›Who are you‹, ›I've had enough‹, ›Strange Magic‹ von Claude Bolling und Jack Fischman
Dekorationen: Eric Simon

Ton: René Longuet
Schnitt: André Delage
Regieassistenz: Michel Leroy
Kamera: Christian Guillouet
Masken: Jacky Bouban (Masken Romy Schneider: Jean-Pierre Eychenne)
Produktionsleitung: Ralph Baum
Produktion: Raymond Danon (Lira Films Paris – Fida Cinematografica Rom).

Besetzung: *Romy Schneider* (Marina), Maurice Ronet (Serge), Gabriele Tinti (Claude), Simone Bach (Dorothé) und Jacques Duby.

Claude und Marina machen einen Ausflug in die Bretagne. Nach einem Streit schlägt Claude die Freundin, stößt sie ins Auto, man sieht den Wagen über eine Klippe ins Meer stürzen und in den Fluten versinken. Marina wird gerettet und meldet den Unfall bei der Polizei. Serge, ein Bruder des vermißten Claude, nimmt Marina auf. An einem Abend bei Freunden entdeckt er in ihrer Handtasche ein Revolvermagazin und verdächtigt sie, Claude getötet zu haben. Marina beantwortet alle Fragen ausweichend, was ihn in seinem Verdacht bestärkt. Er macht Marina zu seiner Geliebten. Gemeinsam unternehmen sie eine Fahrt in die Bretagne, an den Ort des Geschehens, wo Serge den Tod des Bruders rekonstruieren will. Er taucht, findet zwar keine Leiche, dafür aber Marinas rostigen Revolver. Serge klagt die junge Frau an, sie aber leugnet. Da wird eine unkenntliche Leiche angeschwemmt, und Serge vergißt für eine Weile seinen Verdacht. Claude taucht auf, in der Absicht, sich zu rächen. Marina versucht aus Angst zu fliehen. Als ihr dies mißlingt, ersticht sie Claude und verscharrt ihn im Garten. Dann gesteht sie Serge die Tat, der ihr nicht glaubt und sie zärtlich tröstet. – Das Paar reist nach Italien. Währenddessen legt ein Regenguß Claudes Leiche frei. An der Mole in Capri wartet die Polizei bereits auf Serge und Marina . . .

35. BLOOMFIELD (Bloomfield)
1970, Großbritannien – Israel, 20th Century Fox, 94 Min.
Regie: Richard Harris
Drehbuch: Wolf Mankowitz nach der Novelle von Joseph Gross

Aufnahmen: Otto Heller (Technicolor)
Musik: Johnny Harris
Musiktitel: ›The Loner‹ von Maurice Gibb. Billie Laurie, gesungen von den ›Bloomfields‹, ›Hail the conquering hero‹ und ›Homing in on the next trade wind‹ von Tony Colton. Ray Smith, gesungen von ›Heads, Hands and Feet‹, ›Nimrod's Theme‹ von Bill Wheelan. Niall Connery, ›Nimrod's Exit from Eirad‹ von Bill Wheelan, Niall Connery und Johnny Harris, ›Eight in the Arena‹ von Bill Wheelan und Niall Connery.
Dekorationen: Richard MacDonald
Ton: Cyril Collick
Schnitt: Keven Connor
Regieassistenz: Ted Morley, John Stodel
Berater f. Fußballszenen: Yosef Miromowitsch
Produktionsleitung: Mati Raz, Arik Dichner
Produktion: John Heyman, Wolf Mankowitz (World Films/ Limbridge London – Cenfilco Tel-Aviv)
Produktionsassistenz: Maurice Foster

Besetzung: Richard Harris (Eitan), *Romy Schneider* (Nira), Kim Burfield (Nimrod), Maurice Kaufman (Yasha), Yossi Yadin (Weiner), Shraya Friedman (Präsident), Aviva Marks (Teddy), Yossi Grabler (Bankdirektor), David Heyman (Eldad), Giddion Shemer (Avraham), Sarah Moor (Sarah), Zvi Yaron (Nimrods Vater), Beyla Genauer (Nimrods Mutter), Reuben Bar Yotam (Menachem), Brian Moore (Kommentator), Amnon Bernson (Werkführer), Jacques Cohen (Besitzer des Ariana), Mosco Alkalai, Nathan Corgan, Morrie Alexander, Erwin Rigglehaupt (Mitglieder des Komitees).

Eitan, der Fußballstar, ist nicht mehr der jüngste. Er ist psychologisch instabil; außerdem drückt ihn die Last der Schulden. Seine Freundin Nira ist eine junge und verführerische Bildhauerin. Sie drängt ihn, den Sport aufzugeben und ein geordnetes Leben zu führen – kurz, sie zu heiraten. Trotz aller Bitten der jungen Frau versucht Eitan, seine Probleme allein zu lösen. Er läßt sich bestechen, beim nächsten Länderkampf zu verlieren. Im emotionellen Konflikt des Helden spielt der kleine Nimrod, der Eitan bewundert und sein Selbstvertrauen stärken will, eine ausschlaggebende Rolle.

36. LA CALIFFA (La Califfa)

1970, italienisch-französisch, M.G.M., 101 Min.

Regie: Alberto Bevilacqua

Drehbuch: A. Bevilacqua nach seinem Roman ›La Califfa‹
Aufnahmeleitung: Roberto Gerardi (Technicolor)
Musik: Ennio Morricone (Dirigent: Bruno Nicolai)
Dekorationen: Giantito Burchiellaro
Ton: Guido Ortensi
Schnitt: Sergio Montanari
Regieassistenz: Franco Cirino
Kostüme: Luciana Marinucci
Produktionsleitung: Gianni Cecchin
Produktion: Mario Cecchi Gori (Fair Films Rome – Films Corona
Nanterre-Labrador Paris)

Besetzung:*Romy Schneider* (La Califfa), Ugo Tognazzi (Do-
berdo), Roberto Bisacco (Bisacco), Marina Berti (Doberdos
Frau), Massimo Serato (bankrotter Industrieller), Massimo Fari-
nelli (Doberdos Sohn), außerdem Guido Alberti, Luigi Ballista,
Eva Brun, Luigi Casellato, Ernesto Colli, Ugo de Carellis, Enzo
Fiermonte, Salvadore Lago, Giorgio Piazza.

Eine Industriestadt in Norditalien.
Nach einem Konkurs, der die Schließung einer Fabrik zur Folge
hat, kommt es in Doberdos Unternehmen zum Streik. Doberdo
selbst stammt aus einfachen Verhältnissen und hat sich mit Mut
und Energie ganz nach oben gearbeitet. Beim Versuch eines
Vermittlungsgesprächs mit den Streikenden fällt eine lebhafte
und schöne junge Frau auf, die Califfa, die sich ihm in den Weg
stellt und ihm ins Gesicht spuckt. La Califfa ist eine Frau aus dem
Volk und Witwe eines Arbeiters, der bei einer Demonstration
ums Leben kam. Sie arbeitet in einer von Doberdos Fabriken.
Obwohl sie entgegengesetzten Lagern angehören, spüren beide
ihre Zusammengehörigkeit. Unter dem Einfluß der leidenschaftlichen und freien Frau entdeckt Doberdo die Freuden des Lebens
und der Liebe wieder. Er schlägt den Arbeitern eine Art
Beteiligung vor, wird aber von seinesgleichen beschuldigt, ein
doppeltes Spiel zu treiben und das Gleichgewicht der Macht zu
stören. Seine Liaison mit der Califfa trägt ihm Haß ein und führt
zu dramatischen Vorfällen. Eines Morgens findet man Doberdo
tot vor seiner Fabrik.

37. MAX ET LES FERRAILLEURS / IL COMMISSARIO PELISSIER (Das Mädchen und der Kommissar)

1970, französisch-italienisch, C.F.C.C./U.G.C., 110 Min.
Regie: Claude Sautet
Drehbuch: Claude Sautet, Claude Néron nach dem Roman von Claude Néron
Dialoge: Jean-Loup Dabadie
Aufnahmeleitung: René Mathelin (Eastmancolor)
Musik: Philippe Sarde
Dekorationen: Pierre Guffroy
Schnitt: Jacqueline Thiédot
Ton: René Longuet
Regieassistenz: Jean-Claude Sussfeld
Kamera: Charles Henry Montel
Masken: Renée Coulant (Masken Romy Schneider: Jean-Pierre Eychenne)
Kostüme: Jacques Cottin (Kostüme Romy Schneider: Tanine Autre)
Produktionsleitung: Ralph Baum
Produktion: Raymond Danon (Lira Films-Sonocam Paris – Fida Cinematografica Rom)
Produktionsassistenz: Roland Girard, Jean Bolvary

Besetzung: Michel Piccoli (Max), *Romy Schneider* (Lily), Bernard Fresson (Abel), François Perrier (Rosinsky), Georges Wilson (Kommissar), Boby Lapointe (P'tit Lu), Michel Creton (Robert Saidani), Henri-Jacques Huet (Dromadaire), Jacques Canselier (Jean), Alain Grellier (Guy), Maurice Auzel (Tony), Philippe Léotard (Inspektor Losfeld), Robert Favart (Loiselle), Léa Gray (Mme. Saidani), Dany Jacquet (Ida), Danielle Durou (Nicole), Betty Beckers (Maria), Dominique Zardi (Baraduch), Jacques Cottin (Napo), Muriel Deloumeaux (Névette), Albert Augier (ein Kunde von Lily), Bernard Musson, Henri Coutet, Michel Dupleix, Jean-Paul Blondeau (Inspektoren).

Hauptwachtmeister Max ist kein Polizist wie die anderen. Eigenbrötlerisch und unnachgiebig, hat er von seinem Beruf sehr persönliche Ansichten. Sein großer Traum ist, einmal einen Banditen auf frischer Tat zu ertappen. Gerade hat er in dieser Beziehung wieder eine Enttäuschung erlebt, aber sein Vorgesetzter, der Kommissar, ordnet an, daß die Nachforschungen fortgesetzt werden. Verbittert gehorcht Max. Da trifft er Abel, einen alten Jugendfreund, der auf die schiefe Bahn geraten ist. Diese Begegnung soll ihm einen teuflischen Plan verwirklichen helfen: Er erfährt, daß Abel mit seiner Bande von Schrotthändlern in der Gegend von Nanterre von Diebstahl und Raub lebt. Kaltblütig erfindet Max einen Überfall, den er Abel in die Schuhe schiebt. Der Kommissar stellt daher für Max eine Verbindung zum Kommissar von Nanterre her, der die Aktionen der Bande überwacht. Um das von ihm inszenierte Spiel zu steuern, spricht Max eines Abends eine Prostituierte an. Es ist Lily, die mit Abel zusammenlebt. Max gibt sich für Felix, den reichen Bankier, aus, bezahlt Lily, schläft aber nicht mit ihr, um sie zu verwirren. – Zwischen Max und dem Mädchen bahnt sich ein merkwürdiges Verhältnis an. Lily hängt an diesem merkwürdigen Klienten. Bald vergleicht sie seine gesicherte Existenz mit Abels erbärmlichem Leben. Eines Abends ist Felix gemein zu Lily, und aus Wut darüber stiftet sie Abel zu einem Überfall auf Felix' Bank an. Abel macht mit. Felix verrät Lily den angeblichen Termin eines Geldtransports. Am Tag des Überfalls eilt Lily, von bösen Vorahnungen getrieben, zu Abel. Aber zu spät: Sie wird von Max, der sich zu erkennen gibt, mit der Bande verhaftet. Kommissar Rosinsky weigert sich, Lily, die unschuldig ist, freizulassen. Aus Zorn darüber erschlägt ihn Max kaltblütig. Vor den Augen der armen Lily wird er von der Polizei abgeführt.

›France-Soir‹, 18. 2. 1971: ›Romy Schneider, schön, von aggressivem und gleichzeitig weichem Charme, weiß das Gegensätzliche und Widersprüchliche ihrer schwierigen Rolle unerhört gut wiederzugeben.‹
›Le Canard Enchaîné‹, 17. 2. 1971: ›Das Spiel Piccolis und der Dirne (Romy Schneider) ist ein Leckerbissen für Kenner. Wahre Künstlerarbeit.‹
›Le Figaro‹, 18. 2. 1971: ›Romy Schneider und Michel Piccoli verdienen beide, in den höchsten Tönen gelobt zu werden.‹

Ponkie in ›Abendzeitung‹:
›Exakt gebaute Psycho-Falle mit Bumerang-Effekt – als Köder eine Ladung Gehirntücke, seidenweich und neurosentrüb. Ein aufregender, minutiös auskalkulierter Polizistenreißer – nicht mehr und nicht weniger. ... Der Regisseur enthält sich optischer Zirkustricks – er produziert das Fängerdrama ganz in das Gesicht

Michel Piccolis, auf die kalte Glut einer fixen Idee. Und Romy Schneiders Nutte Lilly ist ein Bravourstück schauspielerischer Disziplin: Balanceakt zwischen angetünchter Gossenkühle und verkapptem Gefühl. Fazit: Brillantes Zwielicht-Kino über die Psyche eines Jägers.‹

38. L'ASSASSINAT DE TROTZSKY / L'ASSASSINIO DI TROTZSKY (Das Mädchen und der Mörder – Die Ermordung Trotzkis)

1971, französisch-italienisch-britisch, Valoria (Frankr.), 103 Min.
Regie: Joseph Losey
Drehbuch: Nicolas Mosley, Masolino d'Amico
Aufnahmeleitung: Pasquale de Santis (Technicolor)
Musik: Egisto Macchi
Dekorationen: Richard MacDonald, Arrigo Equini
Wandfresken: Jose Clemente Orozco, Diego Rivera
Ton: Peter T. Davies
Schnitt: Réginald Beck
Künstlerische Leitung: Arrigo Equini
Produktionsleitung: Riccardo Coccia
Produktion: Norman Priggen und Joseph Losey
Produktion: Josef Shaftel (Cinetel Paris – Dino de Laurentiis Cinematografica Rom – Josef Shaftel Productions London)

Besetzung: Alain Delon (Frank Jackson), Richard Burton (Leo Trotzki), *Romy Schneider* (Gita Samuels), Valentina Cortese (Natalia Sedowa Trotzki), Jean Desailly (Alfred Rosmer), Simone Valère (Marguerite Rosmer), Giorgio Albertazzi (Kommissar Salazar), Peter Chatel (Otto), Luigi Vanuchi (Ruiz), Duilio del Prete (Felipe), Hunt Powers (Ed), Gianni Lofredo (Sam), Claudio Brook (Roberto), Pierangelo Civera (Pedro), Carlos Miranda (Sheldon Harte), Mike Forest (Jim), Marco Lucantoni (Seva).

Mai 1940 in Mexiko-City:
In der mexikanischen Hauptstadt ist die Atmosphäre gespannt. Gewalt liegt in der Luft, vor allem wegen der Anwesenheit eines politischen Flüchtlings – Leo Trotzki. Der ehemalige Anführer der Oktoberrevolution lebt im Exil in einem von Polizei und Freiwilligen bewachten Haus. Aller Überwachung zum Trotz

versucht eine kleine Gruppe von Männern, ihn zu ermorden. Der Anschlag mißlingt. Zu dieser Zeit versucht ein mysteriöser junger Mann, angeblich Kanadier, der sich Frank Jackson nennt, zu Trotzki vorzudringen. Er hat eine ehemalige Sekretärin Trotzkis, Gita Samuels, verführt, die nun hoffnungslos in ihn verliebt ist. Trotzdem ist ihr manches im Verhalten des Geliebten nicht ganz geheuer. Er ist nervös, viel in Gedanken, und verläßt sie oft unter irgendwelchen Vorwänden, so daß sie nicht recht klug aus ihm wird. Schließlich hat er sie soweit, daß sie ihn bei Trotzki einführt, dem er angeblich einen Artikel, den er geschrieben hat, vorlegen will. Mit ihrer Hilfe dringt so der Mörder in die bewachte Festung des alten Revolutionärs ein ... Im Verlaufe eines Gesprächs erschlägt Jackson Trotzki mit einem Eispickel. Trotzki stirbt unter fürchterlichen Qualen. Jackson wird von den Wächtern gestellt und verhaftet.

›Image et son‹, Nr. 263/264, 1972: ›Romy Schneider, hier völlig ungeschminkt, ist erstaunlich. Nichts von dem, was sie tut, ähnelt dem, was man bisher von ihr gewöhnt ist. Ihre Trauer, ihre stille Freude, ihr Zorn und ihre Verzweiflung am Ende entspringen einer außerordentlichen Natur.‹

›France-Soir‹, 30. 3. 1972: ›Romy Schneider – so fraulich, so schön – obwohl alles getan wurde, sie weniger begehrenswert erscheinen zu lassen, ist verwirrend. Hier kommt ohne Zweifel eine außergewöhnliche Natur und ein außergewöhnliches Talent zum Ausdruck.‹

39. LUDWIG / LE CREPUSCULE DES DIEUX / LUDWIG II.

1972, italienisch-französisch-deutsch, 183 Min.

Regie: Luchino Visconti

Drehbuch: Luchino Visconti, Enrico Medioli und Suso Cecchi d'Amico

Dialoge: Suso Cecchi d'Amico, Luchino Visconti

Aufnahmeleitung: Armando Nannuzi (Technicolor-Panavision)

Musik: Richard Wagner, Robert Schumann, Jacques Offenbach (bearbeitet und dirigiert von Franco Mannino mit dem Orchester der Nationalakademie von Santa Cecilia)

Auszüge aus ›Lohengrin‹, ›Tannhäuser‹ und unveröffentlichte Partituren von Richard Wagner, ›La Périchole‹ von Offenbach, ›Kinderszenen‹ von Schumann.

Dekorationen: Mario Chiari
Ton: Vittorio Trentino
Schnitt: Ruggero Mastroianni
Regieassistenz: Albino Cocco, Giorgio Ferrara, Luchino Castel,
Louise Vincent, Fanny Wessling
Kamera: Nino Cristiani, Guiseppe Berardini, Frederico del
Zoppo
Masken: Alberto de Rossi
Kostüme: Piero Tosi (von Ditta Tirelli/S.A.F.A.S.Rom)
Frisuren: Grazia de Rossi (Perücken von Rochetti Carboni)
Zubehör: Enzo Eusepi
Spezialeffekte: E. und G. Baciucchi
Produktionsleitung: Lucio Trentini
Produktion: Ugo Santalucia (Mega Film Roma – Cinetel Paris –
Dieter Geissler Film/Produktion Divina Film München)

Besetzung: Helmut Berger (Ludwig II.), *Romy Schneider* (Elisa-
beth von Österreich), Trevor Howard (Richard Wagner), Silvana
Mangano (Cosima von Bülow), Gert Fröbe (Pater Hoffman),
Helmut Griem (Oberst Dürkheim), Sonja Petrowa (Prinzessin
Sophie), Umberto Orsini (Von Holnstein), John Moulder-Brown
(Prinz Otto), Marc Porel (Richard Hornig), Isabella Telezynska
(Königinmutter), Folker Bohnet (Joseph Kainz), Adriana Asti
(Lila von Buliowski), Nora Ricci (Ida Ferenczy), Mark Burns
(Hans von Bülow), Heinz Moog (Dr. Gudden), Maurizio Bonu-
glia (Mayr), Anne-Marie Hanschke (Herzogin Ludovika), Clara
Mustchaevski (Prinzessin Helene), Eva Tavazzi (Maria), Rayka
Juriec (Mathilde), Gunnar Warner (Karl-Theodor), Jan Linhart
(Maximilian), Bert Bloch (Weber), Gernot Möhner (Hessel-
schwerd), Helmut Stern (Osterholzer), Wolfram Schaerf (Crails-
heim), Karl-Heinz Peters (Washington), Berno von Cramm
(Torring), Hans Elwenspoek (Dr. Rumpler), K. Heinz Windhorst
(Dr. Müller), sowie Alexander Allerson, Manfred Fürst, Kurt
Grosskurth, Carla Mancini, Gerhardt Herter, Alain Naya, Ales-
sandro Perrella, Henning Schlüter.

Von 1864–1886 in Bayern und Österreich.
Als Achtzehnjähriger wird Ludwig II. zum König von Bayern
gekrönt. Seine ganze Liebe gilt jedoch der Musik und Literatur;
Politik interessiert ihn überhaupt nicht. Im Mai 1864 lernt er den
von ihm vergötterten Richard Wagner kennen. Mit Richard

Wagner leben der Dirigent Hans von Bülow und dessen Frau, Cosima, Tochter Franz Liszts. Ludwig bemerkt nicht, daß Richard Wagner mit Cosima ein Verhältnis hat, sorgt vielmehr für ihrer aller materielle Sicherheit, indem er sich großzügig aus der Staatskasse bedient. Als er den wahren Sachverhalt erfährt, fühlt er sich betrogen und hintergangen. Wagners außerordentlich hohe Ausgaben rufen im Volk Unzufriedenheit hervor. Schließlich muß Ludwig Wagner auffordern, München zu verlassen. – Bayern erklärt Preußen den Krieg. Ludwig interessiert es nicht. Er flüchtet sich in die Bewunderung für seine Cousine, Kaiserin Elisabeth von Österreich, die sagenhafte Sissi. Diese aber enttäuscht und verletzt ihn durch hochmütige Haltung und Bitterkeit, dies wiederum veranlaßt ihn, sich mit Sophie, einer Schwester Sissis, zu verloben. Schon bald aber flieht er seine Verlobte, weigert sich, sie zu heiraten und geht mit Richard Hornig, einem Bediensteten, seinen homosexuellen Neigungen nach. – Dem Rat Holnsteins folgend, geht Bayern den Bund mit Bismarck ein. Ludwigs ganze Aufmerksamkeit gilt jedoch den Entwürfen prunkvoller Schlösser, für deren Bau er der Staatskasse gewaltige Summen entnimmt. Ludwigs jüngerer Bruder, Otto, verfällt in Wahnsinn. Ludwig selbst entfremdet sich seiner Umgebung in zunehmendem Maße und zieht sich in die Einsamkeit seiner Schlösser zurück. Zu dieser Zeit ist er von Leidenschaft für den Schauspieler Joseph Kainz erfüllt, den er aushält. Allmählich verliert er sich ganz in seinen Träumen und Exzessen, wird schließlich für geisteskrank erklärt und in Schloß Berg festgehalten. Eines Abends verläßt er das Schloß zu einem Spaziergang mit seinem Leibarzt, Dr. Gudden, von dem beide nicht zurückkehren. Die Leichen werden im Starnberger See gefunden.

›France-Soir‹, 16. 3. 1973: ›Romy Schneider ist eine Elisabeth von unnahbarer Hoheit.‹
›Cinéma 73‹, Nr. 175 vom April 1973: ›Man mag sich wundern, daß Romy Schneider nicht eine Elisabeth zeigt, die Ludwig etwas nähersteht, enger mit ihm verbunden ist, und auch märchenhafter und lebensvoller als die kalte und leere Person, die sie hier vorführt . . .‹

40. CESAR ET ROSALIE (Cesar und Rosalie)
1972, französisch-italienisch-deutsch, Cinéma International Corporation, 117 Min.

Drehbuch: Claude Sautet, Jean-Loup Dabadie, Claude Néron
Dialoge: Jean-Loup Dabadie
Aufnahmeleitung: Jean Boffety (Eastmancolor)
Musik: Philippe Sarde (Dirigent Hubert Rostaing)
Dekorationen: Pierre Guffroy
Ton: William Sivel
Schnitt: Jacqueline Thiédot
Regieassistenz: Jean-Claude Sussfeld, Jean-Claude Ventura, Jacques Senti, Angès Folgoas
Kamera: Christian Guillouet, Henri Clairon
Masken/Frisuren: Irène Servet (Masken Romy Schneider: Jean-Pierre Eychenne, Frisuren Romy Schneider: Alexandre)
Kostüme: Annalisa Nasalli-Rocca
Accessoires: Jean Catala
Produktionsleitung: Henri Jaquillard
Produktion: Michelle de Brocca (Fildebroc UPF Paris – Mega Films Rom – Paramount Orion Produktion München)
Grand Prix du Cinéma Français 1972.

Besetzung: Yves Montand (Cesar), *Romy Schneider* (Rosalie), Sami Frey (David), Umberto Orsini (Antoine), Bernard le Coq (Michel), Isabelle Huppert (Marité), Eva-Maria Meineke (Lucie, Rosalies Mutter), Henri-Jacques Huet (Marcel), Pippo Merisi (Albert), Carlo Nell (Jérome), Gisella Hahn (Carla), Jacques Dhery (Henri), Dimitri Petricenko (Simon), Carol Lixson (Louise), Céline Galland (Rosalies Tochter Catherine), Hervé Sand (Georges), Betty Beckers (Madeleine), Henri Coutet (M. Fantin), Jerry Brouer (Rolf), Nicolas Vogel, Arcady, Lucien Desagneaux (Pokerspieler), Jean-Claude Sussfeld, Brigitte Defrance (Zeichner), Lucienne Legrand (Tante Sylvia), Colin Drake (Mr. Wilkinsen, englischer Käufer), Muriel Deloumeaux (Coline), Marcel Gassouk (Emile), Serge Nubret (Colson), Martin Lartigue (Lorca) Pierre Vaudier (Amtsdiener im Bürgermeisteramt), Jean-Paul Blondeau (Hochzeitsgast), und die Stimme Michel Piccolis im abschließenden Kommentar.

Cesar ist ein polternder, naiver, lebensfroher und erfolggewohnter Mann. Er hat sich immer erfolgreich geschlagen; er ist reich. Rosalie betrachtet er als Eigentum und höchsten Luxus. Sie ist eine außerordentlich charmante Dreißigerin – sensibel und großzügig, distinguiert und kultiviert, von ausgeprägtem Charakter und sehr selbständig. Mit ihr zu leben ist nicht ganz problemlos, aber wunderbar. Sie ist das perfekte Bild einer Frau unserer Zeit, die, modern und frei, schon viel erlebt hat und trotzdem immer noch von enormem Appetit auf Liebe und Leben erfüllt ist. Sie umgibt Cesar mit Zärtlichkeit, stärkt sich ihrerseits an seiner Kraft und Lebensfreude. Da taucht plötzlich David, eine Jugendliebe, auf, und sie gerät völlig aus dem Gleichgewicht! Möglicherweise war David, der Sanfte und Geheimnisvolle, ihre erste Liebe, eine Liebe von der Art, die einen leisen Geschmack von Bitterkeit hinterläßt und ein Verlangen, das man längst überwunden glaubte. Blicke werden getauscht, Erinnerungen werden wach, die alte Vertrautheit stellt sich ein – und kollidiert natürlich mit Cesars Besitzanspruch. Er wird unruhig, ungeduldig, poltert, schimpft. Solch dominierendes Gebaren erträgt Rosalie schlecht; sie wendet sich David zu. Jetzt droht, brüllt und tobt Cesar. Rosalie flüchtet sich in Davids Sanftheit. Es folgt ein idyllischer Aufenthalt an der Côte d'Azur. Cesar, der harte Kerl, kehrt reumütig zurück wie ein geschlagener Hund, der gestreichelt werden möchte . . . Damit erweicht er Rosalie aufs neue. Sie liebt ihn nur, wenn er um sie kämpft. David verschwindet aus ihrem Gesichtskreis – Leere entsteht. Rosalie zieht sich in sich selbst zurück. Der arrogante Cesar kann diese Melancholie seiner Vielgeliebten nicht ertragen und bittet David, zurückzukehren. Rosalie balanciert zwischen den beiden Männern und weiß nicht mehr, wie sie daran ist. Während Cesar und David sich immer besser verstehen, grübelt Rosalie, leidet, und geht schließlich mit ihrer Tochter fort, um nachzudenken . . . Für die beiden Männer ist das ein harter Schlag, aber man gewöhnt sich . . . Cesar und David bleiben zusammen. Ein Jahr darauf taucht Rosalie wieder auf . . . sie kehrt zurück. Zu wem? Eindeutig zu Cesar, der sie verdient hat.

›Ecran‹ 72, Nr. 10, Dezemberausgabe: ›Nie ist Montand besser und Romy, in all ihrer Weiblichkeit, schöner gewesen.‹
›France-Soir‹, Oktober 1972: ›Romy Schneider ist eine begnadete Rosalie, schön, bewegend, und fröhlich. Die Rolle ist ihr wie auf den Leib geschrieben. Ein Leckerbissen.‹
›Le Canard Enchaîné‹, 25. 1. 1972: ›Ach, der herrliche Film, die schöne Geschichte, die gute Regie, und was für ein Trio von

Hauptdarstellern! Yves Montand ist nie so gut, Romy Schneider nie so bezaubernd und Samy Frey nie so schön gewesen. Da muß man hin . . .‹

41. LE TRAIN / NOI DUE SENZA DOMANI (Le Train – Nur ein Hauch von Glück)

1973, französisch-italienisch, Fox. Lira, 101 Min.
Regie: Pierre Granier-Deferre
Drehbuch: P. Granier-Deferre, Pascal Jardin nach dem Roman von Georges Simenon
Dialoge: Pascal Jardin
Aufnahmeleitung: Walter Wottitz (Eastmancolor)
Musik: Philippe Sarde (Dir. Hubert Rostaing)
Dekorationen: Jacques Saulnier
Ton: Jean Labussière
Schnitt: Jean Ravel
Regieassistenz: Philippe Lefebvre, Jean Léon
Kameraassistenz: Philippe Brun
Masken: Gisèle Jacquin
Kostüme: Jacqueline Moreau
Frisuren Romy Schneider: Alexandre
Spezialeffekte: Paul Trielli
Produktionsleitung: Ralph Baum
Produktion: Raymond Danon (Lira Films Paris – Capitolina Cinematografica Produzioni Rom)

Besetzung: Jean-Louis Trintignant (Julien Maroyeur), *Romy Schneider* (Anna Küpfer), Nike Arrighi (Monique Maroyeur), Régine (Julie), Franco Mazzieri (Maquigon), Maurice Biraud (Maurice), Serge Marquand (Moustachou), Roger Ibanez (der Fremde), Paul Amiot (François ›Verdun‹), Jean Lescot (René), Anne Wiazemski (junge Bäuerin mit Baby), Paul Le Person (Kommissar), Jean-Pierre Castaldi (Sergent), Pierre Collet (Bürgermeister), Jacques Rispal (Angestellter im Flüchtlingsbüro von La Rochelle), Georges Hubert (alter Mann), Paul Bonifas (Nachbar), François Valorbe (Zugführer), André Rouyer (Mechaniker), Henri Attal (Chauffeur), Georges Spanelly (der Alte vom Wasserschloß), Isabelle le Gallou (Jocelyne), Michel Dupleix (Bahnhofsvorsteher), Carlo Nell (Zugschaffner), sowie Jacques Galland, Dany Jacquet, Sophie DeGeorge, Jean Turlin, Liliane

Sorval, Lucienne Legrand, Danielle Durou, Martine Leclerc, Simone Landry, Jacques Alric.

Von Mai 1940 bis Winter 1943 in Nord- und Mittelfrankreich. Die deutschen Truppen dringen in Frankreich ein. Der Radiomechaniker Julien Maroyeur verläßt sein heimatliches Dorf in Nordfrankreich, um mit seiner schwangeren Frau, Monique, und der dreijährigen Tochter zu fliehen. Bei der Abfahrt des Zuges, der die Flüchtlinge in nicht besetztes Gebiet bringen soll, wird Julien von seiner Familie getrennt. Unterwegs lernt er Anna, eine junge deutsche Jüdin, die sich ebenfalls auf der Flucht befindet, kennen. Sehr schnell fühlt sich Julien zu der schweigsamen, schönen und geheimnisvollen Frau hingezogen, die in so großer Gefahr schwebt. Nach einem Bombardement kommt es zu einer leidenschaftlichen Liebesszene zwischen beiden; sie wissen, daß ihrer Liebe keine Zukunft beschieden ist ... Anna beginnt, diesen sanften und schüchternen Mann, der sie ihre Verzweiflung vergessen läßt, wahrhaft zu lieben. Am Ende einer wahnsinnigen und gefahrvollen Reise erreicht ihr Waggon schließlich La Rochelle. Anna ist vor Angst ganz außer sich. Gewiß wird man sie verhaften, denn sie hat keine Papiere. Aber es geht noch einmal gut. Julien gibt sie für seine Frau aus, und sie bleiben einige Tage beisammen. Dann findet er seine Frau und seine Kinder wieder. Ihm ist inzwischen ein Sohn geboren. Anna zieht sich zurück und verschwindet für drei Jahre aus seinem Leben. Da klopft eines Tages im Winter 43 die Gestapo an seine Tür. Er soll über eine gewisse Anna Küpfer aussagen und seine Beziehung zu ihr erklären. Bei einer Gegenüberstellung gibt er zunächst vor, sie nicht zu kennen, kehrt dann aber, im letzten Moment, zu ihr zurück und drückt sie bewegt an sein Herz ...

›Le Nouvel Observateur‹, Nr. 470 vom 12. 1. 73) ›Die Österreicherin Romy Schneider in der Rolle der deutschen Jüdin ist zur Zeit eindeutig die beste Schauspielerin der französischen Leinwand. ›Le Train‹ ist darum mehr als ein guter Film, weil es ein guter Film mit Romy Schneider ist.‹

42. SOMMERLIEBELEI / UN AMOUR DE PLUIE
1973, französisch-deutsch-italienisch, Fox. Lira, 96 Min.
Regie: Jean-Claude Brialy

Drehbuch: Jean-Claude Brialy und Yves Simon
Aufnahmeleitung: Andreas Winding (Eastmancolor)
Musik: Francis Lai (Arr.: Christian Gaubert)
Dekorationen: Gabriel Déchir
Ton: André Hervée
Schnitt: Eva Zora
Regieassistenz: Patrick Bureau
Kamera: Jean Harnois
Masken: Didier Lavergne
Produktionsleitung: Ralph Baum
Produktion: Raymond Danon (Lira Films Paris – Trac Rom – Terra Filmkunst Berlin)

Besetzung: *Romy Schneider* (Elisabeth), Nino Castelnuovo (Giovanni), Suzanne Flon (Mme Edith), Mehdi El Glaoui (Georges), Bénédicte Bucher (Cécile), Jean-Claude Brialy (Baggerführer), Philippe Castelli (Angestellter in der Reception), Louis Navarre (Hotelangestellter), Pierre Mirat (Inhaber eines Cafés), Albert Michel (Gast im Café), Ermanno Casanova (Georges Vater) und Rosine Arlette Gilbert, Jean-Pierre Lombard, Jacques Vileret, Alain David, Jean-Paul Bouvier, Francine Walter, Jérôme Deschamps, Lydia Feld, Gaston Meunier.

Elisabeth, eine noch junge Frau, fährt mit ihrer fünfzehnjährigen Tochter Cécile nach Vittel zur Kur. Als Cécile aus einer Konditorei auf die Straße tritt, lernt sie den siebzehnjährigen Georges kennen: Er fährt sie mit einem Moped an. Man lächelt sich zu. Es ist nichts Ernstes geschehen. Georges arbeitet in der Küche des Hotels, in dem Elisabeth und Cécile wohnen. Er hat eine Leidenschaft, das Moped, und einen Freund, Alain, der auch im Hotel angestellt ist. Madame Edith, die Hotelchefin, arrangiert für die Kurgäste bunte Abende, an denen Elisabeth teilnimmt. Eines Vormittags lernt Elisabeth im Schwimmbad den schönen Giovanni kennen. Er ist ein intelligenter Draufgänger und heitert Elisabeth auf, die bei ihrem Ehemann, der nur an seine Geschäfte denkt, nicht viel zu lachen hat. Cécile und Georges treffen sich bei Regen im Musikpavillon. In Georges Zimmer kommt es zu einer schüchternen Liebesszene. Im Gegensatz dazu lieben sich Elisabeth und Giovanni sinnlich und leidenschaftlich. Mutter und Tochter sind Komplizinnen geworden und erzählen einander ihre Geheimnisse. Die Kur geht dem Ende zu. Giovanni, der Abenteurer, erklärt plötzlich, er müsse abreisen. Cécile ihrerseits kündigt Georges ihre bevorstehende Abreise an. Traurig blicken Elisabeth und Cécile auf diesen Urlaub zurück, in der Erinnerung an das Glück einer kurzen Leidenschaft . . .

43. LE MOUTON ENRAGÉ / IL MONTONE INFURIATO
(Das wilde Schaf)
1973, französisch-italienisch, S.N. Prodis, 101 Min.
Regie: Michel Deville
Drehbuch und Dialoge: Christopher Frank nach dem Roman von Roger Blondel
Aufnahmeleitung: Claude Lecomte (Eastmancolor)
Musik: Camille Saint-Saëns (in der Bearbeitung von José Berghmans; Dirigent: André Girard). Auszüge aus: Symphonie Nr. 3 für Orgel, Konzert für Piano Nr. 2, Introduktion und Rondo Capriccioso
Ton: André Hervée
Schnitt: Raymonde Guyot
Regieassistenz: Philippe Mannier, Fred Runel
Kamera: Robert Foucard
Masken: Eliane Marcus (Masken Romy Schneider: Didier Lavergne)
Kostüme: Simone Baron
Frisuren: Jean-Max Guérin
Produktionsleitung: Roger Deblemas
Produktion: Léo L. Fuchs (Viaduc Productions Paris – Trac Rom)

Besetzung: Jean-Louis Trintignant (Nicolas Mallet), *Romy Schneider* (Roberte Groult), Jean-Pierre Cassel (Claude Fabre), Jane Birkin (Marie-Paule), Florinda Bolkan (Flora), Georges Wilson (Julien Lourceuil), Michel Vitold (Groult), Henri Garcin (Berthoud), Marie Marquet (Tania Hermens), Jean-François Balmer (Vischenko), Dominique Constanza (Sabine), Estella Blain (Shirley Douglas), Betty Berr (Sylvie), Georges Beller (Jean-Mi), Raoul Curet (Kalfon), Carlo Nell (Ondrasz), Pierre Gualdi (M. Carelmann), Adrienne Servantie (Mme. Carelmann), Pippo Merisi (Kellner im Tournon), Guy Michel (Michel Benoit), Georges Bruce (Minet de Flora), Christine Boisson (Zouzou), Claude Marcault (Bernadette), Robert André (Belfond), Madeleine Damien (Eleonore), Gisèle Casadesus (Mme. Lourceuil),

Yves Bureau (Fanon), Leoni Collet (Denise), Jean-Pierre Maurin (Bayard), Yvett Frank (Mädchen vom Boulevard Saint-Michel), Salvino di Pietra (Rolls-Royce-Chauffeur), Frederic Nion (Chef im Café la Harpe), Dominique Marcas, Madeleine Ganne (Kassiererin im Supermarkt), Gérard Lemaire (Bedienung im ›Tabac‹ von Batignolles), Jacques Verlier (Bärtiger), Renée Legrand (Fernsehansagerin), Françoise Burgi (Zimmermädchen), Arlette Balkis (Frau in der Metro), Jean-Pierre Moreux (Polizist).

Nicolas Mallet ist ein schüchterner und fader kleiner Bankangestellter. Eines Tages wagt er, ein junges Mädchen anzusprechen: Marie-Paule. Dieser Erfolg krempelt ihn um und gibt ihm Selbstvertrauen. Er erzählt seinem Freund Fabre, einem kranken und komplexbeladenen Junglehrer, davon. Schon steht der hinterlistige Plan Fabres fest: Nicolas soll sein Werkzeug sein. So beginnt Nicolas' merkwürdiger, ferngesteuerter Aufstieg. Fabre entscheidet für ihn, berät ihn und findet im Erfolg des Freundes Anregung und Befriedigung seiner eigenen Wünsche. Nicolas soll zunächst Roberte, die sanfte und schöne Frau eines Kollegen Fabres, verführen. Es gelingt, und sie ist bald Nicolas' Geliebte. Die beiden treffen sich heimlich und lieben sich in vollkommener sinnlicher Harmonie. Roberte, die Nicolas mittlerweile aufrichtig liebt, wird nach Fabres Meinung hinderlich. Nicolas, der Robertes Charme verfallen ist, weigert sich aber, sie zu verlassen. Er setzt nichtsdestoweniger seinen steilen beruflichen Aufstieg fort. Er verführt die schönsten Frauen und wird zum Vertrauten bedeutender Männer. Bald ist Nicolas reich und bewundert. Da sieht er Roberte wieder. Auch Marie-Paule, die Lourceuil verführt hat, liebt Nicolas und schläft mit ihm, was ihn in eine schwierige Situation bringt. Nach einem Schäferstündchen wird Roberte vor seinen Augen von ihrem Ehemann erschlagen. Sie war schwanger. Nicolas vergeht vor Kummer. Ihm wird klar, daß er dieses Leben nicht weiter führen kann. Nach einer großen Enttäuschung in der Liebe begeht Fabre Selbstmord. Lourceuil stirbt. Nicolas heiratet Marie-Paule.

›La Croix‹, März 1973:
›Romy Schneider, so schön, so stark, so verletzlich, ist eine Traumfrau und eine Schauspielerin von Rasse.‹

44. LE TRIO INFERNAL / TRIO INFERNAL

1973/74, französisch-deutsch-italienisch, Fox. Lira, 107 Min.
Regie: Francis Girod
Drehbuch und Dialoge: Francis Girod, Jacques Rouffio nach der
Erzählung von Solange Fasquelle
Aufnahmeleitung: Andreas Winding (Eastmancolor)
Musik: Ennio Morricone
Dekorationen: Jean-Jacques Caziot
Ton: Bernard Bats
Schnitt: Claude Barrois
Regieassistenz: Jean-Patrick Lebel, Riccardo Sesani
Kamera: Jean Harnois
Masken: Didier Lavergne
Kostüme: Jacques Fonteray
Effekte: Pierre Roudeux
Technische Beratung: Jean-Marc Isy, Jean-Patrick Lebel
Produktionsleitung: Jean-Marc Isy
Produktion: Raymond Danon, Jacques Dorfmann Lira Films/
Belstar Productions/Films 66-Fox Europa Paris-Oceania Rom –
T.I.T. Film Produktion München

Besetzung: Michel Piccoli (Georges Sarret), *Romy Schneider*
(Philomena Schmidt), Mascha Gonska (Cathérine Schmidt),
Andréa Ferreol (Noémie), Monica Fiorentini (Magali), Philippe
Brizard (Chambon), Jean Rigaux (Villette), Papinou (Luffeaux),
Hubert Deschamps (Deltreuil), Monique Tarbes (Krankenschwe-
ster), Pierre Dac (Untersuchungsarzt bei der Lebensversiche-
rung), Francis Claude (Arzt), in weiteren Rollen: Jean-Pierre
Honoré, Henri Piccoli, Adolfo Gerni, Fanny Renan, Ralph Spath,
Maurice Gilbert, Jean Harnois, Raymond Lemoigne.

Marseille in den dreißiger Jahren.
Philomena Schmidt, eine deutsche Gouvernante in Marseille,
wird nach dem Tod ihrer Arbeitgeberin stellungslos. Allein und
ohne Arbeit wird sie die Geliebte Sarrets, eines bekannten
Anwalts. Um in Frankreich bleiben zu können, heiratet sie
Villette. Villette stirbt und hinterläßt ihr einiges Vermögen, das
sie mit ihrem Liebhaber teilt. Sarret läßt Philomenas Schwester,
Cathérine, aus Deutschland kommen und macht sie ebenfalls zu
seiner Geliebten. Dann heiratet sie Deltreuil. Sarret heckt einen
Versicherungsbetrug aus. Statt des echten Deltreuil, unterzieht

sich ein gewisser Chambon der von der Lebensversicherung geforderten ärztlichen Untersuchung. Deltreuil stirbt, und das Trio teilt sich die ausbezahlte Lebensversicherung. Die Komplizen trennen sich und leben, jeder für sich, herrlich und in Freuden. Chambon will eines Tages nicht mehr mittun, also müssen er und seine Freundin Noémie beseitigt werden. Im Laufe eines geselligen Abends in einer abgelegenen Villa erschießt Sarret das Paar. Mit Hilfe seiner beiden Mätressen schleppt er die Leichen in eine Badewanne und übergießt sie mit Schwefelsäure. Wenig später leeren die drei Monster die Wanne und vergraben die nicht aufgelösten Teile sorgfältig im Garten. Dann teilen sie sich die Hinterlassenschaft der Opfer. Für den nächsten Coup soll Philomena ein krankes junges Mädchen finden. Sie wählt Magali, ein schwindsüchtiges Waisenkind. Das junge Mädchen tut dem Trio jedoch nicht den Gefallen, zu sterben. Es erholt sich vielmehr und wird gesund. Sarret ist außer sich. Eines Abends kann Cathérine die Zynismen ihrer Komplizen nicht mehr ertragen und geht hinauf in ihr Zimmer. Am nächsten Morgen stürzt sie vor den Augen Sarrets und Philomenas vom Balkon. Ist es Unfall, Selbstmord oder Mord? Während des Begräbnisses erfährt Philomena von Sarret, daß sie das Geld aus der Versicherung ihrer Schwester erhalten wird. Sie heiraten; Magali ist Trauzeugin ...

›Pariscop‹, Mai 1974: ›Ein Film, großartig serviert von dem faszinierenden Paar Piccoli-Schneider.‹
›Nouvel Observateur‹, Juni 1974: ›Ein unerhört ehrgeiziger Film, und, was selten ist, oft auf der Höhe seines Ehrgeizes.‹
›L'Express‹ Nr. 1193 vom 20. 5. 74: ›Romy Schneider ist das charmante Monster in Person.‹

›Stuttgarter Zeitung‹:
Eine augenfälligere Demonstration des niveauvollen Standards französischer Filmproduktionen hätte es kaum noch geben können als das Erstlingswerk *Trio Infernal* des dreißigjährigen Regisseurs Francis Girod, der bisher als Filmkritiker, Regieassistent und Produzent tätig war. Allein die Tatsache, daß er für die Hauptrollen solche Stars wie Michel Piccoli, Romy Schneider und Andréa Ferreol gewinnen konnte und für die Musik den zur Zeit wohl begehrtesten Filmkomponisten Ennio Morricone, muß einem als etwas schier Unglaubliches erscheinen.‹

45. L'IMPORTANT C'EST D'AIMER / NACHTBLENDE

1974, französisch-deutsch-italienisch, S.N.Prodis, 110 Min. (Urversion 116 Min.)

Regie: Andrzej Zulawski
Drehbuch: Christopher Frank, Zulawski nach dem Roman ›Die amerikanische Nacht‹ von Christopher Frank
Dialoge: Christopher Frank
Aufnahmeleitung: Ricardo Aronowitsch (Eastmancolor)
Musik: Georges Delerue
Dekorationen: Jean-Pierre Kohut-Svelko
Ton: Jacques Gerardot
Schnitt: Christiane Lack
Regieassistenz: Laurent Ferrier, Franco Sormani, Philippe Lopez
Kameraass.: Andrzej Jarozewicz, Walter Bal
Masken: Didier Lavergne, Massimo de Rossi
Kostüme: Catherine Leterrier
Frisuren: Jean-Max Guérin
Produktionsleitung: Georges Casati
Produktionsassistenz: Léo L. Fuchs
Produktion: Albina de Boisrouvray (Albina Productions Paris – Rizzoli Rom – TIT Film München)

›CESAR‹ für Romy Schneider als beste Darstellerin des Jahres.

Besetzung: *Romy Schneider* (Nadine Chevalier), Fabio Testi (Servais Mont), Jacques Dutronc (Jacques Chevalier), Klaus Kinski (Karl-Heinz Zimmer), Claude Dauphin (Mazelli), Roger Blin (Servais Vater), Gabrielle Doulcet (Frau Mazelli), Michel Robin (Raymond Lapade), Guy Mairesse (Laurent Messala), Katia Tchenko (Dirne), Nicoletta Machiavelli (Luce), Paul Bisciglia (Regieassistent), Jacques Boudet (Roger Béninge), Claude Legros (Manuel Rosenthal), Robert Dadies (Arzt im Hospital und Theaterschauspieler), Gérard Zimmermann (Leonard), Guy Delorme und Gérard Moisan (Gehilfen Mazellis), Kira Potonie (Messalas Frau), Nadia Vasil (Regisseurin), Sin May Zao (Vietnamesin), Jerry di Giacomo (Transvestit), Manu Pluton (Mann in der Turnhalle), Jacques von Dooren (Verdurin), Jacques Jourdan (Victor), Sylvain, Michel Berruer, Eric Vasberg (Männer im Lokal), Frédérique Baralle (Mädchen im Lokal), Claudine Beccari (Mädchen), Serge Godenaire (Ephebe), Georges Frédéric Dehlen (Schauspieler im Theater), Michel Such (Elektriker).

In den Szenen, um die der Film gekürzt wurde: Marc Dudicourt (Mertolle), Philippe Clevenot (William Nesbitt), Zouzou (Claude Landre), Sybille Danning (Violaine), Andrée Tainsy (Jacques' Mutter), Henri Coutet (Jacques' Vater), Maritin (Jacques' Bruder).

Servais Mont, ein Bildreporter, begegnet Nadine Chevalier, einer heruntergekommenen Schauspielerin, die erniedrigende Rollen in Pornofilmen spielt, um sich über Wasser zu halten. Sie ist mit Jacques, einem schwachen und verbitterten Menschen, verheiratet, der die Realitäten des Lebens flieht. Servais sucht die Liebe Nadines; sie aber weist ihn ab, da sie sich Jacques gegenüber schuldig fühlen würde, wenn sie ihn verließe. Servais gibt nicht auf, sondern versucht, Nadines Liebe zu erringen, indem er ihr hilft, ohne daß sie es merkt. Er investiert viel Geld in ein Theaterstück, in dem Nadine endlich eine ihres Talentes würdige Rolle spielen soll. Er beauftragt Laurent Messala mit der Regie. Bei den Proben lernt er auch Jacques und Karl Zimmer, einen homosexuellen deutschen Schauspieler und Karateexperten, kennen. Die Extravaganz der Inszenierung läßt das Stück zu einem Mißerfolg werden. Nadine erfährt den wahren Grund ihres Engagements und bietet sich Servais an, ›um zu bezahlen‹. So will er sie aber nicht. Nadine erzählt Jacques von ihrem Unternehmen, er ist entsetzt und verspricht, sich um Arbeit zu bemühen. Dazu bittet er Servais um Hilfe. Aber Jacques ist ein gebrochener Mann, der das Mitgefühl seiner Frau nicht länger ertragen kann. In der Toilette eines Restaurants nimmt er sich das Leben. Nadine verzweifelt. Sie fühlt sich schuldig am Tod ihres Mannes und weist Servais zurück. Dieser hatte das Geld für die Aufführung von Mazelli, einem widerlichen Erpresser, geliehen. Um seine Schuld zu begleichen, verpflichtet er sich, ›Spezialfotos‹ für die Zwecke des Erpressers zu machen. Angewidert von allem bricht Servais mit Mazelli, der ihn bedroht. Zimmer hat eine Erbschaft gemacht und bietet als Freund das Geld an, das Servais benötigt, um sich von Mazelli zu befreien. Dieser aber hat Rache geschworen und läßt Servais durch seine Bande zusammenschlagen. Als Nadine sich endlich für Servais entscheidet, und zu ihm geht, um ihm ihre Liebe zu gestehen, findet sie ihn geschunden und geschlagen aber lebend . . .

›Le Point‹ Nr. 125 vom 10. 2. 1975: ›Romy Schneider, großartig mit ihrem ungeschminkten Gesicht, spielt die Rolle mit einer Art Besessenheit.‹

›Paris Match‹ Nr. 1343 vom 22. 2. 1975: ›Romy Schneider ist nie besser gewesen.‹

›Pariscope‹ 75: ›Daß Romy Schneider eine große Künstlerin ist, war bekannt, aber vielleicht nicht in dem Maße, das sie hier in dieser neuen Form der Darstellung an den Tag legt. Ihre Art, sich einer Rolle zu bemächtigen, fasziniert, erschüttert, macht Angst. Sie ist die Seele dieses schwarzen Meisterwerks, das man nicht betrachtet, ohne daß etwas zurückbleibt.‹

›France-Soir‹ vom 11. 2. 1975: ›Romy Schneider gibt immer mehr als man erwartet.‹

46. LES INNOCENTS AUX MAINS SALES / GLI INNO-CENTI DALLE MANI SPORCHE / DIE UNSCHULDIGEN MIT DEN SCHMUTZIGEN HÄNDEN

1974, französisch-italienisch-deutsch, Les Films la Boétie, 125 Min.
Regie: Claude Chabrol
Drehbuch: Claude Chabrol nach dem Roman ›The damned Innocents‹ von Richard Neely
Aufnahme: Jean Rabier (Eastman-Panavision)
Musik: Pierre Jansen (Dirigent: André Jouve)
Dekorationen: Guy Littaye
Schnitt: Jacques Gaillard
Ton: Guy Chichignoud
Regieassistenz: Michel Dupuy
Kamera: Yves Agostini
Masken: Didier Lavergne, Louis Bonnemaison
Kostüme: Fanny Jakubowicz
Produktionsleitung: Pierre Gauchet
Produktion: André Genovés (Les Film la Boétie Paris – Terra Filmkunst Berlin – Jupiter Generale Cinematografica Rom)

Besetzung: *Romy Schneider* (Julie Wormser), Rod Steiger (Louis Wormser), Paolo Giusti (Jeff Marle), Jean Rochefort (Legal), François Maistre (Inspektor Lamy), Pierre Santini (Inspektor Villon), François Perrot (Thorent), Hans-Christian Blech (Richter), Serge Bento (Direktor Crédit Lyonnais), Dominique Zardi (1. Polizist), Henri Attal (2. Polizist), René Piget (Mechaniker),

Gilbert Servien (Gerichtsbeamter), Jürgen Doeres (junger Mann), Jean Cherlian (Polizist im Boot), Georges Bain (Boule-Spieler).

Julie Wormser schlafwandelt nackt über den Rasen ihrer Villa in St. Tropez. Jeff Marle, ein junger Mann und angeblich Schriftsteller, taucht auf, und Julie wird sehr bald seine Geliebte, denn ihr Ehemann, der reiche Louis Wormser, trinkt und interessiert sich eher für Boote als für seine Ehefrau. Jeden Abend sorgt das Paar dafür, daß Louis sich sinnlos betrinkt, schafft ihn auf sein Zimmer und liebt sich dann heftig. Schon bald wird Louis ihnen zur störenden Last. Julie schläfert ihn eines Abends ein, und Jeff schleppt ihn zum Meer, in der Absicht, ihn zu ertränken. Nachdem er sich das Auto Wormsers genommen hat, hinterläßt er für Julie eine Adresse, an die sie Briefe postlagernd senden kann. Die junge Frau zeigt bei der Polizei das Verschwinden ihres Mannes an. Zwei mißtrauisch gewordene Inspektoren beschließen, Julie zu überwachen. Sie geht zur Bank und erfährt dort, daß Louis ihr gesamtes Vermögen abgehoben hat. So steht sie mittellos da und wendet sich in ihrer Verlegenheit an Thorent, einen Vertrauten Louis'. Sie wird der Beteiligung am Mord ihres Mannes beschuldigt. Ein gerissener Anwalt erreicht jedoch die Einstellung des Verfahrens gegen sie. Bei ihrer Heimkehr findet sie Louis quicklebendig vor. Er hatte von ihrem Plan erfahren und sich ihn auf seine Weise zunutze gemacht, indem er sie Jeff das Schlafmittel geben ließ. Julie sitzt in der Falle. Jeden Abend muß sie sich Louis für Geld hingeben. Sie macht das Spiel mit. Da erscheint Jeff auf dem Plan. Louis hatte ihm Geld gegeben, damit er verschwinden sollte, aber der junge Mann will auch den Rest des Vermögens und Julie obendrein. Sie ergreift Jeffs Partei. Während Jeff geht, um das Geld zu holen, erleidet Louis einen Herzanfall. Angsterfüllt fleht sie Jeff an, ihren Gatten zu retten. Der junge Mann wird wütend und bedroht sie. Die Polizei trifft gerade noch rechtzeitig ein, um Jeff daran zu hindern, Julie zu erwürgen.

Eckhart Schmid in ›Süddeutsche Zeitung‹, 30. 5. 75:
›Sie ist der Köder. Sie liegt nackt und locker im Gras ihrer St.-Tropez-Villa, als ein junger Schriftsteller rein zufällig des Wegs kommt, prompt anbeißt und damit einen Psycho-Thriller, dessen groteske Abgründe die Talente des amerikanischen Krimi-Schrift-

stellers Richard Neely und des professionellen Sarkasten Claude Chabrol aufs schönste offenbaren. Romy Schneider ist in *Die Unschuldigen mit den schmutzigen Händen* nicht nur Köder. Sie mausert sich, während die Story perfide kreist, auch noch zur Jägerin und notgedrungen zur Beute: Zwischen allen drei Polen läßt Chabrol, der bekannte, hier speziell für Romy Schneider phantasiert zu haben, seinen Film oszillieren.‹

47. LE VIEUX FUSIL / DAS ALTE GEWEHR / ABSCHIED IN DER NACHT

1975, deutsch-französisch, Artistes Associés, 102 Min.
Regie: Robert Enrico
Drehbuch: Pascal Jardin, Robert Enrico und Claude Veillot nach der Erzählung von Pascal Jardin
Dialoge: Pascal Jardin
Aufnahmetechnik: Etienne Becker (Eastmancolor)
Musik: François de Roubaix
Bauten: Jean Saussac
Ton: Bernard Aubouy
Schnitt: Eva Zora
Regieassistenz: Jacques Santi
Masken: Didier Lavergne
Kostüme: Corinne Jorry
Effekte: René Albouze
Produktionsleitung: Alain Belmondo
Produktion: Pierre Caro (Mercure Productions/Artistes Associés Paris – T.I.T. Film München)

CESAR als bester Film des Jahres 1975. CESAR für den besten männlichen Darsteller, für Philippe Noiret. CESAR für die beste Filmmusik des Jahres für François de Rubaix.

Besetzung: *Romy Schneider* (Clara), Philippe Noiret (Julien Dandieu), Jean Bouise (François), Madeleine Ozeray (Juliens Mutter), Joachim Hansen (SS-Offizier), Robert Hoffmann (Oberleutnant), Jean-Paul Cisife (Miliz), Karl-Michael Vogler (Arzt – Major Müller), Caroline Bonhomme (Florence Dandieu mit 8 Jahren), Catherine Delaporte (Florence Dandieu mit 13 Jahren), Marie-Blanche Vergne (Postbeamtin), Antoine Saint-John (deutscher Soldat, der in der Küche getötet wird).

Montauban und Umgebung 1944; Paris und Biarritz 1939.
Julien Dandieu ist Chirurg und behandelt alle Patienten ohne
Ansehen der politischen Gesinnung. Bei den deutschen Besetzern
herrscht nervöse Spannung. Die Division ›Das Reich‹ soll in die
Normandie rücken. Das Verhalten der Miliz wird immer bedroh-
licher. So bringt Julien, dem Rat seines Freundes François
folgend, seine Frau Clara und die dreizehnjährige Tochter
Florence in der Barberie unter. Der Weiler und das Schloß
scheinen ihm ideal für sie geeignet, dort das zweifellos nahe Ende
des Krieges abzuwarten. Nach fünf Tagen hält es ihn nicht länger,
und er will Frau und Tochter aufsuchen. Er begibt sich zur
Barberie; das Dörfchen hat das gleiche Schicksal erlitten wie die
Stadt Oradur . . . die Nazis haben unter der Bevölkerung ein
Gemetzel veranstaltet. Von bösen Vorahnungen getrieben, steigt
er zum Schloß hinauf und sieht noch die Schatten der SS-Mörder,
die zur Divison ›Das Reich‹ gehören. Juliens Gesicht verzerrt sich
– er hat die verstümmelten Leichen von Frau und Tochter
entdeckt. Claras Leichnam liegt an einer Mauer. Man hat die
junge Frau vergewaltigt und dann mit einem Flammenwerfer
verbrannt. Besinnungslos vor Schmerz stürzt Julien ins Schloß
und holt aus einem Versteck das alte Jagdgewehr seines Großvaters. Sein Kopf ist voller Bilder aus einer glücklichen Vergangenheit . . . Mit Hilfe eines Spiegels ohne Belag und seiner genauen
Kenntnis der Geheimgänge des Schlosses bringt Julien die
Mörder zur Strecke, einen nach dem anderen . . .

›France-Soir‹, August 1975: ›Philippe Noiret und Romy Schneider haben uns schon oft erstaunt, beglückt, zu Tränen gerührt,
oder zum Lachen gereizt. Hier erreicht ihr Spiel eine unbe-
schreibliche Fülle . . .‹

›Ciné-Revue‹ Nr. 35 vom 28. 8. 75: ›Das Spiel dieser beiden
Darsteller, die ihre Emotionen, ihr Innenleben, ihre Subtilität
aufeinander abstimmen, ist von hohem Rang, man kann ihm nicht
widerstehen . . .‹

48. UN FEMME A SA FENETRE / DIE FRAU AM FENSTER
1976, französisch-italienisch-deutsch, S.N.C. (in Frankreich), 110
Min.
Regie: Pierre Granier-Deferre

Drehbuch: P. Granier-Deferre und Jorge Semprun nach dem Roman von Pierre Drieu La Rochelle
Dialoge: Jorge Semprun
Aufnahmetechnik: Aldo Tonti (Eastmancolor, Panavision)
Musik: Carlo Rustichelli
Dekorationen: Enzo Bulgarelli
Ton: Roy Mangano
Schnitt: Jean Ravel
Regieassistenz: Jean-Michel Lacor
Kamera: Jean Harnois
Masken: Didier Lavergne, Lamberto Marini
Kostüme: Jacques Fonteray, Maria Baroni
Frisuren: Jean-Max Guefin, Sergio Gennari
Produktionsleitung: Georges Casati
Produktion: Albina du Boisrouvray (Albina Productions Paris – Rizzoli Films Rome – Cinéma 77 Beteiligungs/Co 3 Produktion Berlin)

Besetzung: *Romy Schneider* (Margot Santorini), Philippe Noiret (Raoul Malfosse), Victor Lanoux (Michel Boutros), Umberto Orsini (Rico Santorini), Delia Boccardo (Dora Cooper), Martine Brochard (Avghi Arditi), Gastone Moschin (PrImoukis), Carl Möhner (Staalbaum), Joachim Hansen (von Pahlen), Sandra Burguy (Margot mit sieben Jahren), Paul Muller (Theodoris), Jean Martin (Drieu La Rochelle), Neli Riga (Amalia).

Griechenland im Jahre 1936 – im 2. Weltkrieg – und im Jahr 1967.
Das Land ist im Begriff, von der faschistischen Flut überschwemmt zu werden. Die reiche und schöne Margot Santorini ist mit Rico, einem Diplomaten und Playboy, verheiratet. Als Ehefrau ist sie frustriert und sehnt sich nach der großen Leidenschaft. Dem äußeren Anschein nach lebt das Paar einträchtig im Genuß seiner Privilegien. In Wirklichkeit geht Rico seinen Abenteuern nach, und Margot sammelt schmachtende Liebhaber. Zu ihnen zählt auch Raoul Malfosse, ein französischer Industrieller, der verrückt nach ihr ist. Margot erscheint frivol und zynisch, ist in Wirklichkeit aber ernsthaft und scheu. – Eines Abends wird sie durch Zufall Zeuge einer Menschenjagd. Sie bietet dem Flüchtling, Michel Boutros, der wegen seiner politischen Gesinnung verfolgt wird, Unterschlupf in ihrem Zimmer. Diese Begeg-

nung bringt die entscheidende Wende in ihrem Leben. Margot verliebt sich leidenschaftlich in Boutros. Sie liebt aber auch seine Ideale, seinen Mut und seine Menschlichkeit. Sie gibt sich diesem Manne hin und verhilft ihm zur Flucht. Dazu setzt sie sich über Konventionen hinweg, täuscht die Polizei, ihren Mann und die Freunde. Schließlich gibt sie alles auf und folgt Boutros. Die Menschen, die sie geliebt haben, versuchen, sie im Kriegswirrwarr wiederzufinden. Von Boutros hat sie eine Tochter, die sie Rico anvertraut, der ihr Freund geworden ist. Als Erwachsene kehrt diese Tochter 1967 an den Ort zurück, wo ihrer Mutter die große Liebe begegnete.

›Le Monde‹, 14. 11. 76: An diesem intelligent gemachten und sehr gut gespielten Film gibt es nichts zu bemängeln. Romy Schneider ist nie schöner, bewegender, lebensvoller gewesen. Irgendwo in seinem Buch sagt Drieu La Rochelle über Margot: ›. . . es war da ein Rätsel um diese schöne junge Frau, die ein wenig wienerisch war, aber noch viel mehr pariserisch . . . und eine Kraft in diesem weichen Körper.‹ Dieses Rätsel, diese Kraft und diese körperliche Gegenwart, das ist es, das Talent Romy Schneiders . . .

49. MADO / MADO

1976, französisch-italienisch-deutsch. 135 Min.
Regie: Claude Sautet
Drehbuch/Dialoge: Claude Néron, Claude Sautet
Aufnahmetechnik: Jean Boffety (Eastmancolor)
Musik: Philippe Sarde
Dekorationen: Pierre Guffroy
Ton: Jean-Pierre Ruh
Schnitt: Jacqueline Thiédot
Regieassistenz: Jean-Claude Sussfeld, Jacques Santi
Kameraassistenz: Christian Guillouet
Masken: Jean-Pierre Eychenne
Kostüme: Jacques Cottin
Produktionsleitung: Guy Azzi
Produktion: André Génovès (Les Films La Boétie Paris), Italgerma (Rome), Terra Filmkunst GmbH (Berlin)

Besetzung: Michel Piccoli (Simon), Ottavia Piccolo (Mado),

Jacques Dutronc (Pierre), Charles Denner (Manecca), Julien Guiomar (Lépidon), Jean-Paul Moulinot (Papa), Bernard Fresson (Julien), sowie Claude Dauphin, Jean Bouise, André Falcon, Jacques Richard, Michel Aumont, Nathalie Baye. Mit *Romy Schneider* als Helene.

Simon, ein Industriemakler, 50 Jahre alt, steht an einer Wende seines Lebens und seiner Karriere. Vor seinen finanziellen Schwierigkeiten, dem allgemeinen Unbehagen seiner Zeit und einer schwierigen Gefühlssituation flüchtet er sich gern zu Mado, einer jungen Italienerin, die sich gelegentlich in höheren Geschäftskreisen prostituiert. Mado liebt Pierre, einen jungen Arbeitslosen, dem sie bei Simon eine Anstellung verschafft. Pierre seinerseits versucht Helene Halt zu geben, einer jungen Alkoholikerin, die er beinahe geheiratet hätte und für die er noch immer große Zuneigung empfindet . . .

›Elle‹, Oktober 1976:
›Romy Schneider in ›Mado‹ ist die Größte.‹
›Pariscop‹, Oktober 1976:
›Und nun zu Romy Schneider. Sie hat nur eine Szene, aber was für eine Szene und was für eine Schneider!‹

50. GRUPPENBILD MIT DAME / PORTRAIT DE GROUPE AVEC DAME

1976/77, deutsch-französisch, Artistes Associés, 107 Min.
Regie: Aleksandar Petrovic
Drehbuch: Aleksandar Petrovic unter Mitwirkung von Heinrich Böll, nach dessen Roman ›Gruppenbild mit Dame‹, Literatur-Nobelpreis 1972
Aufnahmetechnik: Pierre-William Glenn (Farben, Panavision Panaflex)
Musik: Mozart, Schubert und russisches Lied (von A. Petrovic ausgewählt)
Dekorationen: Günther Naumann
Ton: Gerhard Birkholz
Schnitt: Agape Dorstewitz, A. Petrovic, Marika Radvanyi, Helga Borsche
Regieassistenz: Wigbert Wicker, Stevan Petrovic, Milan Dor, Sascha Goldmann

Kameraassistenz: Jean-François Gondre, Jean-Claude Vicquery, Pascal Lebegue
Masken: Ingrid Thier (Masken Romy Schneider: Didier Lavergne)
Produktionsleitung: Felix Hock
Produktion: Martin Hellstern
Produktionsassistenz: Hans Brockmann
Künstlerische Leitung: Reinhard Sigmund, Vlastimir Gavrik
Koproduktion: Artistes Associés (Paris), Stella Film, Cinéma 77, Beteiligungs und Co 4 (Berlin), Zweites Deutsches Fernsehen (Mainz)

Besetzung: *Romy Schneider* (Leni Gruyten), Brad Dourif (Boris Koltowski), Michel Galabru (Walter Pelzer), Richard Münch (Hubert Gruyten), Vitus Zeplichal (Heinrich Gruyten), Vadim Glowna (Erhard Schweigert), Fritz Lichtenhahn (Doktor Scholsdorff), Rüdiger Vogler (Bolding, der Einäugige), Milena Dravic (Schwester Klementine), Irmgard Först (Helen Gruyten), Rudolf Schündler (Otto Hoyser), Peter Kern (Werner Hoyser), Dieter Schidor (Kurt Hoyser), Isolde Barth (Lotte Hoyser), Wolfgang Condrus (Kremp), Gefion Helmke (Frau Schweigert), Bata Zivojinovic (Bogakow), Eva Ras (Rachel Ginzburg), Ingeborg Lapsin (Oberin), Charlotte Adami (Schwester Cäcilia), Evelyn Mayka (Liane Holthohne), Conny Diehm (Lise Kremer), Annie Monange (Frau Heuter), Kurt Raab (Parteifunktionär), Heinz Lieven (SS-Offizier), Joachim Kerzel und Manfred Tummler (amerikanische Offiziere), Carl Durning (französischer Offizier), Eric Schwarz (Kelf), Alexander Radszun (Deserteur), Johanna Elbauer (junge Nonne), Dragomir Bojanic (Mehmed der Türke) und Max Buchsbaum.

Deutschland 1939, 1941, 1945, 1965.
Eine Nonne entdeckt mitten im Winter auf dem Grab Schwester Rachels ein Gebinde aus roten Rosen. Wir befinden uns im Deutschland des Jahres 1965. Rachel Ginzburg, eine Jüdin, hatte sich vor den Nazis in das Kloster geflüchtet, wo sie 1943 sterben mußte. Woher stammen die Rosen? Man vermutet von Leni Gruyten, einer ehemaligen Klosterschülerin, heute einer Frau in mittleren Jahren. Rachel war Lenis geistiges Vorbild und ihr in tiefer Freundschaft verbunden gewesen. Mit Hilfe Pelzers, eines alten Freundes von Leni, versucht Schwester Klementine das

Geheimnis der Rosen zu lüften. Leni ist die Tochter Hubert Gruytens, eines Industriellen und Bunkerkonstrukteurs der Nazizeit. 1941 begegnete sie zum erstenmal der Liebe in Gestalt ihres Cousins Erhard. Aber er war zusammen mit ihrem Bruder Heinrich desertiert und auf der Flucht nach Schweden hingerichtet worden. Hubert Gruyten beschloß, den Sohn zu rächen, gründete eine Scheinfirma, in der er imaginäre Arbeiter aus dem Osten beschäftigte. So konnte er zum Schaden der Nazis große Geldsummen zweckentfremden. Er wurde verhaftet und in ein Arbeitslager gesteckt. Leni, die allein zurückblieb, fand eine Anstellung in einer Friedhofsgärtnerei bei Walter Pelzer, mit dem sie Grabkränze flocht. Dort lernte sie Boris Koltowski, einen russischen Kriegsgefangenen, kennen. Zwischen beiden entspann sich eine zärtliche Beziehung, der aber nur kurze Dauer beschieden war. Boris, von dem Leni bald schwanger war, nahm einen deutschen Namen an, wurde von den Alliierten verhaftet und erschossen. 1965 ist Leni fünfundvierzig Jahre alt, eine vom Schicksal gezeichnete Frau. Eine Zeitung beschuldigt sie des Verrats an den Deutschen, weil sie einen Russen geliebt hat und heute türkische Gastarbeiter beherbergt. Man droht, ihr die Wohnung zu kündigen, aber ihren Freunden, vor allem Pelzer, gelingt es, dies zu verhindern. Leni ist von Mehmed, einem türkischen Gastarbeiter, den sie heiraten will, schwanger. Ihr Leben ist friedlich, wenn man von den Schatten der Vergangenheit absieht, die sie immer noch verfolgen . . .

›France-Soir‹ vom 26. 5. 77:
›Man läuft Gefahr, gegenüber diesem ambitionierten, wichtigen, nicht ganz befriedigenden Film, in dem die Qualitäten jedoch eindeutig überwiegen, ungerecht zu sein. ›Gruppenbild mit Dame‹ ist voll der schönen Bilder und gewaltigen Szenen (z. B. dem Bombenangriff) und profitiert von der ausgezeichneten Gesamtleistung der Darsteller. Leni, das ist Romy Schneider im Alter von zwanzig, fünfundzwanzig, fünfundvierzig und über fünfzig Jahren. Eine ganz große schauspielerische Leistung mit schönen, bewegenden Momenten, leider oft unterbrochen durch die gewollte Konstruktion des Films.‹

51. EINE EINFACHE GESCHICHTE / UNE HISTOIRE SIMPLE

1978, BRD/Frankreich
Regie: Claude Sautet
Drehbuch: Claude Sautet und Jean-Loup Dabadie
Aufnahmetechnik: Jean Boffety
Musik: Philippe Sarde
Bauten: Georges Levy
Ton: Pierre Lenoir und Hubertus Schmandke
Schnitt: Jacqueline Thièdot und Gisela Bastian
Aufnahmeleitung: Michel Choquet und Michael Schackwitz
Produktionsleitung: Pierre Grunstein
Produzenten: Horst Wendlandt, Claude Berri und Alain Sarde
Koproduktion: Rialto Film (Berlin), Renn Productions, Sara-Films FR 3 (Paris)

Besetzung: *Romy Schneider* (Marie), Bruno Cremer (Georges), Claude Brasseur (Serge), Vera Schroeder (Françoise), Peter Semler (Patrick), Arlette Bonnard (Gabrielle), Francine Berge (Francine), Barbara Rix (Laurence), Eva Darlan (Anna), Roger Pigaut (Jérôme), Sophie Daumier (Esther), Jean-François Garreaud (Christian), Jacques Sereys (Charles).

Marie ist 40 Jahre alt. Von ihrem Gatten Georges ist sie geschieden, hat aber von ihm einen 16jährigen Sohn, der mit ihr die gemeinsame, hübsche Wohnung teilt. Von ihrem Freund Serge beabsichtigt sie sich zu trennen. Die Gründe dafür sind ihr allerdings noch nicht klar, obwohl sie von Serge ein Kind erwartet, das sie allerdings abtreiben lassen möchte.

Rein zufällig trifft Marie wieder auf ihren Exehemann Georges. Es scheint, als hätten beide sich immer noch etwas zu sagen, aber ohne daß es zu einer Aussprache kommt, trennen sich ihre Wege wieder. Kurz darauf findet zwischen Marie und Serge in einem Café ein peinliches Zusammentreffen statt. Marie eröffnet ihrem Freund, daß sie beabsichtigt, sich von ihm zu trennen und auch nicht gewillt ist, das Kind, das sie von ihm erwartet, zur Welt zu bringen. Serge muß erkennen, daß Marie ihre Beziehung zu ihm nicht länger aufrecht erhalten will. Er verliert sich in Niedergeschlagenheit und Ärger.

Aber auch Marie wird ihrer aggressiven Ausbrüche nicht Herr. Verlassenheit und Unverständnis bemächtigen sich ihrer, und sie sucht das Verständnis bei ihren Freundinnen und auch bei ihrem Sohn, der allerdings selber seine Probleme nicht allein lösen kann. Auch von ihrer Mutter ist kein Verständnis zu erwarten. Lediglich die Freundinnen sind es, von denen sich Marie ablenken läßt und versucht, mit der neuen, veränderten Situation fertig zu werden. Aus den Gesprächen mit ihren Freundinnen kann Marie erkennen, daß sie nicht die einzige Person ist, die ihre Probleme nicht zu ordnen weiß. Auch Maries Freundinnen leben in einer Welt, die von Männern bestimmt und geformt wird. Nur wenn die Frauen unter sich sind, entwickeln sie Wärme, Zärtlichkeit und Verständnis. Man merkt, daß diese Frauen alle wesentlich stärker sind, als sie in Gegenwart ihrer Männer erscheinen.

Dann trifft sich Marie wieder mit Georges, ihrem Exehemann. Die beiden bewegen sich nun wieder auf einer vertrauensvollen Basis, gehen gemeinsam aus und schlafen nach Jahren wieder zusammen, entdecken sich aufs neue. Serge macht in der gleichen Nacht Marie eine häßliche Szene, so daß sich Marie noch mehr in ihrer Zugehörigkeit zu Georges bestärkt fühlt. Obwohl Georges noch in einer anderen Beziehung mit einer wesentlich jüngeren Geliebten steckt, treffen sich die ehemals Verheirateten immer häufiger.

Dann stellt Marie fest, daß sie wieder schwanger ist, jetzt von Georges. Was ihr die Zukunft bringt, weiß sie nicht, sie weiß aber, daß sie das Kind von Georges behalten wird.

›Le Monde‹:
›Film über eine Frau, über die Frauen – aber weit entfernt von der romantischen Konfitüre und vom militanten Vitriol. *Eine einfache Geschichte* erinnert manchmal flüchtig an Geschichten von Ingmar Bergman. Klar, daß Sautet die Frauen liebt, wie Bergman sie liebt: wegen ihrer Süße und Heftigkeit, ihrer Großzügigeit und Verrücktheit, wegen dem, was sie in sich Seltenes und Heiliges haben. Aber Sautet und Dabadie sind nicht in den Nebeln des Nordens und der Strenge einer nüchternen Religion geboren . . . Und etwas von Racine ist in dieser Beichte einer jungen Frau des Jahrhunderts. Der schönste Film von Sautet. Ein großer französischer Film.‹

52. BLOODLINE / BLUTSPUR
1979, USA/BRD
Regie: Terence Young

Drehbuch: Laird Koenig, nach dem gleichnamigen Roman von Sidney Sheldon
Aufnahmetechnik: Freddie Young (Eastman Color)
Musik: Ennio Morricone
Bauten: Ted Haworth
Kostüme: Enrico Sabbatini
Maske: Hasso von Hugo (für Romy Schneider: Jean-Max Guérin)
Schnitt: Bud Molin
Produktionsleitung: Richard McWhorter
Koproduktion: David V. Picker und Sidney Beckerman für NF Geria III-Produktion, München

Besetzung: Audrey Hepburn (Elizabeth Roffe), Ben Gazzara (Rhys Williams), James Mason (Sir Alec Nichols), Claudia Mori (Donatella), Irene Papas (Simonette Palazzi), Michelle Phillips (Vivian Nichols), Maurice Ronet (Charles Martin), *Romy Schneider* (Helene Martin), Omar Sharif (Ivo Palazzi), Beatrice Straight (Kate Erling), Gert Fröbe (Inspektor Max Hornung), Wolfgang Preiss (Julius Prager) und Vadim Glowna, Walter Kohut.

Sam Roffe ist der Besitzer eines weltweiten und mächtigen Pharma-Konzerns, der Firma Roffe mit Sitz in Zürich. Als er auf mysteriöse Weise in den Bergen den Tod findet, kommt der weltweit verzweigte Roffe-Clan zusammen, um Ansprüche am Erbe des Toten geltend zu machen, seine Nachfolge anzutreten oder um in irgendeiner Form am Geld des Konzernchefs teilhaftig zu werden. Roffes Vertrauter, Rhys Williams, begibt sich nach New York, um der einzigen Tochter Roffes, der scheuen, aber selbständigen Elizabeth, die traurige Nachricht zu hinterbringen. Elizabeth, die von ihrem Vater zu Lebzeiten mehr oder minder ignoriert worden ist, sieht sich nun plötzlich als Millionenerbin wieder und fragt sich, ob sie ihrer neuen Rolle als Konzernchefin gewachsen sein wird.

   Die Erben und Hinterbliebenen haben, außer in der Gestalt von Elizabeth, alle ein lebhaftes Interesse am Vermächtnis des Toten und an seinen Millionen, leben in ständigen Geldnöten verschiedenster Art und streben nach Macht und Anerkennung.

Sir Alec muß die hohen Spielschulden seiner Frau Vivian begleichen. Helene Roffe-Martin will des Imperium des Toten unter ihre Kontrolle bekommen, ihr schwacher Ehemann Charles möchte jedoch nur Geld, um sich von seiner tyrannischen Frau lösen zu können. Ivo Palazzi hat Schwierigkeiten mit seiner Geliebten Donatella, die von ihm 3 Millionen Dollar zu erpressen versucht, um ihre drei unehelichen Kinder großziehen zu können, aber auch als Schweigegeld gegenüber Palazzis Frau Simonetta, mit der dieser drei eheliche Kinder hat.

Der Schweizer Inspektor Hornung erscheint nun auf dem Plan, da er davon überzeugt ist, daß Roffe ermordert wurde.

Elizabeth führt nun als Konzernchefin das Imperium ihres Vaters an. Aus Vernunftsgründen heiratet sie Rhys Williams und bringt sich in zusätzliche Schwierigkeiten, als sie den Verwandten verweigert, ihre Aktien zu Geld zu machen. Darüber hinaus ist sie davon überzeugt, daß eines der Mitglieder der Familie für den Tod ihres Vaters verantwortlich ist.

In Paris versucht Helene verzweifelt, Rhys wieder für sich zu gewinnen, zumal beide eine lange Affäre miteinander verband. So erinnert sie Elizabeths frischangetrauten Ehemann daran, daß seine Frau eine schlechte Autofahrerin ist.

Kate Erling, Roffes Sekretärin, verunglückt in Zürich tödlich. Inspektor Hornung muß erkennen, daß dieser Anschlag eigentlich Elizabeth gegolten hat. Beharrlich führt er seine Untersuchungen fort. Elizabeth und Rhys brüskieren Charles, und drohen damit, seine illegalen Geschäftspraktiken bloßzulegen. Verschiedene Sexualmorde führen Inspektor Hornung wieder zur Roffe-Familie. Auch Rhys befindet sich unter den Verdächtigen. Als Elizabeth einen Brief findet, den Helene an Rhys schrieb mit der Bitte, ihr bei der Übernahme des Konzerns behilflich zu sein, ist Elizabeth total verunsichert. Sie vertraut nun niemandem mehr und ist überzeugt davon, daß man sie aus dem Wege räumen will. In ihrer Verzweiflung zieht sie sich in die Roffe-Villa auf Sardinien zurück, nicht jedoch, ohne vorher noch einmal mit Inspektor Hornung Kontakt aufgenommen zu haben.

Als sie am nächsten Morgen aufwacht, stellt sie entsetzt fest, daß die Villa in Brand steht. Je auf einem anderen Balkon gewahrt sie Sir Alec und ihren Mann Rhys, während Inspektor Hornung im letzten Moment mit einem Scharfschützen auftaucht. Sir Alec und Rhys versuchen, Elizabeth schwankend zu machen, aber erst als Sir Alec tödlich getroffen niedersinkt, weiß Elizabeth, wer ihres Vertrauens würdig ist.

›Frankfurter Rundschau‹:
›Fad und konturenlos schleppt sich irgendeine mörderische Angelegenheit durch eine Unternehmerfamilie, vielmehr eine Ansammlung mehr oder weniger umsatzträchtiger Stars, die sich orientierungslos der Kamera präsentieren, indes im Hintergrund ihre Agenten aufpassen, daß jeder seine Großaufnahme kriegt. Ein trüber Film.‹

53. CLAIR DE FEMME / DIE LIEBE EINER FRAU
1979, Frankreich/Italien/BRD
Regie: Constantin Costa-Gavras
Drehbuch: Christopher Frank und Costa-Gavras, nach dem Roman *Clair de femme* von Romain Gary
Aufnahmetechnik: Ricardo Aronovich (Eastmancolor)
Musik: Jean Musy
Bauten: Mario Chiari und Eric Simon
Ton: Pierre Gamet
Schnitt: Françoise Bonnot
Herstellungsleitung: Robert Dorfmann
Produzent: Georges Alain Vuille
Koproduktion: Les Films Gibe und Les Films Corona (Paris), Parva Cinematografica (Rom), Janus Film (Frankfurt) und Iduna-Film (München)

Besetzung: *Romy Schneider* (Lydia), Yves Montand (Michel), Romolo Valli (Galba), Lila Kedrova (Sonia), Heinz Bennent (Georges), Roberto Benigni (Barkeeper), Dieter Schidor (Sven), Catherine Allegret (Prostituierte), François Perrot (Alain), Daniel Mesguich (Kommissar), Gabriel Jabbour (Sascha), Hans Verner (Klauss).

Lydia und Michel treffen sich per Zufall. Michel ist auf dem Wege nach Caracas, um dort ein neues Leben zu beginnen. Vom Flughafen aus aber kehrt er um, wo er auf Lydia trifft, die seine Einladung zu einem Kaffee in ein Bistro annimmt. Lydia spürt von den Problemen Michels, als dieser ihr erzählt, daß er sich auf dem Wege nach Caracas befindet. Schließlich fragt er sie nach ihrer Adresse, die sie ihm gibt und verabschiedet sich.

Michel fühlt sich magisch zu Lydia hingezogen. Wieder begibt er sich zum Flughafen Charles de Gaulle, aber nach einem neuerlichen Abreiseversuch kehrt er um und fährt direkt zu Lydia.

Das Leben beider Menschen ist von schweren Schicksalsschlägen gekennzeichnet. Michel hat am Vorabend seine sterbende Frau verlassen, nachdem sie ihn darum gebeten hatte. Lydia erzählt dem Fremden ihre eigenen Probleme und offenbart ihm, daß sie verheiratet ist, und daß bei einem Autounfall ihre kleine Tochter starb und ihr Mann in geistiger Umnachtung, nur noch lallend, bei seiner exzentrischen Mutter, einer russischen Emigrantin lebt.

Auch Lydia fühlt sich mehr und mehr zu Michel hingezogen. Er bittet sie, gemeinsam eine Reise anzutreten. Beide konfrontieren sich gegenseitig mit ihren Familien. Michel sieht Lydias dahinvegetierenden Ehemann, Lydia erfährt vom Tode von Michels Ehefrau.

Obwohl beide auf Michels inständiges Drängen beschlossen hatten, nun doch eine Flugreise anzutreten, ist Lydia plötzlich verschwunden. Von ihrer Haushälterin erfährt Michel, daß Lydia ihn anrufen wird. Verzweifelt wartet er am Telefon. Lydia ruft an und erklärt Michel, daß sie allein eine Reise antreten werde und sich bereits auf dem Flughafen befinde. Dies sei für beide besser. Michel begreift: Er weiß, daß er Lydia vom Flughafen abholen wird, sobald sie zurückgekehrt sein wird.

›Frankfurter Rundschau‹:
›Melodram über Lebensekel, Tod, Sinnleere und Einsamkeit, über die Umwege der Liebe, die seelischen Abgründe des Varietés und weißrussischer Emigranten, die bei Kaviar und Balalaika sich quälen . . . Die Schönheit leerer Seelen füllt diesen Film mit einer Leere, die Erschütterung verdrängt, wo sie gesucht wird.‹

›Kurier‹: ›Witzig, formal brillant und überraschungsreich präsentiert Costa-Gavras die Lovestory, die anderen Regisseuren zum schauerlichen Melodram hätte geraten können.‹

›Filmbeobachter‹: ›Ein perfekt inszenierter und eindringlich gespielter Krimi der Innerlichkeit.‹

›Filmdienst‹: ›Hervorragend die Darsteller.‹

54. LA MORT EN DIRECT / DER GEKAUFTE TOD / DEATH WATCH

1979, Frankreich/BRD
Regie: Bertrand Tavernier
Drehbuch: David Rayfield und Bertrand Tavernier nach dem Roman *The Continnous Catherine* von David Compton
Aufnahmetechnik: Pierre-William Glenn (Eastmancolor/Panavision)
Musik: Antoine Duhamel
Bauten: Tony Pratt
Kostüme: Inge Heer und Judy Moorcroft
Ton: Michel Desrois
Schnitt: Armand Prenny und Michael Ellis
Regieassistenz: Jean Achach
Kameraassistenz: Jean-Françis Gondre und Jean-Claude Vicquery
Script: Alice Ziller
Executiv-Produzenten: Jean-Serge Breton und George M. Reuther
Produktionsleitung: Louis Wipf
Produktionsassistenz: Gabriel Boustani und Janine Rubeiz
Produzent: Elie Kfouri
Koproduktion: Selta Films, Little Bear, Sara Films, Antenne 2, Gaumont (Paris) und TV 13 (München)

Besetzung: *Romy Schneider* (Katherine Mortenhoe), Harvey Keitel (Roddy), Harry Dean Stanton (Vincent), Therese Liotard (Tracey), Max von Sydow (Gerald Mortenhoe), William Russell (Dr. Mason), Carolyn Langrishe (das Mädchen an der Bar), Vadim Glowna (Harry Graves), Bernhard Wicki (Katherines Vater), Eva Maria Meinecke (Dr. Klausen), John Sheddon (Priester), Peter Kelly, Freddie Boardley (Fernsehtechniker), Paul Young (Polizeioffizier), Julian Hough (junger Arzt), Ida Schuster (alte Frau), Maureen Jack (Krankenschwester), Vari Sylvester (Verkäuferin), Boyd Nelson, Jake D'Arcy (Polizisten), Bill Riddoch (Lastwagenfahrer), Derek Royle (Mattiesen), Carey Wilson (Autogrammjäger).

1. Preis für die beste Regie eines Debüt-Films, 1. Preis für die

Harvey Keitel und Romy Schneider in Bertrand Taverniers ›Death Watch‹
(Der gekaufte Tod, 1979)

beste Ausstattung, 1. Preis der Film-Kritik (Thessaloniki, 1975)
Prix l'age d'or 1976 (Brüssel)

Es geschieht irgendwann in der Zukunft, vielleicht schon morgen . . .
Unsere Geschichte beginnt in einer großen Stadt mit traditions-
reichen alten Häusern, mit Bereichen, in denen urbanes Leben
pulsiert, und mit anderen, die dem langsamen Verfall preisgege-

ben sind. Die Gefühle, Wünsche und Antriebe ihrer Bewohner unterscheiden sich nicht wesentlich von denen der Menschen unserer Tage. Einiges ist natürlich anders geworden. So gibt es zum Beispiel, dank des inzwischen erzielten medizinischen Fortschritts, kaum noch Menschen, die an einer Krankheit sterben. Die Macht der Massenmedien, vor allem des Fernsehens, ist noch größer geworden. Das hat zu einer Übersättigung der TV-Konsumenten, gleichzeitig aber auch zu einer allgemeinen Gier nach neuen Bildschirmsensationen geführt. Und bei den Programmherstellern zu dem Zwang, diese Wünsche mit allen verfügbaren Mitteln zu befriedigen.

Spitzenreiter in der Gunst des Publikums ist eine Sendereihe mit dem Titel ›Death Watch‹: Die letzten Tage und Wochen von Menschen, deren baldiger Tod feststeht, werden live gefilmt. Natürlich nicht heimlich; es geht alles mit rechten Dingen zu. Die Betroffenen unterschreiben einen Vertrag, der die Fernsehanstalt berechtigt, ihr Sterben der Öffentlichkeit zugänglich zu machen. Dafür bekommen sie, oder besser gesagt, ihre Erben, sehr viel Geld.

Dies ist die Geschichte von Katherine Mortenhoe. Sie ist mit Henry Graves verheiratet, hat aber den Namen ihres ersten Mannes Gerald Mortenhoe beibehalten. Katherine ist Schriftstellerin; zusammen mit Harriet schreibt sie Romane.

Harriet ist ein Computer, der nur die Formulierungen und Gedanken zuläßt, die neu und erfolgsträchtig sind.

Eines Tages erfährt Katherine von ihrem Arzt, daß sie nur noch kurze Zeit zu leben habe, eine Heilung sei ausgeschlossen. Sie weiß nicht, daß der Arzt mit der Fernsehgesellschaft zusammenarbeitet, daß sie als nächster ›Star‹ von ›Death Watch‹ vorgesehen ist. Die Sensation läßt sich nicht lange geheimhalten: Hier ist ein Mensch, der so krank ist, daß er sterben wird! Katherine wird von Reportern und Fotografen verfolgt und belagert. Und dann meldet sich auch die Fernsehgesellschaft bei ihr. Vincent Ferriman, der Leiter von ›Death Watch‹, hat alles genau geplant. Nach anfänglicher schroffer Ablehnung unterschreibt sie den Vertrag. Aber Katherine Mortenhoe will sich das Recht auf ihren privaten Tod nicht nehmen lassen, sie will ihr Sterben nicht der Öffentlichkeit preisgeben. Nachdem ihr Mann, Henry Graves, einen Großteil der vereinbarten Summe bekommen hat, flieht sie und versteckt sich, mit einer Perücke getarnt, in der ersten Nacht in einem Obdachlosenasyl. Hier lernt sie einen jungen Mann kennen. Sein Name ist Roddy.

Dies ist auch die Geschichte von Roddy. Ihm wurde im Auftrag der Fernsehgesellschaft eine winzige Kamera ins Gehirn eingepflanzt, die alles aufnimmt und in die Sendezentrale überträgt, was Roddys Augen sehen. Der Eingriff ist perfekt geglückt. Roddy ist zur lebenden Kamera geworden. Er ist fasziniert von den Möglichkeiten, die sich ihm jetzt bieten, für ihn ist diese elektronische Apparatur das Superspielzeug schlechthin. Nur vor einem muß er sich hüten: Seine Augen dürfen nie länger als etwa eine Minute lang völliger Dunkelheit ausgesetzt sein – sonst würde er unheilbar erblinden. Also muß er sich nachts mit Pillen wachhalten. Roddy ist auf Katherine angesetzt worden. Nach ihrer Begegnung im Asyl faßt sie Vertrauen zu ihm; die beiden setzen die Flucht gemeinsam fort. Katherine ahnt nicht, daß alles, was sie tut, im gleichen Augenblick über die Monitore in der Sendezentrale flimmert, daß es das Rohmaterial bildet, aus dem Vincent Ferriman seine überaus erfolgreiche Sendung (Einschaltquote: 71 %) zusammenstellt. Doch allmählich ändert sich Roddys Einstellung seiner Aufgabe und sich selbst gegenüber. Seine Zuneigung und Bewunderung für Katherine führen zur Erkenntnis dessen, was er ihr in jedem Augenblick ihres Beisammenseins antut. Eines Tages, während Katherine sich versteckt hält, geht er ins nächste Dorf, um Besorgungen zu machen. Die Leute sitzen vor ihren Fernsehgeräten, betrachten Augenblicke voller Harmonie und Vertrauen, die die beiden tags zuvor erlebten. In der hereinbrechenden Dämmerung läuft Roddy zum Versteck zurück. Er wirft die Taschenlampe weg, die er immer bei sich trug, um seine Augen bei Dunkelheit anzustrahlen. Er schließt die Augen, preßt die Fäuste dagegen . . .

Unsere Geschichte endet in dem einsam gelegenen Landhaus von Gerald Mortenhoe, wohin Katherine mit dem blinden Roddy schließlich kommt. Sie endet auf unvorhergesehene Weise. Katherine Mortenhoe hat ihre Würde behalten.

Jörg Ulrich in ›Münchener Merkur‹, 12./13. 7. 80:
›Die überragende Attraktivität aber ist Romy Schneider, deren Repertoire von Film zu Film breiter wird. Sie bleibt ohne Sentimentalität, in die sie in fast jeder Szene hineinrutschen könnte. Sie, die zum Tode Verurteilte, muß physischen Schmerz, Zuneigung,

Zutrauen, Mißtrauen, Verzweiflung, Hoffnung, Enttäuschung –
alles in dichter Folge und unwahrscheinlichen Mischungen – zur
Verfügung haben. Und hat es souverän, mühelos. Das muß man
sehen.‹

Ponkie in ›Abendzeitung‹, 12./13. 7. 80:
›Katherines tatsächlicher Tod (ein Freitod), der die TV-Bosse um
den Lohn der Angst und um die Pointe bringt, zwingt in das letzte
Filmdrittel zuviel theatralisches Arrangement hinein. Aber selbst
dieser exaltierte Opern-Abgang mindert nichts am Phänomen
einer Schauspielerin, die mit jeder Rolle besser, mit jeder Spur des
Alterns schöner wird: Romy Schneider ist sehenswert!‹

55. LA BANQUIERE (Die Bankiersfrau/Die Bankpräsidentin)
1980, Frankreich
Regie: Francis Girod
Drehbuch: Georges Conchon, Francis Girod
Dialoge: Georges Conchon
Kamera: Bernard Zitzerman (Farbe)
Musik: Ennio Morricone
Produktionsleitung: Michel Frichet
Produzent: Ariel Zeitoun
Koproduktion Partners Production, FR 3 und Societé Française de
Production (Paris)
Verleih in der BRD: Tobis-Filmkunst

Besetzung: *Romy Schneider* (Emma Eckhert), Jean-Louis Trinti-
gnant (Horace Vannister), Jean-Claude Brialy (Paul Cisterne),
Claude Brasseur (Largué), Marie-France Pisier (Colette Lecou-
dray), Daniel Mesguich (Rémy Lecoudray), Jean Carmet (Du
Vernet), Noëlle Chatlet (Camille Sowcroft), Jacques Fabri (Moïse
Nathanson) sowie Daniel Autheuil, Thierry Lhermitte.
Länge: 124 Min. (3391 m)
Deutsche Erstaufführung: 10. April 1981.

Paris im Jahre 1921. Emma Eckhert, eine kluge und schöne Frau,
einer Hutmacherfamilie entstammend, heiratet nach einer lesbi-
schen Affäre den 15 Jahre älteren Geschäftsmann Nathanson.
Durch Emma Eckherts lesbische Liaison geraten die Eltern um
ihren guten Ruf, die Tochter wandert ins Gefängnis. Nach der
Entlassung hilft Nathanson der jungen Frau bei ihren ersten

Schritten in die feine Gesellschaft. Emma Eckhert ist äußerst ehrgeizig. Nathanson bleibt ihr ein Mittel für fernere Ziele, wie sich bald herausstellt, aber aus Anhänglichkeit bleibt der Ehemann weiterhin ein nützlicher Mitarbeiter, ein loyaler Mitstreiter. Mittlerweile erwacht Emmas Leidenschaft für Frauen erneut, und ihre Freundin Camille fördert die hochgesteckten Ziele ihrer Geliebten Emma mit ihrem beträchtlichen Vermögen.

Acht Jahre später hat Madame es geschafft. Sie ist Präsidentin einer eigenen Sparkasse. Ihren enormen Erfolg und ihr Prestige verdankt sie der Tatsache, daß sie Millionen Kleinsparern einen Zinssatz von 8 Prozent garantiert, wohingegen die traditionellen Banken lediglich 1,5 Prozent zahlen. Monsieur Vannister, Präsident einer der einflußreichsten privaten Geschäftsbanken, ein Mann, hinter dem »2 Jahrhunderte Banktradition stehen«, wie er selbst sagt, wird ein argwöhnischer Beobachter des schnellen Erfolgs von Madame Eckhert-Nathanson, wobei er ihr Manipulationen mit künstlich hochgeputschten Aktienkursen vorwirft. Mit dem Einverständnis seiner einflußreichen politischen Freunde inszeniert er eine gerichtliche Untersuchung der Geschäftspraktiken der Bankpräsidentin. Als Bankier weiß er ganz genau, welche Folgen eine solche öffentlich gesteuerte Mißtrauenskampagne haben kann. Und sein Wissen trügt ihn nicht. Ein allzu willfähriger Richter beschlagnahmt die Geschäftsunterlagen von Madame und schließt die Bank Eckhert. Der Skandal ist perfekt, Vannisters Schlag hat gesessen. Emma selbst gerät in Untersuchungshaft und wird kurze Zeit später zu drei Jahren Gefängnis verurteilt. Mit Hilfe ihrer treuen Freunde steckt Emma jedoch nicht auf und setzt den Kampf um die Wiedergewinnung ihrer Glaubwürdigkeit fort. Erst die Veränderung des politischen Kräfteverhältnisses bringt ihr die Freiheit wieder. Auf der anberaumten Generalversammlung ihrer Gläubiger, bei der Emma Eckhert die vollständige Einlösung aller Verpflichtungen und Versprechungen ankündigt, wird sie Opfer eines Mordanschlags.

»Aufstieg und Fall einer Banklady: Romy Schneider spielt die Chefin einer Bank im Paris zwischen den Kriegen, genießt den Luxus, die Liebe und die Macht. Georges Conchon und Francis Girod legten der Handlung den authentischen Fall der Marthe Hanau zugrunde, drängten allerdings historische Tatsachen in den Hintergrund, um mit verschwenderischer und schwelgerischer

Ausstattung der wandlungsfähigen Romy Schneider eine maßgerechte Paraderolle zu ›schneidern‹«.
(Manfred Hobsch in »Filmjahr 1981/82«, filmland presse, München)

56. GARDE A VUE (Das Verhör)
1981, Frankreich
Regie: Claude Miller
Drehbuch: Claude Miller und Jean Herman, nach dem Roman
»*Brain Wash*« von John Wainwright
Kamera: Bruno Nuytten (Farbe)
Musik: Georges Delerue
Produktionsleitung: Raymond Leplont
Produktion: Les Films Ariane/TF 1 Films (Paris)
Produzenten: Georges Dancigers, Alexandre Mnouchkine

Besetzung: Lino Ventura (Inspektor Antoine Gallien), Michel Serrault (Notar Jérôme Martinaud), *Romy Schneider* (Chantal Martinaud), Guy Marchand (Inspektor Marcel Belmont).

In einer kleinen französischen Stadt am Meer feiert man die Silvesternacht. Die Honoratioren dieser Stadt befinden sich auf dem üblichen Silvesterball. Aber diesmal fehlt einer der führenden Männer der Stadt: der Notar Martinaud. Inspektor Antoine Gallien hat ihn zu sich auf das Kommissariat bestellt, zu einer Aussage lediglich. Martinaud ist der wichtigste Zeuge in einem Mordfall: Zwei kleine Mädchen sind, im Abstand von einer Woche nur, vergewaltigt und erwürgt worden. Der Notar, bereit, anschließend seinen gesellschaftlichen Verpflichtungen nachzukommen, glaubt, daß die Befragung nicht allzulange dauern kann und erscheint auf dem Kommissariat bereits im Smoking. Aber Martinaud erliegt einer Täuschung.
   Das Verhör beginnt zunächst routinemäßig. Doch nach einiger Zeit werden die Fragen des Inspektors bohrender, haken bei Unklarheiten ein, provozieren Martinaud bei widersprüchlichen Antworten und Aussagen. Die beiden Männer sind einander ebenbürtig: Hier der kalte, abgebrühte Polizist, der immer mehr davon überzeugt ist, den Schuldigen vor sich zu haben, dort der intelligente und wendige Notar. Martinaud gerät jedoch trotzdem immer mehr in die Defensive. Daran ist nicht einmal so sehr Galliens Assistent Belmont schuld, der versucht, während einer

kurzen Abwesenheit des Inspektors den Notar mit Schlägen zum Reden zu bringen. Der Streß des Verhörs, die Kaltschnäuzigkeit des Inspektors, die korrekte Unerbittlichkeit Galliens, der entschlossen ist, den Fall noch in dieser Nacht zu lösen, bringen Martinaud in die Defensive.

Während das Verhör weitergeht, erscheint unerwartet Chantal Martinaud, die schöne Frau des Notars, auf dem Kommissariat. In einem Nebenzimmer unterhält sich Gallien mit ihr und bekommt bestätigt, was er bereits Martinauds Aussagen entnehmen konnte: Chantal Martinaud liebt ihren Mann nicht, ja, sie hat ihn nie geliebt und nur des Geldes wegen geheiratet.

Gallien verspürt den Triumph des erfolgreichend Jägers, doch er hat eines übersehen: Nicht nur Martinaud kann ein Interesse daran haben, ihn zu täuschen, das gleiche gilt auch für Madame Martinaud. Völlig unerwartet nimmt der Fall eine dramatische Wendung.

»Die Geschichte von dem Trio, dessen Leben auf einmalige Weise miteinander verquickt ist, war ursprünglich ein Erfolgsroman des englischen Schriftstellers John Wainright. Regisseur Claude Miller hat den Film chronologisch inszeniert, was sich auf das Spannungsmoment besonders günstig auswirkt. ›Ich wollte einen klassischen Thriller drehen‹, sagte er, ›ohne auch nur eine Minute Leerlauf.‹ Der Film hat es zuwege gebracht, daß Romy Schneider, Michel Serrault und Lino Ventura zum ersten Mal gemeinsam spielen.« (Filmjahrbuch 1982, Kino-Verlag, Hamburg).

57. FANTASMA D'AMORE (Die zwei Gesichter einer Frau)
1982, Italien
Regie: Dino Risi
Kamera: Tonino Delli Colli (Farbe)
Produzenten: Pio Angeletti, Adriano de Micheli
Verleih in der BRD: Tobis
Besetzung: *Romy Schneider* (Anna), Marcello Mastroianni (Nino), Eva Maria Meineke (Teresa), Wolfgang Preiß (Conte Zighi), Giampiero Bescherelli, Michael Kröscher.

Deutsche Erstaufführung: 21. Mai 1982.

Der Rechtsanwalt Nino Monti lebt in Pavia in guten Verhältnissen,

aber auch nicht sehr glücklich, mit einer bigotten, etwas engstirni-
gen, kleinbürgerlichen Frau namens Teresa. Sie verkehrt viel mit
ihren Freundinnen aus der Kleinstadtgesellschaft und besucht oft
allerlei Zirkel. Nino lebt sein eigenes Leben.

In einem Bus borgt er einer älteren Frau 100 Lire, da sie kein
Geld hat. Es stellt sich heraus, daß es Anna ist, die große Liebe
seiner Jugend, die er vor 20 Jahren kannte. Eine innere Stimme
befiehlt ihm, sich in eine Straße zu begeben, vor das Haus, in dem
er Anna damals oft traf. Anna tritt aus dem Nebel und gibt sich zu
erkennen. Ninos Wiedersehensfreude wird vom Aussehen seiner
einstigen Geliebten stark überschattet. Als sie ihn umarmt und
bittet, sie zu küssen, schüttelt es ihn nachher vor Ekel.

Doch von nun an lassen ihn die Gedanken an Anna nicht mehr
los. Er sieht sie in seiner Erinnerung in jugendlicher Schönheit vor
sich, denkt immer mehr an sie. Unterdessen erfährt er von seinem
Assistenten, daß in jenem Haus an dem Abend, da er Anna traf,
ein entsetzlicher Mord geschehen ist. Jemand hat der Hausmeiste-
rin die Kehle durchgeschnitten. Man findet am Tatort einen
Herrenschirm. Nino erkennt voller Angst, daß es sich dabei um
seinen Schirm handelt, den er wohl an jenem Abend verloren
haben muß.

Bei einem Herrenabend mit Freunden erzählt Nino dem Arzt
und Klinikleiter Professor Arnaldi von seinem Treffen mit der fast
wie eine Mumie aussehenden Anna. Arnaldi erklärt ihm, daß
Anna längst tot sei. Sie hätte seinerzeit den Conte Zighi geheiratet,
sei nach Sondrio gezogen und vor drei Jahren an Krebs gestorben.
Nino will das nicht glauben. Er beginnt nach Anna zu forschen. Als
er in Sondrio anruft in der Erwartung, die Stimme ihres Eheman-
nes zu hören, ist Anna am Telefon. Sie bittet ihn, sie zu besuchen.
Er findet sie in einem ziemlich verwahrlosten Herrschaftshaus, sie
aber ist so jung und schön wie damals vor zwanzig Jahren.
Während sie sich über die alten Zeiten unterhalten, bricht in Nino
die alte Liebe wieder auf, und auch Anna zeigt, daß sie Nino noch
liebt. Zu Intimitäten will sie es aber, im Hause ihres Mannes, nicht
kommen lassen. Nino und Anna verabreden sich daraufhin an
einem anderen Tag zu einer Bootsfahrt.

Der aufgewühlte Nino ruft sofort in Pavia seinen Freund, den
Arzt Arnaldi, an und erklärt diesem, daß er sich irren müsse: Anna
sei gar nicht tot, er habe sie soeben in Fleisch und Blut getroffen,
werde sie sogar wiedersehen. Arnaldi bittet Nino in die Klinik und

sagt, er werde ihm Annas Tod schwarz auf weiß beweisen. Als Nino in der Klinik eintrifft, erfährt er, daß der Arzt soeben an einem Herzschlag gestorben ist. Auf seinem Schreibtisch entdeckt Nino ein 100-Lire-Stück.

Nino mietet ein Boot. Am Ufer sieht er einen unheimlichen Mann stehen, der auf seinen Zuruf keinerlei Reaktion zeigt. Dann erscheint Anna, schön wie beim letzten Treffen, und steigt in das Boot. Plötzlich steht sie auf, will auf Nino zugehen, schwankt, fällt über Bord und versinkt im Fluß. Nino kann sie nicht retten. Er verständigt umgehend die Polizei. Eine Suche wird eingeleitet. Nun bleibt die Bootsfahrt auch Ninos Frau nicht länger verborgen, die daraufhin ihren Mann verläßt.

Nino fährt nach Sondrio, trifft dort Annas Ehemann, den Conte Zighi, will ihm erklären, daß vor Annas Tod im Boot nichts zwischen ihnen vorgefallen ist, doch der Graf winkt unwirsch und verständnislos ab. »Verschwinden Sie!« herrscht er den fassungslosen Nino an, den er offensichtlich für einen armen Irren hält. »Anna ist vor drei Jahren gestorben.«

Zu Haus versinkt Nino ins Grübeln. Als das Telefon läutet, zieht er den Stecker aus der Wand. Es läutet weiter. In einer Anstalt sieht man Nino auf einer Bank sitzen. Er erzählt seinen Mitpatienten von der großen Liebe, die in Zeit und Raum keine Grenzen kannte. Dann ruft man nach ihm. Eine hübsche Krankenschwester geleitet Nino ins Haus. Es ist Anna.

Dino Risi: »Dieser Stoff reizte mich besonders, weil parapsychische Phänomene mich beschäftigen, seit ich meine Ausbildung zum Psychiater machte.«

58. LA PASSANTE DU SANS-SOUCI / DIE SPAZIERGÄN-GERIN VON SANSSOUSSI – EIN LEBEN VOLLER LIEBE
1982, Frankreich/BRD
Regie: Jacques Rouffio
Drehbuch: Jacques Rouffio, Jacques Kirsner, nach dem Roman von Joseph Kessel
Kamera: Jean Penzer (Farbe)
Bauten: Hans-Jürgen Kiebach, Jean-Jacques Caziot
Schnitt: Anna Ruiz, Sophie Rouffio, Marc Bodin-Joyeux
Ton: Robert William Sivel

Musik: Georges Delerue
Dialoge: Jacques Kirsner
Produktionsleitung: Jean Kerchner
Produzent: Raymond Danon
Besetzung: *Romy Schneider* (Elsa Wiener/Lina Baumstein),
Michel Piccoli (Max Baumstein), Wendelin Werner (Max), Hel-
mut Griem (Michel Wiener), Gérard Klein (Maurice Bouillard),
Dominique Labourier (Charlotte Maupas), Mathieu Carrière
(Ruppert von Leggeart/Federico Lego), Maria Schell (Anna Hell-
wig), Jacques Martin (Marcel Turco).

Uraufführung: 14. April 1982 (Paris).
Produktion: Elephant Produktions/Films A2 (Paris)/CCC Film-
kunst (Berlin)
Verleih in Frankreich: Parafrance
Verleih in der BRD: Scotia
Laufzeit: 115 Min.

Paris, 1981. Lina Baumstein holt ihren Mann Max, Präsident der
Vereinigung »Internationale Solidarität«, vom Flughafen ab. Max
Baumstein gibt eine Pressekonferenz. Seine Bewegung will versuchen, die Befreiung einer in Lateinamerika inhaftierten jungen
Engländerin zu erlangen. Am nächsten Tag spricht Baumstein
beim Botschafter von Paraguay, Federico Lego, vor. Er erkennt in
ihm den ehemaligen deutschen Nazi Ruppert von Leggeart und
erschießt ihn. – Baumstein stellt sich der Polizei. Vor und während
seines Prozesses schildert Max seiner Frau Lina seine Vergangen-
heit. Der Film führt uns zurück nach Berlin in das Jahr 1933. Dort
leben die schöne und berühmte Kabarettsängerin Elsa und ihr
Mann Michel Wiener, Verleger und Gegner des Nazi-Regimes.
Eines Tages geschieht vor dem Hause der Wieners das Grausame:
Die SA überfällt eine jüdische Familie. Der Vater wird getötet, die
Mutter deportiert. Der 12 Jahre alte Sohn Max Baumstein, von der
SA zum Krüppel geschlagen, wird von den Wieners adoptiert. –
Elsa Wiener und der kleine Max können nach Paris flüchten.
Zunächst leben sie sorglos im Luxushotel »George V«. Doch dann
folgen Angst und Not. Michel Wiener ist in Berlin verhaftet
worden. Elsa tritt im Pariser Kabarett »Rajah« auf, um für Max
und sich den Lebensunterhalt zu verdienen. Sie hat zwei Verehrer,
einen braven Champagnerhändler und einen jungen deutschen

Nazi, Ruppert von Leggeart, Botschaftsrat in Paris. Um Michel aus dem Lager zu befreien, das zumindest glaubt Elsa, gewährt sie von Leggeart eine Liebesnacht. Michel Wiener wird tatsächlich aus dem Lager entlassen. Doch bei seiner Ankunft in Paris werden er und Elsa vor dem Emigrantenbistro »Sans-Souci« von Nazi-Agenten erschossen.

(Hier endet Joseph Kessels 1937 geschriebener Roman. Regisseur Rouffio und Drehbuchautor Kirsner wollten den Film nicht mit dem Nazi-Mord enden lassen. Bei ihnen geht das Drama weiter. Fast ein halbes Jahrhundert später werden auch Max Baumstein und Lina nach dem Prozeß, in dem Baumstein freigesprochen wurde, von Unbekannten erschossen).

Le Figaro: »Wenn vierzig Jahre später der einstige Junge vor Gericht steht, weil er Selbstjustiz betrieb, ist es einem schier unmöglich, nicht seinen Freispruch zu wünschen. Man ist geradezu eingenommen von dem Haß, der seinen Arm bewaffnete. Das Rezept funktioniert, es ist unfehlbar.«

»Es ist leider auch ewig, denn die ehemaligen Nazis haben heute ein wenig weiter östlich Nachahmer gefunden, und wenn unsere Filmemacher sich doch lieber der Hitler-Zeit zuwenden, dann liegt das auch daran, daß die Franzosen, schon aus Tradition, immer einen Krieg zu spät dran sind.«

»Rouffio belebt seinen Film mit einem großen melodramatischen, aber doch schamhaften Strom. Seine Figuren sind schön, ausgeglichen, handeln aus reiner Liebe, sind für die anderen da; die Überlebenden vergessen so etwas nicht. Wir erleben an Leib und Seele ihr Drama mit. Michel Piccoli, der sonst zynische und mehrdeutige Rollen spielt, ist hier von ergreifender Menschlichkeit. Er gewinnt eine Dimension, die wir bei ihm nicht kannten. Man muß hier den Hut sehr tief ziehen. Daneben Romy mit getrübtem, aber festem Blick. Manchmal nimmt's einem den Atem. Kurz, eine Königin im Unglück. Das ist echte Tragödie.«

Daniele Heymann im *L'Express:* »Es ist einer jener Filme, der sich in Ihr Gedächtnis eingräbt, als sei er ein Teil Ihres Lebens. Es ist ein Film, der uns fast gegen unseren Willen in die gefährlichen Zonen des Voyeurismus drängt, denn das Schicksal der Hauptdarstellerin ist untrennbar von demjenigen der Heldin, die sie darstellt. Romy Schneider spielt die Rolle nicht, sie lebt sie.«

Jour de France: »Wir wissen, daß der Film für Romy Schneider mehr als nur ein Film ist. Für uns ist er es auch. Wir lieben Sie, Romy Schneider.«

Gildedienst: »Rouffio belebt seinen Film mit einem großen melodramatischen, aber doch schamhaften Strom. Seine Figuren sind schön, ausgeglichen, handeln aus reiner Liebe, sind für die anderen da; die Überlebenden vergessen so etwas nicht. Wir erleben an Leib und Seele ihr Drama mit. Michel Piccoli, der sonst zynische und mehrdeutige Rollen spielt, ist hier von ergreifender Menschlichkeit. Er gewinnt eine Dimension, die wir bei ihm nicht kannten. Man muß hier den Hut sehr tief ziehen. Daneben Romy mit getrübtem, aber festem Blick: manchmal nimmt's einem den Atem. Kurz, eine Königin im Unglück. Das ist echte Tragödie.«

Telejournal: »Irgendwie ist es symptomatisch: Romy Schneiders letzter Film sollte mitnichten ein fröhlicher, unbeschwerter sein, sondern ein recht verzweifelter. In beiden Frauenrollen, die sie verkörpert, findet sie am Ende den Tod. Eine schicksalsträchtige Geschichte über Figuren, von denen sie sagte, es sei sehr viel von ihr persönlich darin enthalten. ... Romy Schneider, neben einem immer beherrschten, subtilen und sehr präsenten Michel Piccoli, macht aus Elsa und Lina zwei eindringliche Frauen – so schön wie rebellisch, so leidend wie verführerisch. Es ist das Vermächtnis einer Schauspielerin, die unzweifelhaft Größe hatte.«

TEIL V

Romys Theaterrollen

SCHADE, DASS SIE EINE DIRNE IST (It's pity she's a whore/ »Dommage qu'elle soit une p . . .«)
1961, Spiel in 2 Akten von John For
Inszenierung: Luchino Visconti
Französische Fassung von Georges Beaume.
Bühnenbild: L. Visconti (unter Mitwirkung von Jerry Macc und Stéphane Iscovesco)
Musik: Nino Rota und Palestrina, Estrienne du Tertre, Giraldo Fantini, Carlo Gesualdo de Venoza, Frescobaldi.

Die Darsteller: *Romy Schneider* (Annabella), Alain Delon (Giovanni), Valentine Tessier (Putana), Pierre Asso (Bruder Bonaventura), Daniel Sorano (Vasquès), Lucien Baroux (Donado), Silvia Montfort (Hippolyta), Jean-François Calvé (Soranzo), Alain Nobis (Richardetto), Daniel Emilfork (Nuntius), Jacques Berlioz (Florio), Gérard Darrieu (Bergetto), Jacques Dégor (Grimaldi), Jean Roquelle (Poggio), Martine Messager (Philotis), Lucien Bryonne (Bischof), Patrick Roussel (Oberste Wache), Michel Chastenet (Diener des Kardinals), Bérangère Dautun (junges Mädchen), Philippe Brizard (ein Priester), Jacques Santi (ein Bandit), Pippo Merisi (eine Wache).

Parma im Jahre 1540:
Giovanni liebt seine leibliche Schwester, Annabella. Er beichtet Bruder Bonaventura seine Leidenschaft und gesteht sie schließlich auch der Angebeteten. Sie erwidert seine Liebe, und sie schwören einander ewige Treue. Anna erkennt, daß sie von ihrem Bruder schwanger ist. Bruder Bonaventura rät ihr, Soranzo zu heiraten, um ihre Ehre zu retten. Anna folgt dem Rat, gesteht jedoch dem Gatten die Schwangerschaft. Dieser gerät vor Wut außer sich, schlägt und beschimpft sie. Annabella übermittelt Giovanni eine heimliche Botschaft. Der Bruder stiehlt sich zu ihr in ihr Gemach. Beide wissen, daß sie verloren sind. In einer letzten Umarmung ersticht Giovanni seine Geliebte und sein

Kind und gesteht der Familie die Tat. Soranzo zieht den Degen, doch Giovanni kommt ihm zuvor und tötet ihn. Freunde Soranzos erschlagen Giovanni.

Premiere: Paris, 29. März 1961 im ›Théâtre de Paris‹; 120 Aufführungen

DIE MÖWE
1962, Stück in vier Akten von Anton Tschechow
Inszenierung Sacha Pitoëff

Die Darsteller: *Romy Schneider* (Nina), Sacha Pitoëff (Trigorin), Pierre Palau (Sorin), Lucienne Lemarchand (Irina Arkadina), Alain Mac Moy (Konstantin Treplev), Madeleine Cheminat (Polina), Luce Garcia Ville (Mascha), Jean Bolo (Dorn), Paul Chevalier (Medvedenko).

1895 in Rußland.
Die junge, süße Nina ist die Tochter eines großen Gutsbesitzers. Sie möchte Schauspielerin werden. Konstantin Treplev, Sohn der Arkadina, liebt Nina leidenschaftlich. Diese aber scheint von Trigorin, einem Gelehrten und Geliebten der Irina Arkadina verzaubert. Nina wird Schauspielerin und geht nach Moskau, wo sie mit Trigorin zusammenkommt. Als verbitterte, desillusionierte und verwundete Frau kehrt sie später aufs Land zurück. Treplev, der sie immer noch liebt, bietet seine Hilfe an, sie aber liebt immer noch Trigorin und verläßt den jungen Mann, der sich erschießt.

Tournee mit dem Ensemble Georges Herbert – Sacha Pitoëff von Januar bis Mai 1962 durch die französische Provinz, Belgien, die Schweiz, Marokko, Libanon, Luxemburg und Portugal. 100 Aufführungen.

Fernsehen

LYSISTRATA/DIE SENDUNG DER LYSISTRATA
(für das deutsche Fernsehen)
1960, nach Aristophanes (Drehbuch: Fritz Kortner)
Regie: Fritz Kortner
Kamera: Wolfgang Zeh

Darsteller: Romy Schneider, Barbara Rütting, Peter Arens, Karin Kernke, Ruth-Maria Kubitschek, Willy Reichert, Wolfgang Kieling, Karl Lieffen, Franz Schafheitlin, Herta Worell, Ullrich Haupt, Ursula Graeft.

ROMY – PORTRÄT EINES GESICHTS
(für das deutsche Fernsehen, Bayerischer Rundfunk) 1966
Regie: Hans Jürgen Syberberg
TV-Dokumentation über Romy Schneider

TAUSEND LIEDER OHNE TON
(für das deutsche Fernsehen)
1976
Regie: Claudia Holldack
Romy Schneider in einer Gastrolle

Ein kleiner Abstecher in das deutsche Fernsehen: Eva Mattes, Romy Schneider und Christiane Höllger (v. l. n. r.) in ›Tausend Lieder ohne Ton‹ (1976) von Claudia Holldack.

Discografie

Von Wolfgang Maier & Viktor Rotthaler (SoundtrackResearch)

DIE DEUTSCHMEISTER (Robert Stolz)
Polystar 515 802-2 (1 cut)#

MONPTI (Martin Böttcher)
Edition Meisel 15/5000/910 (1 cut)#

MONPTI (Bernhard Eichhorn)
(»Tönende Ansichtskarte«)*

CHRISTINE (Georges Auric)
Fontana 460 597 (EP)*

DIE SCHÖNE LÜGNERIN (Bernhard Eichhorn)
Ariola 40426 CU (EP)*#

KATIA (Joseph Kosma)
Barclay 70331 (EP)*

BOCCACCIO '70 (Nino Rota & Armando Trovaioli &
Piero Umiliani)
RCA OST 116

LE PROCES (Jean Ledrut)
Philips B 77.908 L*

THE VICTORS (Sol Kaplan)
Colpix SCP 516*

THE CARDINAL (Jerome Moross)
Preamble PRCD 1778

GOOD NEIGHBOR SAM (Frank DeVol)
Colpix CP 737 (45)*

WHAT'S NEW, PUSSYCAT? (Burt Bacharach)
Razor & Tie (TBA)

TRIPLE CROSS (Georges Garvarentz)
UAS 5162*

OTLEY (Stanley Myers)
Colgems COS 112*

LA PISCINE (Michel Legrand)
UA SR 300*

LES CHOSES DE LA VIE (Philippe Sarde)
CAM CSE 054# (incl. Lied in französischer Version)
CGD FGS 5069*# (incl. Lied in italienischer Version)
Polydor 2041 101 (45)*# (incl. Lied in deutscher Version)

QUI? (Claude Bolling)
DiscAZ EP 1329 (EP)*

BLOOMFIELD (Johnny Harris u. a.)
PYE NSPL 18376*

LA CALIFFA (Ennio Morricone)
SLC SLCS 7305

MAX ET LES FERRAILLEURS (Philippe Sarde)
CAM CSE 089#

L'ASSASSINIO DI TROTSKY (Egisto Macchi)
Beat CDCR 15

LUDWIG (Richard Wagner u. a.)
Polydor 2480 150*

CESAR ET ROSALIE (Philippe Sarde)
CAM CSE 087#

LE TRAIN (Philippe Sarde)
Polydor 2393 072*

UN AMOUR DE PLUIE (Francis Lai)
Polydor 2393 078*

LE MOUTON ENRAGE (José Berghmans)
RCA FPB 00019 (45)*

LE TRIO INFERNAL (Ennio Morricone)
Yuki 873 001*

L'IMPORTANT C'EST D'AIMER (Georges Delerue)
Milan CD 319 (4 cuts)

LES INNOCENTS AUX MAINS SALES (Pierre Jansen)
Milan CD CH 306 (1 cut)

LE VIEUX FUSIL (François de Roubaix)
Milan CD CH 306 (2 cuts)

UNA DONNA ALLA FINESTRA (Carlo Rustichelli)
Cidias CD 38001*

MADO (Philippe Sarde)
Festival FLD 667* (5 cuts)

UNE HISTOIRE SIMPLE (Philippe Sarde)
Cobra COB 37020*

BLOODLINE (Ennio Morricone)
Varèse Sarabande STV 81131*

CLAIR DE FEMME (Jean Musy)
Riviera 900 580*

LA MORT EN DIRECT (Antoine Duhamel)
Vogue 503 001*

LA BANQUIERE (Ennio Morricone)
GM 803 015*

FANTASMA D'AMORE (Riz Ortolani)
CAM CSE 021

GARDE A VUE (Georges Delerue)
RCA PL 37636*

LE PASSANTE DU SANS-SOUCI (Georges Delerue)
RCA PL 37634*

Format: CD; LPs, EPs & Singles sind mit * gekennzeichnet.

Vocal: Romy Schneider

Literaturnachweis

Sofern die Ausführungen nicht von den Autoren selbst stammen, wurden sie folgenden Quellen entnommen:

BÜCHER

›Romy Schneider in Licht und Shadow‹, Henk van der Meijden – Verlag Mimosa Reeks (in holländischer Sprache)

›Visconti‹, Giuseppe Ferrara – Ed. Seghers (Cinéma d'Aujour d'hui Nr. 21)

›Visconti‹, Yves Guillaume – Ed. Universitaires (Classiques du Cinéma Nr. 25)

›Otto Preminger‹, Jacques Lourcelles – Ed. Seghers (Cinéma d'Aujour d'hui Nr. 34)

›The Cinema of Otto Preminger‹, Gerald Pratley – Verlag Zwemmer/ Barnes (The International Film Guide Series) – in englischer Sprache

›Dialogues Egoistes‹, Michel Piccoli – Ed. Olivier Orban – Paris 1976

›La Peau de l'Arlequin‹, François Chalais – Ed. Stock – Paris 1974

›Alain Delon‹, Henri Rode – Ed. Pac – Paris 1974

›Boccaccio 70‹ – Ed. Cappélli – Nr. 22 (in italienischer Sprache)

›Ludwig‹ – Ed. Cappelli – Nr. 47 (in italienischer Sprache)

FACHZEITSCHRIFTEN

›Cinématographe‹, Nr. 4, Okt. 1973

›Télérama‹, Nr. 1317, Apr. 1975 – Nr. 1337 August 1975

›Le Film Français‹, Nr. 1624 vom 7. Mai 1976

›L'Avant–Scène du Cinéma‹:

– ›Le Procès‹, Nr. 23, Febr. 1963

– ›Quoi de neuf Pussycat?‹, Nr. 59, Febr. 1966

– ›Les Choses de la Vie‹, Nr. 101, März 1970

– ›César et Rosalie‹, Nr. 131, Dez. 1972

– ›L'important c'est d'aimer‹, Nr. 158, Mai 1975

›Paris–Théâtre‹:

– ›Dommage qu'elle soit une p . . .‹, Nr. 171, Jahrg. 1961

›Le Technicien du Film‹:

– Jahrgang 1957/58, 1959/60, 1961/62, 1965/66, 1967/68, 1969/70, 1973/74

›Ciné-Revue‹: Jahrgang 1957, 1958, 1963, 1964, 1970, 1974, 1976

›Ciné-Monde‹: Jahrgang 1964, 1965, 1966, 1969, 1970, 1971

MAGAZINE
›*Lui*‹ Nr. 119, 1973
›Pleins Feux‹, zu Alain Delon, Nr. 6, 1973

WOCHENSCHRIFTEN
›*Jours de France*‹ vom 18. 2. 61, 30. 9. 61, 3. 2. 62, 4. 1. 64, 22. 2. 69, 31. 10. 72
›*Paris Match*‹ vom 25. 2. 61, 27. 2. 71, 3. 7. 71, Nr. 1347/März 1975
›*Elle*‹ vom 5. 1. 69 – 30. 12. 72
›*Echo der Frau*‹: ›Die Romy Schneider Story‹ von Beate Schweikart, Nr. 22
vom Mai 1974 mit Fortsetzungen
›*Confidences*‹ Nr. 949 bis 954, 1966
›*L'Express*‹ Nr. 1305 vom 12. 7. 76

Register

Q

R

S